Ullstein

W0060545

Luc Bürgin

Mondblitze

Unterdrückte Entdeckungen
in Raumfahrt
und Wissenschaft

Ullstein

Phantastische Phänomene
Ullstein Buch Nr. 35575
im Verlag Ullstein GmbH,
Frankfurt/M−Berlin

Ungekürzte Ausgabe
Mit 34 Abbildungen

Umschlagentwurf:
Vera Bauer
Unter Verwendung einer Abbildung
von Don Landwehrle/The Image Bank
Alle Rechte vorbehalten
Taschenbuchausgabe mit
freundlicher Genehmigung der F. A. Herbig
Verlagsbuchhandlung GmbH, München
© 1994 by F. A. Herbig Verlags-
buchhandlung GmbH, München
Printed in Germany 1996
Druck und Verarbeitung:
Clausen & Bosse, Leck
ISBN 3 548 35575 7

März 1996
Gedruckt auf alterungsbeständigem
Papier mit chlorfrei
gebleichtem Zellstoff

Vom selben Autor
in der Reihe
der Ullstein Bücher:

Götterspuren (35469)

Die Deutsche Bibliothek −
CIP-Einheitsaufnahme

Bürgin, Luc:
Mondblitze: unterdrückte
Entdeckungen in Raumfahrt und
Wissenschaft/Luc Bürgin. −
Ungekürzte Ausg. − Frankfurt/M;
Berlin: Ullstein, 1996
    (Ullstein-Buch; Nr. 35575:
    Phantastische Phänomene)
    ISBN 3-548-35575-7
NE: GT

Inhalt

Charles Conrad:
»Wir fanden fremde Spuren auf dem Mond!«

Einleitung

»Es war so um 1980 herum, da führte ich mit ›Apollo-12‹-Astronaut Charles Conrad einmal ein Arbeitsgespräch. Conrad war damals Repräsentant für ›McDonnell-Douglas‹.«

Werner Utters Ton war wie gewohnt nüchtern und präzis. Das Kalenderblatt zeigte den 27. Dezember 1993, und ich unterhielt mich mit dem erfahrenen und inzwischen pensionierten Chefpiloten der Lufthansa gerade über das UFO-Phänomen.

Utter machte eine kleine Pause, räusperte sich und fuhr dann fort: »Bei dieser Gelegenheit deutete Conrad mir unter vorgehaltener Hand an, daß sie dort oben auf dem Mond noch viel unglaublichere Dinge erlebt hätten, als das, was man bei uns gelegentlich so über UFOs hört. Als ich ihn fragte, ob die beobachteten Phänomene nicht vielleicht russischen Ursprungs gewesen seien, verneinte er dies nur kategorisch. Leider habe ich dann nicht weiter nachgehakt.«

Ich brauchte einige Zeit, bis ich die Konsequenzen dieser Aussagen verdaut hatte. War das die Bestätigung, auf die ich so lange gewartet hatte? War das der Beweis, daß die NASA mehr über außerirdisches Leben weiß, als sie derzeit zugibt?

Hinweise darauf gab es bislang ja einige. Die erste Spur legte »Apollo-11«-Astronaut Neil Armstrong, als er vor seinem historischen Ausstieg dem gespannten Publikum spontan seine Eindrücke von der Mondoberfläche mitteilte. Einer seiner Sätze ging damals im Jubel über die geglückte Landung angeblich beinahe unter: »... und eine halbe Meile entfernt möchte ich sagen, sind Abdrücke, die aussehen, als wären sie von den Ketten eines Raupenschleppers hinterlassen worden.«

Ein starkes Stück, zumal später auch »Apollo-17«-Astronaut Harrison Schmitt nach Aussage des NASA-Kenners und Journalisten Joseph Goodavage der Bodenstation einmal mitteilte: »Jungs, ich sehe irgendwelche Fahrzeugspuren, die rechts vom Krater heraufkommen.«

Den dritten Hinweis, welcher gelegentlich für die Existenz fremder Spuren angeführt wird, sollte jedermann selbst begutachten. Auf Aufnahme 67-H-1135 der 1967 von der NASA lancierten Mondsonde »Lunar-Orbiter-5« ist deutlich eine fortwährend gleich breit bleibende, gemusterte Spur zu erkennen. Sie erinnert entfernt an die Abdrücke eines Raupenfahrzeugs. An ihrem Ende befindet sich ein hell glänzendes Objekt, das einen länglichen Schatten wirft.

Was ist das für ein Objekt? Experten wie Ulrich Bastian vom Astronomischen Rechen-Institut in Heidelberg erklären sich derartige Strukturen gewöhnlich durch kraterabwärtsrollende Felsbrocken, sogenanntes Auswurfmaterial, wie man mir auf Anfrage mitteilte. Die Deutsche Forschungsanstalt für Luft- und Raumfahrt e.V. argumentierte am 7. Dezember 1993 ergänzend, daß die Bilder aufgrund des damaligen Standes der Technik eben »eine Menge Fehler enthalten« und der »Einfallswinkel des Sonnenlichtes bei der Interpretation nicht außer acht gelassen werden darf«.

Hinweise, die offensichtlich keinen definitiven Beweis für die Behauptung liefern, daß wir dort oben vielleicht doch nicht die ersten gewesen waren. Das dürfte sich mit Utters

Feststellungen jetzt ändern. Um so mehr, als der Deutsche durch die Aussagen Ion Hobanas eindrucksvolle Bestätigung erfährt: Hobana, ein rumänischer Wissenschaftsjournalist, ergriff die Gelegenheit bereits 1970 beim Schopf, als er die »Apollo-12«-Astronauten rund um Charles Conrad anläßlich einer Pressekonferenz in Bukarest gehörig in die Zange nehmen konnte.

Erst einmal konfrontierte er die Crew damals mit Presseberichten über ihre angeblich ungeklärten UFO-Sichtungen. Eine Sache, die Conrad nach reiflicher Absprache mit seinen zwei Kollegen zähneknirschend zugestehen mußte. Dann legte Hobana einen Artikel vor, in welchem sich Nobelpreisträger Glenn Seaborg, Vorsitzender der Amerikanischen Kommission für Atomenergie, dahingehend äußerte, daß die »Apollo«-Astronauten nicht die ersten Mondbesucher gewesen sein mögen. (Der fragliche Bericht erschien 1969 in der Zeitschrift »Valeurs actuelles – Journal des directeurs d'entreprises en France«, Ausgabe Nr. 1725.) Seaborg wörtlich: »Verschiedene Wahrnehmungen der Astronauten von ›Apollo-11‹ und ›Apollo-12‹ deuten darauf hin, daß auf dem Mond zu einem nicht näher bestimmbaren Zeitpunkt schon andere, nicht irdische Besucher gelandet sind. Einige bis heute nicht veröffentlichte Photos, die von ›Apollo-11‹ gemacht worden sind, zeigen an verschiedenen Stellen deutliche Spuren, deren Begrenzungslinien außerordentlich scharf verlaufen. Möglicherweise haben sich dort schon früher einmal andere Fahrzeuge niedergelassen und den Mond als Relaisstation benutzt.«

Befragt nach dem Hintergrund derartiger Aussagen reagierte Conrad erneut sichtlich nervös. Nach eifrigen Tuscheleien mit seinen beiden Kollegen gab er schließlich zu, tatsächlich auf Muster gestoßen zu sein, die sich durchaus als Abdrücke fremder Intelligenzen interpretieren ließen. Man habe die Spuren photographiert und die Aufnahmen den NASA-Experten zur Auswertung überlassen.

Das Gespräch mit Utter und der Bezug auf Hobana bildete für mich den unerwartet spektakulären Auftakt zu einer intensiven Auseinandersetzung mit all den seltsamen Vorgängen rund um unseren lunaren Trabanten. Was sich dort oben derzeit abspielt, und warum wir davon von offizieller Seite so gut wie gar nichts erfahren, darüber werde ich Ihnen im Verlaufe dieses Buches noch eingehender berichten.

Um das Mondrätsel zu klären, mußte ich mich aber erst einmal quer durch eine ganze Palette kontroverser Themen kämpfen, und so werden wir auf den nächsten Seiten neben revolutionären Erfindungen und Ideen hauptsächlich Dingen begegnen, die es nach unserem heutigen Naturverständnis eigentlich gar nicht geben dürfte. Ebenso werden wir die Bekanntschaft verschiedener Methoden machen, mit deren Hilfe öffentliche Diskussionen über derartige Artefakte gewöhnlich unterbunden werden.

Sollte dabei der falsche Eindruck entstehen, ich würde wissenschaftliche Bemühungen als solche generell ablehnen, so wäre das nicht beabsichtigt. Vielmehr geht es darum, konservative Einzelerscheinungen anzuprangern und dem hier grassierenden Dogmatismus endlich Einhalt zu gebieten. Erst dann kann Wissenschaft wieder zu ihren Ursprüngen zurückkehren und das weiterführen, wofür ihr Name eigentlich steht: nämlich Wissen zu schaffen.

Auch diesmal gilt mein Dank wieder all jenen, die mich während meiner Arbeit mit neuen Informationen, Berichten und Ratschlägen versorgt haben oder anderweitig behilflich waren. Es waren diesmal insbesondere: Rosemarie Abt, Hans-Ulrich Baumgartner, H. Beck, Erich von Däniken, Ulrich Dopatka, Hans-Joachim Ehlers, Dr. Johannes Fiebag, Dr. Horst Friedrich, Rose-Marie Füglistaller, Florin Gheorghita, Thomas Haupt, Rudolf Hauri, Michael Hesemann, Gerhard A. Hirth, Rainer Holbe, Jean Hunt, Roland Keller, Peter Krassa, Jean-Marie Lehner, Illobrand von Ludwiger, Ulrich Magin, Wayne May, Ernst Meckelburg, Gerhard Moritz, René Munz, Ferry Radax, Georg Rehm, Manfred Ross, Hansjörg Ruh, Fred Rydholm, Hans-Werner Sachmann, Helmut Schaffer, James Scherz, Hubert Schmidt, Adolf und Inge Schneider, Heinz Schürch, Mario Stiffler, René Tischler, Buck Trawicky und Manfred Zirngibl.

Dank gilt im weiteren all denjenigen, die mir ihre Erlebnisprotokolle zur Verfügung stellten. Ich habe ihre Berichte im Interesse der Leser wie immer an einigen Stellen gekürzt oder sprachlich überarbeitet.

Nicht vergessen werden darf schließlich auch das ganze Team vom Herbig-Verlag sowie mein Lektor Hermann Hemminger, dessen konstruktive Ratschläge sich als äußerst hilfreich erwiesen.

Luc Bürgin

I Informationsbarrieren:

Unterdrückte Entwicklungen und Erfindungen

Manchmal erinnert mich das menschliche Verhalten an die berühmte Geschichte mit der Treppe: Wir sind gerade mühsam die allerersten Stufen hochgeklettert, und in all der Freude darüber übersehen wir ganz, daß es dort noch hundert weitere Absätze gibt, die es erst noch zu bezwingen gilt. Tatsächlich liegt unsere Schwäche in der Selbsteinschätzung. Zu jeder Epoche glaubte sich der Mensch auf dem Höhepunkt seiner moralischen und technischen Entwicklung, kratzte begeistert am schwarzen Lack der Erkenntnis und bejubelte frenetisch jedes neue weiße Fleckchen, das darunter hervortrat. Wagt es ein abtrünniges Individuum dagegen weiter zu kratzen, solange, bis es auf eine rote Stelle stößt, ist jeweils der Teufel los.

Besonders stark hervorgewagt haben sich seit jeher die Erfinder und Entdecker. Wie der Publizist Armin Witt, ehemaliger Chefredakteur der »Münchener Rundschau«, 1993 feststellte, sehen sie das Bestehende nie als unveränderlich oder gar vollkommen an: »Um den gegenwärtigen Zustand zum Besseren zu verändern, entwickeln sie Ideen aus allumfassender Neugier, kritischer Phantasie und logischem Denken, Entschlossenheit und unglaublichem Fleiß mit übermenschlicher Ausdauer. (...) Der Erfinder ist anarchisch. Sein Denken kümmert sich jedoch wenig um Gesetze. Um sein Denken nicht zu belasten, nimmt er Normen oft nicht wahr, zweifelt Vorschriften an. Vorgesetzten ist er ein Greuel, da es für ihn keine hierarchischen oder gesellschaftlichen

Unterschiede gibt, sondern nur eine Einteilung der Menschen in ›interessant‹ oder ›uninteressant‹.«
Sie haben es wirklich nicht leicht, die erfinderischen Rebellen der Neuzeit. Von der Öffentlichkeit zumeist als Spinner abgestempelt, fristen sie in den Randzonen der Wissenschaft ein tristes Dasein, denn immer häufiger bestimmen heute einflußreiche Lobbys darüber, ob und wie sich eine neue Erfindung oder Entdeckung überhaupt durchsetzen kann. Finanzielle Interessen zählen oft mehr als wirklicher Fortschritt, und so mancher vielversprechende Ansatz blieb dabei schon auf der Strecke.

1   Die Sache mit den ungelösten Problemen

>»Wann wird – an Schule oder Hochschule –
>jemals ein Effekt vorgeführt, der auch dem
>Lehrer, der Dozentin zugegebenermaßen
>rätselhaft ist? In welchem Unterricht wird
>ein Gerät vorgestellt, bei dem selbst der
>Lehrende erklärt, er habe keine Ahnung,
>wie es funktioniere? In welchem Lehrbuch
>werden schon mal ungelöste Probleme
>zusammengestellt und erläutert?«
>
> (GERHARD VOLLMER, Philosoph)

Sie wurden gefürchtet wie die Pest, die Inspektoren des
deutschen Wissenschaftsrates, die nach der Wiedervereini-
gung mit Aktenkoffer und ernster Miene durch die Gänge
der ostdeutschen Universitäten und Institute schlichen,
denn ihre Protokolle sollten die Basis für eine komplette
Umkrempelung der in Schutt und Asche liegenden DDR-
Wissenschaft liefern.
Koordiniert wurden die Aktivitäten vom Leiter des Wissenschaftsrates, dem Münchner Zoologen Gerhard Neuweiler, dem gleichen Mann, der zum Schrecken vieler seiner Kollegen auch den Universitäten im Westen eine
gründliche Reformkur verabreichen wollte. Zweifel an der
Habilitation oder die Trennung von Lehre und Forschung
waren nur zwei Punkte in seiner Kritikliste, die nicht sel-

ten zu heftigen Auseinandersetzungen im Fachgremium führte.

1994 wurde Neuweiler auf Druck der deutschen Forschungslobby (Max-Planck-Gesellschaft, Arbeitsgemeinschaft der Großforschungseinrichtungen, Hochschulrektorenkonferenz, Deutsche Forschungsgemeinschaft) als Vorsteher des Wissenschaftsrates abgesetzt und der Mathematiker Karl-Heinz Hoffmann als sein Nachfolger eingesetzt.

Neuweilers ungestümer Reformkurs behagte den verantwortlichen Damen und Herren offenbar nicht so ganz. Dabei wäre eine kritische Standortbestimmung längst schon überfällig: Zu oft wird Wissenschaft heute als eine aparte Geschichte von Erfolgen dargestellt. Erfolge, deren Existenzberechtigung wir zwar nicht in Frage stellen wollen, aber dort mit einem dicken Fragezeichen versehen, wo sie zum unumstößlichen Dogma werden, das träge in der Gedankenlandschaft herumwuchert und die Sicht auf Neues versperrt. Erfolge auch, die unsere Blicke konsequent in die falsche Richtung lenken, nämlich ausschließlich auf die gelösten Probleme, während ihre ungelösten Gegenstücke oft nur unzureichende Beachtung erfahren.

Vorbei sind die Zeiten, als ein berühmter Mathematiker wie David Hilbert (1862–1943) noch einen vielbeachteten Vortrag vor einem Pariser Fachpublikum halten konnte, in dessen Rahmen er den Anwesenden nicht einfach ein schlichtes Bündel gelöster und eingeordneter Fakten unterjubelte, sondern vielmehr 23 bis dahin unlösbare wissenschaftliche Probleme exakt benannte. Offensichtlich gelang es ihm damit, seine Kollegen geschickt wachzurütteln, denn einige der von ihm formulierten Knacknüsse wurden bereits wenige Jahre später von Fachleuten gebändigt. (Für die Lösung anderer von Hilbert benannter Fragen sollte es freilich noch gute 70 weitere Jahre brauchen, während wieder andere selbst heute noch ihrer endgültigen Auflösung harren.)

Sehr deutlich auf diesen Themenkreis aufmerksam machte 1992 Professor Gerhard Vollmer, seines Zeichens Philosoph an der Universität Braunschweig, als er festhielt, daß Wissenschaft gerade von Problemen lebe. Insbesondere der wissenschaftliche Fortschritt sei auf die klare Formulierung ungelöster Probleme geradezu angewiesen. Der Braunschweiger Denker dazu: »Leider machen wir von dieser Einsicht viel zu wenig Gebrauch. In der Lehre werden wir ihr weder an der Schule noch an der Hochschule gerecht; aber auch in der Forschung wird sie kaum befolgt.«

Tatsächlich liegt der erste Schritt zur Lösung eines Problems in seiner Formulierung. Gerade dies aber ist heute in vielen Kreisen nicht mehr üblich. Furcht vor der Blamage oder wissenschaftliches Konkurrenzdenken haben hier ihre Hände im Spiel. Dinge, die Professor Vollmer scharf verurteilt: »Wir brauchen wieder eine Problem-Kultur: Problem-Heuristik, Problem-Pflege, Problem-Osmose und Problem-Bewertung.« Eine Gesellschaft, die am Erkenntnisfortschritt interessiert, ja geradezu auf ihn angewiesen sei, müsse diese Potentiale wieder vermehrt nutzen, ist sich der deutsche Philosoph sicher und sieht gerade hier »eine wichtige Aufgabe für Wissenschaftler, Buchautoren, Journalisten, Didaktiker und Wissenschaftsphilosophen«.

Die wichtigste Gattung vergißt Vollmer allerdings explizit zu nennen. Dabei scheint es gerade diesem Menschenschlag seit jeher besonders vorbehalten zu sein, ungelöste Probleme im naturwissenschaftlichen Bereich unkonventionell zu formulieren und praktisch anzugehen. Gemeint sind die Erfinder und Entdecker, die unsere Welt seit jeher in Atem halten.

>»Womöglich ist es eine archaische
Eigenschaft der Menschen, neue Ideen,
Erfindungen und Entdeckungen abzulehnen.«

(ARMIN WITT, Wirtschaftswissenschaftler)

»Viele wohlmeinende Freunde brachten mir verschiedene
Arzneimittel, Wässerchen und Vitamintabletten, die ir-
gendeinen entfernten Verwandten geheilt hatten. Meine
Arthritis muß von anderer Art gewesen sein, denn überhaupt nichts von alledem half. Heiße Bäder entspannten
mich, hatten aber sonst keinen Heilungseffekt. Spritzen
mit verschiedenen neuen Drüsenextrakten erhöhten mein
Leiden in den ersten ein oder zwei Tagen und verschafften
mir dann für nur vier oder fünf Tage Erleichterung. Dann
meldete sich die Arthritis wieder.«
John Ott erinnert sich noch gut an die unerträglichen
Schmerzen, die ihn während der Arbeit im Filmstudio früher so oft befallen haben. Bis zu dem Zeitpunkt, als seine
Sonnenbrille, die er aufgrund seiner empfindlichen Augen
bei allen möglichen Gelegenheiten zu tragen pflegte, eines
Tages zu Bruch ging. Schon kurz darauf lösten sich die
Schmerzen wie von Geisterhand auf.
Der Amerikaner bemerkte den Zusammenhang mit der getönten Brille schnell. Hatte er sie auf, ging es ihm schlechter, legte er sie beiseite, erfuhren seine Schmerzen wohltu-
ende Linderung. Und er machte sich Gedanken: Konnte es
möglich sein, daß der ultraviolette Anteil im Sonnenlicht,
der ihm durch die getönten Brillengläser vorenthalten wurde, indirekt eine heilende Wirkung auf seinen Körper aus-
übte?
Ott gehört heute zu den großen Pionieren auf dem Gebiet

der Lichtforschung, einem Gebiet, das nach wie vor stark unterschätzt wird. Tatsächlich wird Lichtqualität immer noch viel zu häufig nach Menge, Helligkeit und Farbe beurteilt, obwohl sich seit Otts Entdeckungen immer deutlicher herauskristallisiert, daß wichtige Kriterien bislang übergangen und übersehen wurden. So wiesen Institutionen wie das Massachusetts Institute of Technology (Boston), die Oregon Health Sciences University (Portland), aber auch Professor Fritz Hollwich von der deutschen Universität in Münster im Rahmen aufwendiger Studien nach, daß mittels Lichtaufnahme über die Augen Zirbel- und Hirnanhangsdrüse zur Produktion verschiedener Körperhormone angeregt werden.

Weitere Studien amerikanischer und australischer Forscher kamen zu dem Schluß, daß handelsübliche Neonkunststoffröhren in derselben Weise die Produktion von Melatonin zu beschleunigen pflegen, ein Stoff, der in Fachkreisen als sogenannter »Müdemacher« gilt. Im weiteren regt grelles Kunstlicht die Hirnanhangsdrüse indirekt zur Ausschüttung von »Streßhormonen« an.

Selbst die klassischen »Winterdepressionen« gründen vielfach auf schlichtem Lichtmangel, die Forscher sprechen in diesem Zusammenhang von einer »Seasonal Affective Disorder«. Pionierarbeit auf dem medizinischen Sektor leisteten hier hauptsächlich Forscher des National Institute of Mental Health in Bethesda (Maryland), wo man jahrelang Patienten beobachtete, die in der Winterzeit einen mehr oder weniger regelmäßigen Hang zu depressiven Verstimmungen zeigten. Veränderungen der Eßgewohnheiten, Antriebslosigkeit, Angst, Gereiztheit, Gewichtszunahme und eine verminderte Libido rundeten ihr Krankheitsbild ab.

Es war die NASA, welche schließlich eine speziell konzipierte, neue Leuchtstoffröhre entwickeln ließ, die mittlerweile als »True-Lite« bezeichnet im Fachhandel erhältlich ist und heute nicht nur in Unterseebooten, sondern auch in den amerikanischen Raumfähren Verwendung findet. Diese neuartigen Lichtröhren decken das gesamte Tageslichtspektrum inklusive Infrarot- und UV-Strahlung ab, ganz im Gegensatz zu ihren herkömmlichen und bei uns immer noch vorherrschenden Vorgängern, denen diese Eigenschaften fehlen.

Der Einsatz besagter »True-Lite«-Lampen war sogar derart erfolgreich, daß sich selbst das amerikanische Gesundheitsministerium 1983 dazu bereit erklärte, die Lampen unter der Nummer 22 190 74 offiziell als Heilmittel anzuerkennen. Die vollspektralen Lampen erhellen in den USA seither unzählige Arbeitsplätze, und selbst Spitäler mußten den Erfolg dieser Leuchtkörper in bezug auf das menschliche Wohlbefinden neidlos eingestehen. (Um so seltsamer, daß der Schweizerischen IKS, der »Interkantonalen Kontrollstelle für Heilmittel« in Bern, nach Angaben der Fachzeitschrift »Medical Tribune« noch 1985 weder »True-Lite«-Röhren noch die amerikanischen Lichtstudien bekannt waren!)

Die engeren Zusammenhänge von Licht und Depressionen untersucht die Biochemikerin Dr. Anna Wirz-Justice von der Psychiatrischen Universitätsklinik in Basel. Aufbauend auf Versuchen mit »True-Lite«, von dessen positiver Wirkung die Basler Forscherin fest überzeugt ist, entwickelte sie erfolgreiche Therapiemethoden zur Behandlung der »Seasonal Affective Disorder«. Auf UV-Anteile verzichtete ihr Team allerdings nach einiger Zeit, um Augenschäden – die Patienten müssen während der Therapie direkt in die Lichtquelle blicken – und etwaigen Komplikationen mit eingenommenen Medikamenten vorzubeugen.

»Leider wird die Problematik des richtigen Lichtes am Arbeitsplatz sowie die Bedeutung unserer eigenen Arbeit mit Lichttherapie nach wie vor stark unterschätzt«, bestätigte mir die Forscherin das traurige Informationsmanko während eines 1994 geführten Telephongespräches. Und man kann ihr nur zustimmen: Immerhin sind da beispielsweise die beeindruckenden Ergebnisse, die Professor Richard Blackwell von der Ohio State University vorlegen konnte. Er hatte mittels verschiedener Experimente nachweisen können, daß die Arbeitsleistung repräsentativ ausgewählter Versuchspersonen unter vollspektralem Licht um über zehn Prozent zunahm! Da verwundert es kaum, daß selbst die Weltgesundheitsorganisation der UNO die Alternativ-Röhren mittlerweile als Beleuchtungskörper für Arbeitsplatz und Schulen empfiehlt.

Warum wir von derartigen Dingen über offizielle Quellen so gut wie gar nichts erfahren, ist eine berechtigte Frage, und sie kennzeichnet die derzeitige Informationskontroverse nur zu deutlich. Überwältigt vom vorhandenen Informationsüberfluß hat sich der Mensch daran gewöhnt, daß ihm der überall vor sich hin wuchernde Wissensstoff von Drittpersonen gefiltert und präsentiert wird. Was objektiv gesehen wirklich von Wichtigkeit ist, so wird gelegentlich argumentiert, wird uns auf diese Art und Weise gewiß erreichen.

Nur weil aber ein konstruktiver Ansatz oder eine vielversprechende Entwicklung einer kritischen Überprüfung standhalten, garantiert das noch lange keine attraktive Behandlung des Themas in breiten Medienkreisen. Denn auch selektierende und vorfilternde Kreise erliegen gelegentlich grundlegenden menschlichen Schwächen wie Vorurteilen oder fehlender Toleranz Neuem gegenüber. Das wird leider oft vergessen.

Bewußt oder unbewußt werden uns also eine ganze Reihe von Dingen aller Wissenssparten vorenthalten. Diese Haltung ist es, die ich im Rahmen dieses Buches als »Unterdrückung« von Fakten bezeichnen möchte. Nichtsdestotrotz sind derartige Informationen zumeist genauso glaubwürdig wie alles andere, was uns tagtäglich erreicht, mit dem kleinen Unterschied allerdings, daß sie häufig eine gehörige Portion Zündstoff in sich bergen und Bestehendes nicht selten in Frage stellen.

Fest steht auf alle Fälle, daß Berichte über Erfindermessen oder herausragende, neuartige Erfindungen heute selten mehr als willkommene Lückenbüßer in der Medienlandschaft sind. Kaum einmal lesen wir, was wirklich hinter solchen Entwicklungen steht und mit welch widerwärtigem Potential manchmal gegen ihre Schöpfer geschossen wird. Weil aber viele Erfinder für die Weiterentwicklung ihrer Prototypen auf Industrie und Banken angewiesen sind, hüten gerade sie sich in der Regel besonders vor öffentlichen Verunglimpfungen über die Vorgehensweise ihrer »Förderer«.

Auch Mario Stiffler aus dem Kanton Tessin (Schweiz) machte im Laufe seines Erfinderdaseins schon so manche zweifelhafte Erfahrung mit einflußreichen Wirtschaftslobbys. Erfahrungen, die ihn zunehmend mißtrauischer werden ließen. Oft hatte man ihm bereits Interesse an seinen Erfindungen vorgegaukelt, nur um diese dann – vielfach zweckentfremdet – finanziell auszupressen. Es hat wohl mit der ihm angeborenen Kämpfernatur und der absoluten Überzeugung vom Sinn seiner Sache zu tun, daß er sich mir gegenüber dazu bereit erklärte, erstmals öffentlich über die ganze Sache zu sprechen, und so traf ich den sympathischen Südländer an einem kalten Frühlingstag in Basel, wo er mir seine revolutionäre und umweltfreundliche Lösung des Energieproblems anhand einer Unzahl von Tabellen und Skizzen ausführlich vorrechnete und erläuterte.

Als gelernter Isolationstechniker und Inhaber eines Geschäftes erledigte Stiffler ursprünglich Dichtungsaufträge aller Art. Bereits damals fiel ihm auf, wie unvernünftig die heutige Energiegewinnung eigentlich angelegt ist: Sei es bei Kehrichtsverbrennungsanlagen, bei Motoren oder bei Industrieschornsteinen, überall stieß der Tessiner auf ungenutzte Wärmemengen. Insgesamt gesehen war die vorhandene Restwärme derart gewaltig, daß sich ihm unweigerlich die Frage aufdrängte, warum bisher noch niemand auf die Idee gekommen war, die latente Energie dieses überall gratis verfügbaren Riesenpotentials anzuzapfen, anstatt für teures Geld und unter erheblichen Umweltrisiken ständig neue Atom- und Wasserkraftwerke in die Landschaft zu stellen.

Stiffler machte sich schließlich selbst an die Erarbeitung neuer Speichersysteme, und es gelang ihm, Wärmespicherelemente zu entwickeln, welche aufgrund eines neuen Verfahrens vorhandenes Wärmepotential mit viel größerer Energiedichte aufnehmen konnten als bisherige Konstruktionen.

Für großräumige Oberflächen wie Hausdächer begann der Schweizer Dichtungsbeläge zu entwerfen, die einerseits den Wärmeverlust eindämmen, andererseits aber gleichzeitig auch als Sonnenkollektor arbeiten sollten, und auch hier ordnete er den neu entwickelten Speicherelementen eine zentrale Rolle zu. Gleichzeitig mußten die speziellen Beläge aber auch den Vorteil haben, unbrennbar und kostengünstig zu sein, sowie ohne jedwelche Giftstoffe hergestellt werden zu können.

Heute sind Stifflers Dichtungsbeläge patentiert und ausgereift und liefern durch das gezielte Zusammenspiel verschiedener Faktoren stolze Energieerträge. Konkrete Beispiele, wie vielseitig und erfolgreich das von ihm entwickelte System angewendet werden kann, konnte mir der Tessiner daher gleich mehrere nennen. So stattete er 1991 etwa ein Restaurant im Schweizer Skiort Bergün mit seinen Kollektorelementen aus: Aufgrund der ständig ein- und ausgehenden Touristen hatte man dort zuvor krasse Probleme, die Innentemperatur der frequentierten Räumlichkeiten auf einem konstanten Pegel zu halten. Mittlerweile hat das Restaurant durch Stiffler seine eigene Stromversorgung erhalten und kann seine Raumtemperatur ohne äußere Hilfe quer durch das ganze Jahr hindurch aufrechterhalten. Die Effizienz des Systems ist dabei derart beachtlich, daß Jahr für Jahr sogar ein beträchtlicher Energieüberschuß erwirtschaftet wird.

Tatsächlich läßt sich mit Hilfe des Stiffler-Systems auch die Stromversorgung eines kompletten Einfamilienhauses unabhängig von Jahreszeit und Temperatur aufrechterhalten, wobei zusätzlich ein gehöriger Energieüberschuß von durchschnittlich über zwei Drittel (!) vorgewiesen werden kann. Auch dafür kann der Tessiner bereits einige fertige Beispiele in der Baulandschaft präsentieren.

Andere Varianten zur Einsetzung der Thermoelemente sind denkbar. Eine Möglichkeit, die mir der Schweizer erläuterte, sieht beispielsweise vor, damit Kühlanlagen in besonders heißen Gebieten der Dritten Welt zu betreiben. Oft mußte für solche Konstruktionen bisher teure Technologie aus dem Westen importiert werden, dabei könnte man mit Hilfe des speziellen Speicherbelags den sich auf den dortigen Wellblechdächern ansammelnden Wärmeüberschuß gezielt für ein Kühlsystem nutzbar machen. Selbst ein Au-

tomotor kann über kurz oder lang mit seiner eigenen Ab-
wärme gespeist werden – ein anderes Projekt, an dem Stiffler derzeit arbeitet.

Spätestens hier aber werden auch die Konsequenzen derartiger Entwicklungen deutlich: Großindustrie, Elektrizitätswerke, Atom- und Öllobby und damit verbunden auch die
internationalen Großbanken dürften um ihre Monopol-
stellung fürchten, also werden produktionstechnische Bemühungen in alternative Richtungen ganz einfach unterbunden. Anders ist der bisherige Produktionsboykott solcher Erfindungen jedenfalls nicht zu erklären.

Auch Stiffler selbst wurden schon Steine in den Weg gelegt:
1983 hatte er der Firma »Thermellec SA« in Freiburg
(Schweiz) zwecks industrieller Herstellung seiner Speicher-
komponenten die Lizenzrechte an einigen seiner Patente
verkauft. Ein neues Unternehmen wurde geschaffen, die
TERM-AC. Stiffler überließ der Firma die Alleinrechte in
bezug auf Fabrikation und Vertrieb und stellte ihr auch eine Produktionsanlage für Speicherelemente zur Verfügung.
Diese war von ihm entworfen und in Italien gebaut worden. Das Startkapital der neugegründeten Gesellschaft betrug 50 000 Schweizer Franken. Schon bald aber mußte
der Tessiner die erste Enttäuschung erleben: Die von
TERM-AC produzierten Heizelemente wurden ausschließlich mit Elektrizität geladen, was den ökologischen Sinn
seiner Entwicklungen beträchtlich in Frage stellte. Die Sache wurde noch fragwürdiger, als auch die Freiburger
Elektrizitätswerke ihr Interesse an Stifflers umfunktionier-
ter Erfindung bekundeten und in die Gesellschaft einstie-
gen. Das Aktienkapital wurde auf 300 000 Franken aufge-
stockt und Stiffler durch den Aufschlag aus dem Betrieb
herausgedrückt.

Einige Zeit schien das Unternehmen zu florieren, bis sich

plötzlich Unregelmäßigkeiten in den Zahlungen einstellten: Von der ihm vertraglich zugesicherten 20prozentigen Beteiligung an der Transaktion einer Produktionsanlage nach Korea im Wert von 3,5 Millionen Schweizer Franken, die von den Auftraggebern auch prompt bezahlt wurde, sah der Tessiner Erfinder keinen Rappen. Auch im Fall des Verkaufs einer solchen Anlage nach Spanien verhielt sich die Sache ähnlich. Stiffler klagte die THERM-AC am Ende gar an, und nachdem jene falsche Abrechnungen vorlegte, beantragte er zusätzlich eine Patentsperre: Die zuständigen Damen und Herren hatten ganz offensichtlich krasse Mißwirtschaft getrieben!

Höhepunkt der negativen Entwicklung war eine 1993 eingeführte eidgenössische Bestimmung, nach der elektrischer Strom nicht mehr direkt zur Ladung von Energiespeicherungen benutzt werden durfte, was nach Stifflers Ausführungen dazu führte, daß die Freiburger Elektrizitätswerke rasch das Interesse an der Sache verloren. Investitionen wurden drastisch eingeschränkt, mit der Folge, daß die THERM-AC kurz darauf bankrott ging.

Ironie des Schicksals: In den regionalen Tageszeitungen gaben die Vertreter der Elektrizitätswerke ihrem Bedauern über das Schicksal der THERM-AC lautstark Ausdruck. Eine Tatsache, über die Stiffler nicht einmal mehr lachen konnte: »Die haben doch selbst dazu beigetragen, mit ihrer damaligen Auflage, ausschließlich Elektrizität zur Nachladung der großen Energiedichte zu verwenden«, erklärte er mir kopfschüttelnd.

Allen Rückschlägen zum Trotz läßt sich der Tessiner Erfinder aber nicht unterkriegen. »Gegenwärtig beschäftige ich mich mit dem Aufbau eines Versuchslabors für Energieversorgungsalternativen im Kanton Tessin, wobei meine Patentgegenstände von der hier ansässigen Finanzorganisation ›Europatent SA‹ entwickelt werden«, erklärte er kurz vor Abschluß unseres Gespräches. »Da verschiedene Großbanken mitwirken, welche auch im ›Energiemonopol‹ mitbestimmen, sind ähnliche Risiken natürlich nicht ausgeschlossen. Aber das scheint seit jeher das Los von uns Erfindern zu sein.«

Werner Kroh aus Belp kämpft mit ähnlichen Problemen. Unter dem Namen »GEES-67« entwickelte er bereits vor vielen Jahren eine Substanz, mit der sich Öl mühelos in Fischfutter umwandeln läßt. Wird sie von Flugzeugen oder Helikoptern in Pulverform über verseuchten Gewässern ausgesprüht, verbindet sich das »GEES-67« augenblicklich mit den dort befindlichen Ölpartikeln und sinkt dann langsam auf den Meeresgrund ab. Gleichzeitig wird ein biologischer Prozeß aktiviert, der die neue Verbindung allmählich in ein organisches, schadstofffreies Fett umwandelt, welches Lebewesen auf dem Meeresboden ein reichhaltiges Nahrungsangebot bietet.

Adolf und Inge Schneider kontaktierten Werner Kroh in ihrer Funktion als Herausgeber der Zeitschrift »Jupiter-Journal«, um sich das Verfahren an Ort und Stelle vorführen zu lassen. Sie berichteten folgendermaßen darüber: »Wir besuchten den Forscher in Belp, wo er uns auf seiner Terrasse ein Experiment vorführte: Ein durchsichtiger Krug wurde mit einem Liter klarem Wasser gefüllt und etwa 20 ml stinkendes Altöl hinzugefügt. Das schwärzliche Öl schwamm auf der Wasseroberfläche. Nun entnahm Werner Kroh einem Behälter ein feines, graues, sandähnlich aussehendes Pulver – das Mittel ›GEES-67‹ –, um es löffelweise über das Öl auszubreiten. Das so behandelte Öl sog sich sofort voll (...). Nach kurzer Zeit befand sich das Sediment-Öl-Gemisch auf dem Boden des Behälters, währenddem das Wasser langsam aufklarte und etwa nach einer Stunde beinahe durchsichtig war. Das Endergebnis der Ölumwandlung durch den Einsatz des Mittels ›GEES-67‹ ist wiederverwendbares Wasser und ein Sediment-Öl-Gemisch, das den Fischen als Nahrung dient. Seit zwei Jahren versorgt Werner Kroh zudem alle Pflanzen seines Gartens mit dieser Mischung, und wir konnten uns davon überzeugen, daß die Vegetation sehr fruchtbar und üppig wächst.«

Tatsächlich attestierten verschiedene Labors dem so gereinigten Wasser »Trinkwasserqualität«, worauf Werner Kroh besonders stolz ist: »1982 befand sich eine Equipe der ARD bei mir, um einen Film zu drehen. Wir haben das Mittel damals in einem Aquarium mit Goldfischen angewendet, die froh weiterschwammen, und vom Wasser haben wir schließlich auch noch getrunken.«

Angesprochen auf die Frage, warum sich sein revolutionäres Verfahren bisher noch nicht durchsetzen konnte, mußte Kroh nicht lange überlegen: Würde man sein Mittel bei einer Ölkatastrophe verwenden, käme das teurer als der Einsatz herkömmlicher Methoden. Er gibt aber gleichzeitig zu bedenken, daß sonstige Kostenfaktoren wie Entsorgung, Abtransport und Verbrennung wegfallen würden. »Dies ist möglicherweise gerade der Grund, weshalb eine Hemmschwelle dem ›GEES-67‹ gegenüber vorliegt«, meint der Erfinder nachdenklich. »Etliche Industriezweige profitieren bei der jetzigen Entsorgung. Ich bekam den Eindruck, daß die Ölentsorgungsfirmen irgendwie mit den großen Ölproduzenten verbunden sind – und so ist der Kreislauf in materieller Hinsicht geschlossen.«

Als ich Werner Kroh kürzlich nach dem neuesten Stand der Dinge fragte, bat er mich, ihn in einigen Monaten wieder zu kontaktieren. Dann seien womöglich bereits wichtige Entscheidungen gefallen im Hinblick auf den praktischen Einsatz seines Stoffes. Drücken wir ihm die Daumen.

3   Raum-Quanten-Motor:
Funktioniert er tatsächlich?

> »Ich habe noch keinen Markt erlebt, der so
> unfrei ist wie der Energiemarkt.«
>
> (ROLF KREIBICH, Professor am Institut
> für Zukunftsstudien und
> Technologiebewertung in Berlin)

Der Taxichauffeur im schweizerischen Rapperswil wußte sofort, wo er mich absetzen mußte, als ich ihm meinen Zielort nannte. Immerhin sorgt die hier ansässige RQM, die »Raum-Quanten-Motoren AG«, seit der offiziellen Auszeichnung ihrer Forschungstätigkeit auf der Eureka-Erfindermesse 1993 in Brüssel für internationale Schlagzeilen mit ihrer Behauptung, bereits 1995 einen funktionierenden Motor auf den Markt bringen zu können, der vollkommen neue Energiequellen anzapfen wird. Sollte sich das Projekt in der vorgesehenen Form realisieren lassen, würde das einer Sensation ersten Ranges gleichkommen. Ein revolutionärer Umbruch in der weltweiten Stromversorgung wäre vorprogrammiert.

Basis der in Rapperswil entwickelten alternativen Antriebsaggregate sind die umstrittenen Theorien des 1992 verstorbenen Schweizer Forschers Oliver Crane (Pseudonym), der im Universum eine sogenannte »magnetische Raum-Quanten-Strömung« entdeckt haben will. Kurz umrissen basieren Cranes Überlegungen auf der Propagierung eines zentralen Oszillators, der im Herzen unseres Universums mit unvorstellbar hoher Frequenz pulsiert. Um ihn herum fügt sich ein Medium aus sogenannten »Raumquanten«. Innerhalb dieses Raumquantenmediums werden mechanische Wellen ausgesendet, welche an der Peripherie unseres Universums reflektieren. Durch die so entstehende Überlagerung bilden sich stehende Wellen, deren statische Energie nach Crane gezielt genutzt werden kann.

Fachleute stehen dem alternativen Oszillatorenmodell allerdings äußerst skeptisch bis ablehnend gegenüber, denn es widerspricht in vielen Punkten den Erkenntnissen herkömmlicher physikalischer Modelle. So teilte mir etwa das Institut für Theoretische Physik an der Universität Bern am 19. April 1994 auf Anfrage mit, daß man den Raum-Quanten-Motor vor einiger Zeit aufgrund der vom Erfinder zugestellten Unterlagen studiert habe: »Wir haben ihm dann mitgeteilt, daß wir davon gar nichts halten, sondern vielmehr davon überzeugt sind, daß die Ideen unklar und wertlos sind.«

Auch ein mir persönlich bekannter Physiker äußerte ähnliche Bedenken. »Sollte der Motor tatsächlich funktionieren, so widerspräche das dem Energieerhaltungssatz, wie ihn die klassische Physik formuliert«, erklärte er mir. »Nun ist das natürlich noch kein definitiver Grund, die Sache a priori abzulehnen, denn der Energieerhaltungssatz ist bekanntlich ein empirischer Erfahrungssatz. Und wir können nie ausschließen, daß eines Tages nicht doch eine spezielle Situation entdeckt wird, in der er nicht gültig ist. Die Wahrscheinlichkeit dafür ist allerdings äußerst gering.«

Diskussionspunkte gab es also mehr als genug, und so hatte ich mich im April 1994 mit Jean-Marie Lehner, dem Hauptaktionär und Leiter von RQM verabredet, um die Sache vor Ort einer kritischen Prüfung zu unterziehen.

Lehner ist ein faszinierender Charakter. Manche sehen in ihm einen Besessenen, wieder andere zweifeln an seiner Aufrichtigkeit, glauben, er führe seine Aktionäre geschickt hinters Licht. Sie machen dabei vor allem Vorbehalte geltend hinsichtlich der bereits ein halbes Jahr nach der AG-

Gründung am 24. Februar 1993 durchgeführten Aktienka-
pitalaufstockung von 500 000 Schweizer Franken auf drei
Millionen. Bewußten Betrug glaube ich allerdings mittlerweile ausschließen zu können: Zu sehr ist Lehner vom Erfolg seiner Sache überzeugt.

Während wir uns begrüßen, drückt die Sekretärin ihrem
Chef noch rasch ein Bündel Telephonnotizen in die Hände.
Dann führt mich Lehner bereitwillig durch die RQM-For-
schungsräume, die derzeit in den Hallen einer ausgedien-
ten Fabrik untergebracht sind. Hier thront unter anderem
ein massiv gepanzertes Stahlmonstrum, das nach Eingabe
eines Codes den Blick freigibt auf das derzeit im Test be-
findliche RQM-Aggregat. Bereits im Juni 1994 soll den
bisher 150 Aktionären an dieser Stelle ein funktionierender
Prototyp vorgeführt werden, und die RQM-Leiter sind op-
timistisch, diesen Termin auch halten zu können, wenngleich Lehner darauf hinweist, daß man von der staatlichen Forschungsförderung bisher keinerlei Unterstützungs-
gelder erhielt: »Man boykottiert uns dort regelrecht.«

In einem anderen Winkel der Hallen befindet sich der Ar-
beitsort von Alexander Borg, dem wissenschaftlichen Leiter des Forschungslabors. »Der Physiker und Nobelpreisträger Werner Heisenberg hatte um 1950 gesagt, es müsse
doch möglich sein, den Magnetismus als Energiequelle zu
nutzen«, schreibt der diplomierte Physiker in der ersten
Ausgabe der RQM-Zeitschrift »Magnetik«. »Er fügte hin-
zu: ›Aber wir Wissenschaftsidioten schaffen es nicht. Das
muß von Außenseitern kommen!‹« Wo aber liegen die
Gründe, daß sich seither trotz Heisenbergs Feststellung
nichts wesentliches in der Forschungslandschaft verändert
hat? »Eine mögliche Erklärung liegt in der Denkweise unserer Wissenschaftler«, meint Borg. »An den Hochschulen
herrscht ein verhängnisvoller Konsens über die gängige

Lehrmeinung. Zeigt diese Schwächen, ist es heute die Regel, bei unverstandenen Naturphänomenen das entsprechende physikalische Modell einfach durch ein zusätzliches abstraktes Unterscheidungsmerkmal zu erweitern.« Man verzichtet dabei bewußt darauf, dem neuen Merkmal auch eine reale, konkrete Bedeutung zukommen zu lassen, kritisiert Borg: »Selten wird die zugrundeliegende physikalische Theorie in Frage gestellt.«

Aufgestellt sind in den Fabrikhallen im weiteren einfache Versuchsanordnungen, die verschiedene der Experimente und Effekte, auf welchen Cranes Überlegungen fußen, plastisch veranschaulichen sollen. So finden wir hier etwa ein Demonstrationsmodell des sogenannten »Biefeld/Brown-Effekts«, der auf der Beobachtung basiert, daß ein geladener Plattenkondensator immer in Richtung seines positiven Poles beschleunigt. Ein Verhalten, das aus Sicht der modernen Physik bisher nie so richtig erklärt werden konnte.

Trotz seiner primären Skepsis möchte sich deshalb auch der mir bekannte Physiker in seiner Beurteilung nicht definitiv festlegen. Er hält das von Crane entwickelte Überlegungsmodell zwar für bedeutungslos, gibt aber gleichzeitig zu bedenken, daß der angekündigte Raum-Quanten-Motor vielleicht dennoch funktionieren könnte: »Auch auf Grund falscher Vorstellungen lassen sich manchmal funktionierende Maschinen konstruieren. Das zeigte sich unter anderem am Beispiel vom James Watt, der seine Dampfmaschine bekanntlich auf der falschen Vorstellungsbasis entwickelte, daß Wärme ein Stoff – ›Caloricum‹ – sei.«

Allen Einwänden zum Trotz besteht also durchaus die Möglichkeit, daß sich das RQM-Team auf dem richtigen Weg befinden könnte und dabei effektiv auf etwas Neues gestoßen sein mag.

> »Irgendwann erkannten sich die Menschen
> als intellektuelle Wesen und begannen
> zu lernen. Was aber seit jener Zeit aus
> ihrem Bewußtsein wieder entschwand,
> ist beinahe unglaublich.«
>
> (WERNER HOCH, Autor)

Wann meinen Sie, wurden die ersten Faxgeräte auf den Markt geworfen? 1970? Oder gar schon 1950? Falsch geraten. Bereits 1866 stellte der Physiker und Ingenieur Giovanni Caselli der Öffentlichkeit einen Apparat vor, dessen Informationsübermittlung auf dem Prinzip beschrifteter Zinnplatten basierte. Die Platten wurden von speziellen Nadeln abgetastet, welche die Bildinformationen via Telegraph weitertickerten, wo sie beim Empfänger mittels chemischer Beihilfe alsbald wieder sichtbar wurden. Wer sich Gewißheit darüber verschaffen will, kann das technische Wunderding in Paris bestaunen. Es steht dort hochoffiziell im Musée National des Techniques.

Ein anderes technisches Juwel entdeckte ich 1994 in Neuenburg (Schweiz). Direkt an der Seepromenade befindet sich hier das Musée d'Art et d'Histoire. Und dieses Museum bietet seinen Besuchern in der Form eines schreibenden Androiden aus dem 18. Jahrhundert wahrlich Erstaunliches. Entworfen und konstruiert hatte das mechanische Wunderwerk einst der weltberühmte Uhrmacher Pierre Jaquet-Droz (1721–1790) zusammen mit seinem Sohn Henri-Louis (1752–1791) und weiteren Mitarbeitern.

Handhaben läßt sich dieser Schreibapparat einfach: Über einen ausgeklügelten Mechanismus im Rücken der an einem Tisch sitzenden Gestalt lassen sich jeweils beliebige Sätze mit bis zu 40 Buchstaben einstellen, welche diese – nachdem sie ihre Feder in ein auf ihrem Arbeitspult befindliches Tintenfaß getaucht hat – anschließend in schwungvollen Lettern zu Papier bringt.

Neben dem »Schreiber« finden sich im Neuenburger Museum aber auch noch zwei andere Automaten, und zwar der sogenannte »Zeichner« sowie die »Klavierspielerin«, ein Orgel spielendes Mädchen, das dem Instrument seine anmutigen Töne direkt durch mechanische Fingerbewegungen entlockt.

Überall lösten die automatischen Gestalten der beiden Jaquet-Droz zu ihrer Zeit Staunen und Verwunderung aus, und so mancher Ungläubige sprach damals schnell einmal von »Teufelswerken« oder Zauberei. Immer wieder mußten die Konstrukteure während öffentlicher Vorführungen beruhigend auf die erstaunten Beobachter einwirken und ihnen geduldig die raffinierten Mechanismen ihrer Meisterwerke erläutern.

Schließlich begannen Henri-Louis und seine Mitarbeiter, angeregt durch den großen Erfolg ihrer Arbeiten, mit der Konstruktion weiterer Androiden, deren Funktionen sie noch perfekter ausgestalten wollten, was ihnen später offensichtlich auch gelang. Einer dieser Automaten gelangte nach Rußland, wo sich seine Spuren verlieren, ein anderer verbesserter Mechanismus vom Typ »Schreiber« wurde dem Kaiser von China zum Geschenk gemacht und soll sich verschiedenen Gerüchten zufolge noch heute in einem Museum in Peking befinden. Ein dritter Android schließlich, auch er schwang kunstvoll die Feder, tauchte in den siebziger Jahren angeblich in Amerika wieder auf.

Die drei erstgenannten Automaten aber fanden über verschiedene Irrwege den Weg nach Neuenburg, wo sie heute noch jeden ersten Sonntag im Monat neugierigen Museumsbesuchern öffentlich vorgeführt werden.

Betrachten wir all die Erfinder und Tüftler der Vergangenheit und ihre Produkte, so wird augenscheinlich, wo das generelle Problem ihrer Berufssparte bis heute steckt: Dadurch, daß sie ihrer Zeit meist ein paar Nasenlängen voraus sind, werden ihre Erfindungen in der Regel zwar erstaunt zur Kenntnis genommen, haben allerdings kaum erheblichen Einfluß auf den Entwicklungsfortschritt, dessen Geschwindigkeit die breite Masse bestimmt. Hier dürfte der Grund liegen, warum gescheite Ideen vorübergehend oft scheitern, und so bleiben uns im Laufe der Zeit oft nur noch vage Hinweise erhalten, die uns höchstens vermuten lassen, welch kluge Köpfe sich einst unter unseren Altvorderen eingereiht haben mögen.

In Alexandrien etwa lebte um 100 n. Chr. ein griechischer Mathematiker, über den mit Ausnahme seiner technischen Schriften leider so gut wie nichts bekannt ist. Heron, dies war der Name des Tüftlers, fertigte seine technischen Wundermaschinen gleich reihenweise, und seine Versuchsanordnungen nahmen dabei das erst viel später erkannte Dampfmaschinenprinzip voraus und bezogen auch für die damalige Zeit revolutionäre Ideen wie die Nutzung von Windkraft mit ein. Der verspielte Erfinder ging gar soweit, einen Automaten für Tempeleingänge anzufertigen, der nach Einwurf einer Münze eine Portion Wasser für rituelle Waschungen auszuschütten pflegte.

Trotz ihrer Brisanz lagen viele dieser hydraulischen Ideen und Tricks in der Folge der Jahrhunderte brach und gerieten vorübergehend in Vergessenheit. Mit ein Grund vermutlich, weshalb uns heute nicht mehr alle Werke Herons vorliegen, denn einige seiner Bücher gelten mittlerweile als verschollen. Dies ist um so bedauerlicher, wenn man bedenkt, daß sich der Grieche eigenen Andeutungen zufolge in zumindest einem dieser Manuskripte mit der Konstruktion von Wasseruhren und Zeitmessern beschäftigt haben soll.

Bereits ein paar hundert Jahre vor Heron hatte mit Archimedes (um 287–212 v. Chr.) ein anderer Grieche unübersehbare Spuren im Geschichtsbuch der Menschheit hinterlassen. Der in Syrakus auf Sizilien lebende Physiker und Mathematiker gilt heute nicht nur als Entdecker der magischen Kreisberechnungszahl Pi, er entwickelte auch Flaschenzüge und Schrauben zur Wasserförderung. Wie uns der griechische Philosoph und Historiker Plutarch in seiner Biographie über den römischen Konsul Marcus Claudius Marcellus zeigt, hatte der alte Fuchs aber noch ganz andere Tricks auf Lager. So entwickelte Archimedes etwa ausgeklügelte Verteidigungsmechanismen gegen anrückende Kriegsschiffe. Plutarch schreibt: »Als Archimedes seine Maschinen spielen ließ, da (...) erhoben sich gegen die Schiffe über den Mauern plötzlich Kräne, die entweder schwere Lasten von oben auf sie niederfallen ließen und sie so in die Tiefe versenkten, oder sie mit eisernen Händen oder Haken in Form von Kranichschnäbeln am Bug erfaßten, sie hochhoben und senkrecht, das Heck voran, ins Meer stürzten, oder sie mit starken Trossen, die innen angezogen und aufgerollt wurden, gegen die unter den Mauern emporragenden Felsen und Klippen schmetterten, so daß sie unter starken Verlusten für die Besatzung in Stücke gingen. Oft war es da ein schauriger Anblick, wenn ein Schiff, hoch aus der See emporgehoben, hin und her baumelte und dahing, bis die Mannschaft abgeschüttelt oder weggeschleudert war und es leer gegen die Mauern prallte oder, wenn der Griff des Hakens nachließ, hinabstürzte.«

Rätsel gibt den Gelehrten im weiteren eine Apparatur auf, die um 1900 von Schwammtauchern aus einem Schiffswrack geborgen wurde, das im 1. Jahrhundert v. Chr. vor der griechischen Insel Antikythera gesunken war. Seltsamerweise handelte es sich bei ihr nach Meinung der Experten um Überreste einer Art mechanischer Rechenmaschine. Was diese in einem 2000 Jahre alten Wrack zu suchen hat, ist eine andere Frage, denn derart präzis konstruierte Maschinen kamen erst vor ein paar hundert Jahren offiziell in Gebrauch.

Gewundert hat sich auch Nicolas Benzin, Leser der Privatzeitschrift »Independent Science«, als er im September 1992 das griechische Nationalmuseum in Athen besuchte, um die dort gelagerten Überreste der mysteriösen Apparatur zu besichtigen: Weder wußten ortskundige Museumsführer etwas von dem geheimnisvollen Stück, noch tauchte dessen Standort in irgendeinem Museumsführer oder Reisekatalog auf. Herr Benzin mußte auf eigene Faust losziehen: »So eilte ich kreuz und quer durch die 56 Säle des Museums, Treppe rauf, Treppe runter, vorbei an großen und kleinen Vasen und Krügen. Endlich nach langem Suchen fand ich das Objekt meiner Neugier: In einer einsamen Vitrine am Ende des Saales 36, fast in einem Türsturz versteckt, liegen die Einzelteile der ›Maschine‹. Zahnräder, Skalen, Zeiger – alles ist gut zu sehen.«

Überraschungen halten die alten Zeiten offenbar noch einige bereit, denn in Indien stieß man kürzlich ebenfalls auf einen Gegenstand, der für Aufsehen sorgte. Es handelt sich dabei um eine antike Münze, in deren Mitte sich ein Objekt befindet, welches der Krone einer modernen Armbanduhr verblüffend ähnlich sieht. Bob Forrest untersuchte das seltsame Fundstück mit Hilfe eines Vergrößerungsglases. Die Rillen an der Außenseite der »Krone« bezeichnet er als äußerst präzis, so daß sich Vermutungen über eine maschinelle Anfertigung geradezu aufdrängen. Dem widerspricht aber die Herkunft des Fundstücks: Die Münze entstammt einem 2000 Jahre alten Schatz!

Auch indische Illustrationen aus dem 15. Jahrhundert sorgten unlängst für Verwirrung. Wir finden sie im Museum für indische Kunst in Berlin-Dahlem, im British Museum of Art in London und in einem Museum in Denver in Amerika. Sie zeigen den Götterboten Harinaigameshin, der einer Frau einen Embryo entnimmt und diesen einer anderen Frau einsetzt! Erstmals auf die Brisanz dieser Bilder aufmerksam gemacht hat der Tierarzt Dr. Wolfgang Lampeter aus Wasserburg, dokumentiert wurde seine Entdeckung 1990 in der renommierten Zeitschrift »Bild der Wissenschaft«. Nach Lampeter beziehen sich die Darstellungen auf altindische Texte, die um 200 v. Chr. erstmals schriftlich fixiert wurden. Zuvor kursierten sie mündlich, dürften also noch einige Veränderungen erfahren haben. Das ändert aber nichts an der sensationellen Tatsache, daß diese Texte bereits mit beängstigender Genauigkeit verschiedene embryonale Entwicklungsstufen beschreiben. Selbst zwischen dem heute in der Medizin gebräuchlichen Morula- und Blastulastadium wird unterschieden – biologische Vorgänge, die mit bloßem Auge eigentlich gar nicht erkannt werden können. Und so liegt der Verdacht auf der Hand, daß die alten Inder bereits Jahrhunderte vor Christi Geburt über präzis geschliffene Beobachtungsinstrumente verfügt haben müssen.

Die meisten Rätsel geben uns heute aber ohne Zweifel die technischen Fähigkeiten Leonardo da Vincis (1452–1519) auf. Der Italiener war ein Gefangener seiner Zeit, ein begnadeter Denker, wie es ihn wohl kaum je wieder geben wird, und noch heute zerbricht sich so mancher den Kopf darüber, wie es überhaupt möglich sein konnte, daß ein einziger Mensch eine derartige Fülle zukunftsweisender Eingebungen zu Papier brachte.

Zu Lebzeiten vor allem bekannt als unerreichter Maler von Kunstwerken wie der legendären »Mona Lisa«, erfuhren wir von vielen Fähigkeiten Leonardos erst später durch die unzähligen Manuskriptfragmente, die er uns hinterließ. In vielen, künstlerisch oft sehr hochstehenden Skizzen entwarf der Zukunftsdenker dort vor 400 Jahren beeindruckende Apparaturen und Maschinen, die heute zum Alltag gehören.

Leonardo skizzierte unter anderem: ein Automobil, einen Panzer, einen Fallschirm, eine Dampfmaschine, neue Musikinstrumente, einen Schiffsbagger, einen Helikopter, das Kugellager, den Photometer, automatische Futtertröge, ein modernes Spinnrad, Treibriemen, Schleusenanlagen, Gasbomben und Gasmasken, Taucheranzüge, Schnorchel und Schwimmflossen sowie transportierbare Brücken. Im weiteren machte er sich Gedanken über komplizierteste Zahnradstrukturen, über Massenproduktion und zerlegbare Fertighäuser, fertigte Landkarten aus der Vogelperspektive an und nahm spätere Erkenntnisse Newtons über Bewegung, Masse und Trägheit vorweg. Kurz: Der Mann war seiner Zeit um Jahrhunderte voraus, denn er verstand es, sein kreativ koordiniertes Phantasiepotential optimal für die Lösung jedwelcher Probleme einzusetzen.

Tatsächlich ist es die Kreativität, die Begehung neuer, frischer Wege, die Erfinder und Entdecker erfolgreich sein läßt. Nicht Bestehendes zu optimieren, sondern Neues zu erschaffen ist ihr vorrangiges Ziel. Ein Vorsatz, dem die Wissenschaft heute wieder vermehrt Aufmerksamkeit schenken muß, will sie sich aus ihren festgefahrenen Positionen befreien.

Immerhin: Die Impulse, etablierte Denkstrukturen nicht mehr als unantastbares heiliges Gut zu behandeln, sind vorhanden, und sie kommen heute bezeichnenderweise vermehrt aus jüngeren Reihen.

5 Kreativität – Der Schlüssel zur Zukunft?

> »Eine der größten Errungenschaften des menschlichen Verstandes, die moderne Wissenschaft, weigert sich, die Bedeutung ihrer eigenen Kreativität anzuerkennen, und hat nun einen Punkt erreicht, an dem diese Weigerung ihre Fortentwicklung behindert.«
>
> (ROGER JONES, Physiker)

Noch nicht einmal 50 Jahre ist er alt und bereits Nobelpreisträger. Gemeint ist der 1947 in Frankfurt geborene Professor Gerd Binnig, der zusammen mit Dr. Heinrich Rohrer im IBM-Labor von Rüschlikon bei Zürich einst das sogenannte Rastertunnelmikroskop entwickelte und dafür 1986 mit der begehrten Ehrung ausgezeichnet wurde.

Binnig, ein ausgesprochener Paradiesvogel unter seinesgleichen, dessen Flügel sich auch nach der Preisverleihung prächtig weiterzuentwickeln scheinen, verdanken wir neben seinen Mikroskopstudien hauptsächlich einen bemerkenswerten Essay zum Thema »Wissenschaft und Kreativität«. Der deutsche Denker philosophiert dort offen und ungezwungen über seinen privaten Werdegang und die anschließende berufliche Karriere, deren Reflexion sich wohltuend von ähnlichen Beispielen seiner Kollegen abhebt: »Es war mir nie wichtig, Autoritäten zu gefallen. Freundschaften waren mir wesentlich wichtiger. Gerade diese Distanz zu Autoritäten verschafft mir enorme Freiheit, anders zu denken.«

Anders denkt er tatsächlich in vielerlei Hinsicht, dieser Physiker, der die »Distanz zur Physik« als persönliches Erfolgsrezept pflegt und ausgerechnet die Beschäftigung mit der Musik und die Wechselbeziehungen mit seinen Freunden zu den bedeutendsten kreativen Lernprozessen seines Lebens zählt. Die Bundeswehrzeit etwa bezeichnet er spontan als »Antikreativitätserfahrung« seines Lebens: »Ich hätte nie gedacht, daß soviel Schwachsinn heute noch lebensfähig ist. Es handelt sich wohl um die größte Energieverschwendung, die mir je begegnet ist. Erstens fließen Unsummen in eine völlig veraltete und unfähige Managementstruktur. Zweitens werden unzählige talentierte Bundesbürger dort zu Idioten erzogen, und drittens: Was hätte man alles in dieser Zeit für positive Dinge tun können?«

Zum Kasernendrill war er wirklich nicht geboren, denn einer, der alles, was ihm in der Schule oder der Universität angeboten wird, auch aufnimmt, wird zu kreativen Prozessen sowieso nicht mehr fähig sein, da ist sich Binnig sicher. Man könne nicht kreativ sein, wenn man nicht eingeschränkt ist. »Lernen heißt, sich eine Gehirnstruktur zu bauen. Dabei muß man höllisch aufpassen, daß man nichts verbaut«, warnt er eindringlich, denn leider ist es eine alte Wahrheit, daß Leute, die viel lesen, selten große Entdeckungen machen.

Die Situation an der Universität war offensichtlich ein Schlüsselerlebnis für den jungen Binnig. Vollgestopfte Hörsäle und stereotype Übungsgruppen, in denen menschliche Kälte und nackter Leistungsdruck vorherrschten, prägten seinen schlechten Eindruck von derlei Einrichtungen. Lapidare Erkenntnis des Preisträgers: Je mehr jemandem formalistische Vorgehensweisen liegen, desto erträglicher findet er die Universität. »Man kann also daraus schließen, daß unsere Universitäten ein Sieb für Formalisten darstellen.« Harte Worte, die er allerdings auch ein wenig relativiert sehen will. Aber er nennt sie nicht ungern beim Namen, die »kritischen und anschaulichen Denker, die Emotionellen, die Begeisterten und die Kämpfer«.

Auch Heinz Schürch, seines Zeichens wissenschaftlicher Mitarbeiter des Basler Chemie-Multis »Ciba-Geigy« auf dem Gebiet der analytischen Biotechnologie, zählt zum Schlag der phantasievollen Alternativdenker. Seit das Deutsche Fernsehen über den rührigen Basler (er bewohnt ein kleines Haus im städtischen Vorort Riehen) und seine unkonventionellen Forschungen auf dem Gebiet der Veränderung und Reaktivierung pflanzlichen Erbguts unter elektrostatischen Feldern berichtet hat, beginnen sich mehr und mehr Forscher für die Ergebnisse seiner Ideen und Projekte zu interessieren. Selbst der bekannte englische Professor Rupert Sheldrake bekundete gegenüber Schürchs Untersuchungen unlängst sein Interesse, und auch die Eidgenössische Technische Hochschule (ETH) in Zürich lud den Schweizer vor einiger Zeit ein, vor der dortigen Studentenschaft über die spektakulären Resultate seiner Versuchsanordnungen zu berichten. Resultate, die nur allzuoft gängigen wissenschaftlichen Erklärungen ihren Dienst versagten.
An besagter Hochschule bestimmen seit einiger Zeit die Studenten mit, welche Redner sie hören wollen. Und die begeisternd applaudierende Menge war es auch, die es Heinz Schürch besonders antat, wie er mir anläßlich unseres Gespräches im Januar 1994 im gemütlich eingerichteten Wohnzimmer seines Hauses freimütig zugab. »Mit Ei-

telkeit hatte das nichts zu tun. Was ich dort im Rahmen dieses Anlasses erlebte, bestätigte einfach nur das, was ich bereits seit einiger Zeit mit großem Optimismus verfolge: Daß nämlich die heutige Jugend wieder auszeichnet, was vielen, die heute Wissenschaft betreiben, abhanden gekommen zu sein scheint: die natürliche Neugier, die gesunde Fähigkeit, neue Fragen zu stellen«, führt er aus. »Es gilt, diese kindlich-neugierige Seite in uns wieder zu aktivieren, darauf sind wir in den nächsten hundert Jahren dringend angewiesen!«

Bestehende Theorien und Hypothesen seien zwar gut und richtig, ergänzt der Basler sogleich, der Mensch brauche zur Erfassung von Vorgängen nun einmal gewisse allgemein akzeptierte Richtlinien, er gibt aber gleichzeitig auch zu bedenken, daß gerade diese einer ständigen Überprüfung unterzogen werden müssen: »Wir sollten Gesichertes wieder vermehrt hinterfragen, gleichzeitig auch überhaupt wieder hinterfragen dürfen. Dort beginnen im allgemeinen die großen Überraschungen. Man merkt dann, daß vieles nur im ganz kleinen Rahmen, innerhalb eines ganz kleinen Bezugsystems stimmt.«

Unterstützt wird der Basler bei seinen Forschungen von der 1977 gegründeten und in Muttenz (Schweiz) beheimateten »Gesellschaft für Forschung auf biophysikalischen Grenzgebieten« (GFBG), der er zugleich als Präsident vorsteht. Die Gruppierung zählt heute rund 160 Mitglieder im In- und Ausland, vereinigt auf diese Weise interessierte Laien ebenso wie qualifizierte Wissenschaftler. Sie geht experimentell grenzwissenschaftlichen Gebieten wie etwa dem Rutengehen nach oder begeht zusammen mit einem emeritierten Rheumatologie-Professor auch mal alternative Wege zur Behandlung rheumatischer Schmerzzustände.

»Eigentlich gehen wir von GFBG mit der grundsätzlichen

43

Zielsetzung an die Sache, den Menschen zu helfen«, erläutert mir Schürch seine Aktivitäten. »Dazu gehören hauptsächlich Bemühungen, unerklärliche Phänomene wie geopathogene Zonen oder Elektrosmog mit wissenschaftlicher Akribie zu untersuchen und speziell im grenzwissenschaftlichen Bereich die Forschung voranzutreiben, um dann mit guten Voruntersuchungen herkömmlich denkende Wissenschaftler zu konfrontieren, in der Hoffnung, daß die neuen Erkenntnisse dort letztlich auch einfließen und sich so der Kreis zum betroffenen Menschen wieder schließt.«

»Nun wurden aber gerade Ihre Experimente mit der Veränderung pflanzlichen Erbgutes unter elektrischen Feldern von den konservativen Kreisen der ›Scientific Community‹ auch gehörig kritisiert«, entgegne ich ihm leicht provozierend. »Man hielt Ihnen vor, die erzielten Ergebnisse erschienen zwar prinzipiell interessant, da sie aber generell nicht beliebig reproduzierbar sind, seien sie wissenschaftlich gesehen wertlos.«

»Ja, die alte Leier mit der Reproduzierbarkeit ...«, erwidert mir Schürch gelassen. »Wissen Sie, wenn ein Versuch zu 100 Prozent reproduzierbar ist, hat das nicht mehr viel mit Natur zu tun. Warum? Weil mein Umweltsystem stetig in Bewegung ist: Die Gravitation fluktuiert, ebenso das Magnetfeld der Erde. Selbst die Elektrizität in der Atmosphäre ist keine stabile Größe. Wenn ich also Enzymsysteme beobachte, darf ich gar keine reproduzierbaren Ergebnisse im herkömmlichen Sinn erwarten, es sei denn, sie treten innerhalb einer gewissen Fluktuation auf. Und da stellt sich das leidige Problem mit der Statistik: Welche Maßstäbe soll ich dabei anlegen? Wenn wir die Durchschnittsgröße eines heutigen Menschen mit 1,70 Meter errechnen, dann ist er damit zwar statistisch gesehen klar beschreibbar, ein anderes menschliches Exemplar mit der

Größe 1,80 erfüllt nach dieser Logik die erforderlichen Kriterien allerdings bereits nicht mehr: Ist das nun ein Mensch, der vor uns steht, oder ist es keiner?!«

»Sie sind wohl nicht unbedingt ein Freund der Mathematik«, werfe ich vorsichtig ein.

»Nun, die Entwicklung einer mathematischen Sprache mag unserem Gehirn zwar ganz interessante Perspektiven eröffnet haben, insofern als man auf diese Weise neue Horizonte abstecken und das Ganze dann mathematisch überprüfen kann«, erklärt mir Schürch. »Das geht allerdings nur so lange gut, wie dies ein Mathematiker auf seiner Ebene tut. In dem Moment, wo er versucht, mathematische Formeln auf die Naturwissenschaft anzuwenden, wird die ganze Sache ziemlich problematisch. Wenn man auf der mathematischen Ebene etwas ändert, heißt das noch lange nicht, daß sich die Natur dann auch dementsprechend verhält. Die jeweilige Entsprechung in der Natur muß also immer einer sehr genauen Überprüfung unterzogen werden.«

Schürch wehrt sich deshalb gegen jegliche dogmatischen Ansätze innerhalb bestehender Forschung. Er fordert dazu auf, wieder bescheiden Fragen zu stellen und zur eigentlichen Betrachtung der Natur zurückzukehren: »Die hat für ihre Evolution schließlich einige Milliarden Jahre Zeit gehabt. Da hat der Mensch mit seinem Auftreten in den letzten paar Millionen Jahren noch viel zu lernen!«

II Scherbenstreit:

Unterdrückte Fakten und Funde in der Altertumsforschung

Die Altertumsforschung hat uns in den letzten Jahrzehnten phantastische Perspektiven eröffnet. Immer tiefer dringen wir heute in die Geheimnisse unserer Vergangenheit ein, und immer kürzer werden die zeitlichen Abstände, in denen neue, faszinierende Erkenntnisse zu Tage gefördert werden. Häufig verbergen sich hinter solchen Resultaten intellektuelle Meisterleistungen, langjährige und arbeitsintensive Forschungsprozesse.

Jedes Meisterwerk hat aber auch eine Rückseite. Die kann mit ihrer Vorderseite gewöhnlich nicht konkurrieren. Und hier tummeln sie sich, die Vertreter unorthodoxer Ideen, die forschenden Pendler zwischen heute und übermorgen. Wir haben sie auch bitter nötig, denn immer häufiger treten Funde ans Tageslicht, die sich gängigen Erklärungsrastern entziehen: Alle paar Monate werden irgendwo auf der Welt gesicherte Datierungen über den Haufen geworfen, werden kulturelle Hinweise für die Existenz bestimmter Völker an Orten entdeckt, in denen sich ihre Vertreter eigentlich gar nicht aufgehalten haben dürften, oder tauchen Fundstücke auf, deren Herkunft sich überhaupt nicht mehr konventionell erklären läßt.

Die Archäologen haben ihren eigenen Weg gefunden, mit derlei Material aufzuräumen: Fakten und Funde, die sich nicht nahtlos in ihre Schemata einpassen lassen, werden einer fachlichen Diskussion nicht für würdig befunden. Unterdrückt durch Ignoranz oder Fälschungsvorwürfe verschwinden sie vor dem kontrollierenden Blick der Öffentlichkeit und tauchen unter in die dunklen Kammern der Vergessenheit.

Etwas stimmt also nicht mit der propagierten Aktualität und der fehlerfreien Wissensvermittlung unserer Fachliteratur, denn die offiziellen Lehrbücher und Nachschlagewerke vernachlässigen die Dokumentation kontroverser Erkenntnisse ganz offensichtlich. Das ist um so bedauernswerter, als einige Spuren aus der Vergangenheit heute – im Blickwinkel der Raumfahrt betrachtet – darauf hindeuten könnten, daß wir in vergangenen Zeiten womöglich Besuch erhielten. Besuch aus dem Weltall.

1 Korrigierte Geschichte

> »Aus der Geschichtsschreibung erfährt man
> mehr über die Historiker als über die
> Geschichte.«
>
> (PAUL REYNAUD, französischer Politiker)

Frühjahr 1994: »Der Spiegel« berichtet in Ausgabe Nr. 9 vom Volk der Sumerer, das neuesten Informationen zufolge bereits ein paar tausend Jahre vor Pythagoras von Samos (um 550 v. Chr.) rechtwinklige Dreiecke berechnet haben soll. Fazit: Die Lehrbücher müssen wieder einmal umgeschrieben werden.

Die Erfahrung lehrt mich allerdings etwas anderes, und so mag ich heute fast schon Wetten darauf abschließen, daß man den guten Pythagoras unseren Kindern auch noch in zehn Jahren als »Erfinder« der rechtwinkligen Dreiecksberechnung verkaufen wird. Denn Vertreter der Geschichtsforschung sind in der Regel ziemlich konservativ. Liebevoll gehegte, aber überholte Geschichtsbilder öffentlich und fachgerecht zu entsorgen, ist so gar nicht ihre Sache.

Wußten Sie etwa, daß der berühmte Sturm auf die Bastille, der am 14. Juli 1789 den Auftakt zur vielbesungenen Französischen Revolution bildete, gar nie stattgefunden hat? Tatsächlich waren dort zum fraglichen Zeitpunkt gerade mal sieben (!) Gefangene versammelt, und den »Angreifern« ging es gar nicht um die Befreiung dieses einsamen Häufchens, sondern um das dort eingelagerte Schießpulver. Die Bastillebesatzung öffnete die Tore denn auch ohne viel Gegenwehr.

Wem ist außerdem bekannt, daß der berühmt-berüchtigte französische Arzt Dr. Josef Ignace Guillotin das nach seinem Namen bezeichnete schauerliche Todesbeil gar nicht erfunden hat? Er schlug das messerscharfe Mordgerät lediglich als Form einer »humaneren Todesstrafe« vor. In England war die fallende Klinge damals bereits ein alter Hut.

Nicht einmal die berühmte Story von den »Potemkinschen Dörfern«, im 18. Jahrhundert angeblich durch den russischen Fürsten Grigori Alexandrowitsch Potemkin (1739–1791) geschaffene Scheindörfer, die einen blühenden Zustand des Landes vortäuschen sollten, beruht auf wahren Fakten. Sie fußt vielmehr auf einer noch im selben Jahrhundert lancierten Zeitungsente, die seitdem immer wieder zitiert und aufgegriffen wird. Die Dörfer existierten tatsächlich!

Der amerikanische Erfinder Samuel Morse wiederum (1791–1872) kann entgegen anderslautenden Aussagen den nach ihm benannten Telegraphen ebensowenig als Eigenleistung verbuchen. Vielmehr war das technische Wunderding ein Produkt seiner Mitarbeiter unter Alfred Vail, genauso wie das speziell dafür entwickelte codierte Alphabet.

Dokumentiert hat diese Geschichtskorrekturen der »Zeit«-Kolumnist Gerhard Prause. Hervorragend in seine Sammlung passen würde auch der Report von Oswald Iten. Iten wies 1986 minutiös nach, daß das berühmte Volk der Tasaday, ein angeblich 1971 im tropischen Regenwald von

Mindanao (Philippinen) entdeckter Volksstamm vergessener Steinzeitmenschen, in Wirklichkeit gar nie existiert hat.

Die Redaktion der »Neuen Zürcher Zeitung« stellte mir die entsprechenden Informationsmaterialien ihres Journalisten freundlicherweise zur Verfügung. Danach gelang es Iten als erstem nach dem Sturz von Diktator Ferdinand Marcos, die damaligen Protagonisten des Schwindels im philippinischen Dschungel aufzutreiben. Erst nach einigem Zögern erzählten ihm die Einheimischen, wie sie einst vom örtlichen Minister Manuel Elizalde Jr. dazu gezwungen worden waren, nackt in Höhlen zu hausen, um anrückenden Journalisten und Wissenschaftlern das Leben unbescholtener Steinzeitbürger vorzugaukeln.

Tatsächlich hatte die Tasaday-Story seinerzeit für viel Aufsehen gesorgt: Renommierte Journale wie etwa das »National Geographic Magazine« berichteten in breiten Schlagzeilen begeistert über die »letzten Höhlenmenschen von Mindanao«. Itens Entlarvung wurde dagegen ungleich weniger Aufmerksamkeit zuteil. Der rührige Journalist bescheiden: »Die Lexika müssen ihren Eintrag unter dem Stichwort ›Tasaday‹ jedenfalls revidieren.«

Ebenso arg zerzaust wurde im Laufe der vergangenen Jahrzehnte die von den Gebrüdern Grimm 1812 erstmals veröffentlichte deutsche Märchensammlung: Berühmten Märchenforschern wie Heinz Rölleke oder Max Lüthi gelang in mühseliger Kleinarbeit der einwandfreie Indizienbeweis, daß viele der von den Grimms gesammelten Erzählungen indirekt auf französische Märchen zurückgingen. Selbst bei den restlichen Erzählungen konnte eine hugenottische Herkunft nicht immer ausgeschlossen werden.

Und wenn wir schon dabei sind, mit überholten Vorstellungen aufzuräumen, sei hier auch auf Byrd und Luther, zwei weitere prominente Gestalten, hingewiesen.

Beginnen wir mit Richard Byrd (1888–1957). Einigen dürfte der amerikanische Admiral noch als der Mann in Erinnerung sein, der 1926 als erster den Nordpol überflog. Byrd und sein Kopilot Floyd Bennett waren damals ihren italienischen Konkurrenten zuvorgekommen, die den Nordpol erst drei Tage später erreichten. Das besagt zumindest die offizielle Version. Denn tatsächlich mußten die beiden Piloten einen Motor schon bald wegen Ölverlust abstellen. Und sie wußten, daß sie den Pol auf diese Weise nie erreichen konnten. Was aber tun? Die beiden Amerikaner kurvten 14 Stunden genüßlich über dem Gebiet herum, um dann nach über 15 Stunden wieder auf Spitzbergen zu landen. Als erfolgreiche Pol-Überflieger versteht sich!

Erst 30 Jahre später hielt Bernt Balchen, ein Pilot, der Zeit seines Lebens mit Bennett gut befreundet gewesen war, den Vorfall in seiner Autobiographie fest. Byrd war inzwischen längst verstorben. Sein Bruder aber übte derartigen Druck auf den Verlag aus, daß dieser den besagten Abschnitt vorübergehend entfernen ließ. Und erst 1971 grub der renommierte Journalist Richard Montague, ehemaliger Redakteur des »Newsweek Magazine«, die Urfassung wieder aus und veröffentlichte sie im Rahmen seines Buches »Oceans, Poles and Airmen – The First Flights over Wide Waters and Desolate Ice«. (Der Redaktion des »Neuen Duden Lexikon« scheint diese Publikation bei ihren Recherchen übrigens entgangen zu sein, und so wird Byrd dort auch in der 1991 neuerlich überarbeiteten Fassung weiterhin als erster Polbezwinger gefeiert.)

Beispiel zwei: Überall werden wir gerne und ausführlich darauf hingewiesen, daß Martin Luther (1483–1546) am 31. Oktober 1517 seine 95 Thesen gegen den Ablaß voller Inbrunst an die Tür der Wittenberger Schloßkirche anschlug. Der einzige, der davon nichts wissen dürfte, könnte man ihn heute noch dazu befragen, würde aber wohl Luther persönlich sein. Denn er selbst äußerte sich Zeit seines Lebens nie in diesem Sinne. Und auch die lateinische handschriftliche Notiz über diesen Vorgang, die Johannes Schneider zugeschrieben wird (und die man als Augenzeugenbericht nahm), entpuppte sich 1961 als belanglos. Luther-Forscher Hans Volz wies die Öffentlichkeit damals in einer Schrift darauf hin, daß die lateinischen Worte »me teste« (»was ich selbst bezeuge«) – sie bildeten die Grundlage für die Auslegung als »Augenzeugenbericht« – auf einem simplen Lesefehler beruhten. In Wirklichkeit hieß es schlicht »modeste« (»bescheiden«)!

Lediglich in einer Vorrede zum zweiten Band von Luthers Werken (der nach Luthers Tod erschien) schreibt der Humanist Philipp Melanchthon (1497–1560), Luther habe seine Thesen angeschlagen. Allerdings enthält dieses Vorwort zahlreiche schwere Irrtümer und Fehler in bezug auf die Person Luthers, so daß diese Aussage angezweifelt werden muß.

Aber wir geben es gerne zu: Die Version der von Hand an die schwere Holzpforte öffentlich angeschlagenen Thesen wirkt natürlich farbiger und zeugt durchaus eindrucksvoll von der heroischen Willenskraft eines mutigen Mannes, der die Konfrontation nicht zu scheuen schien: ein schönes Bild. Viel zu schön, um korrigiert zu werden.

Wenn wir also nicht einmal mehr unserem Schulwissen vertrauen können, ist es durchaus erlaubt, ja sogar empfehlenswert, allen »gesicherten Erkenntnissen« generell mit einer gesunden Portion Skepsis entgegenzutreten. Schließlich hatten wir seit jeher die Tendenz, die Leistungen und das Wissen unserer Vorfahren in Schubladen zu kategorisieren, die wir uns kurz zuvor erst gerade mühevoll zusammengebastelt hatten. Schubladen, die leider oft recht schmal und eng ausgefallen sind.

2 »Burrows' Cave« – Sensationelle Entdeckung in Amerika

> »Ein Experte ist jemand, der alles weiß oder zumindest fast alles, und er ist jemand, der normalerweise glaubt, daß er alles Wichtige auf seinem Gebiet weiß. Und wenn er nicht denkt, daß er alles weiß, so weiß er auf jeden Fall, daß die anderen Leute weniger wissen, und er glaubt außerdem, daß Amateure überhaupt nichts wissen. Deshalb hegt er eine unkluge Geringschätzung gegenüber den Amateuren, und das, obwohl unzählige wichtige Entdeckungen auf allen Gebieten Amateuren zuzuschreiben sind.«
>
> (CHARLES HAPGOOD, Historiker)

Die Sache ist brisant. Wir sollten ihr deshalb mit der nötigen Portion Vorsicht begegnen. Aber wenn sie stimmt, dann wird sie in archäologischen Kreisen ein mittleres Erdbeben verursachen. Gemeint ist der Wirbel rund um »Burrows' Cave«, ein im amerikanischen Bundesstaat Illinois gelegenes Tunnelsystem unbekannter Ausmaße, dessen Existenz unlängst bekannt wurde. Dort entdeckte Darstellungen und Schriftzeichen passen in kein archäologisches Schema.

Entdecker der gigantischen Tunnel ist der Amerikaner Russell Burrows, ein erfahrener einheimischer Höhlenforscher. Er war im April 1982 in einem abgelegenen Tal zufällig auf eine am Boden verankerte Steinplatte getreten, die ganz im Stil einer perfekt konstruierten Todesfalle nachgab und ihm die Beine regelrecht unter dem Körper wegriß: Der

Amerikaner stürzte in die Tiefe, und hätte er in diesem Augenblick nicht geistesgegenwärtig seine Ellbogen gespreizt, wäre dieses Kapitel wohl nie geschrieben worden. Wie durch ein Wunder blieb sein gedrungener Körper aber eingeklemmt hängen und brachte die meisterhaft ausbalancierte Steinplatte aus dem Gleichgewicht. So blieb durch den verschobenen Stein eine Öffnung frei, durch die der unverletzt gebliebene Amerikaner wieder ans Tageslicht klettern konnte, nachdem er sich aus seiner mißlichen Lage befreit hatte.

Nachdenklich beäugte Russell Burrows für einige Minuten den Mechanismus, der ihn beinahe das Leben gekostet hätte. Dann kroch er hinab in die Dunkelheit, wo er – umgeben von Wänden mit seltsamen Figuren und Schriftzeichen – auf ein eingemeißeltes Gesicht stieß, das starr zu einem verschlossenen Steinportal blickte.

Burrows erschauderte, und ein unbehagliches Gefühl überkam ihn. Der sonst so wagemutige Abenteurer beschloß, den Ort schleunigst wieder zu verlassen, und er verschloß die Öffnung mit einem großen Stein. Seine Neugier aber war geweckt, und so suchte er das Tal in den folgenden Tagen weiter nach möglichen unterirdischen Bauten ab. Eher zufällig stieß er dabei neuerlich auf ein verschlossenes Eingangsportal, das dem in der Todesfalle entdeckten frappierend glich.

In mühseliger Arbeit schaufelte der Amerikaner diesen Eingang frei und kroch dann durch das entstandene Loch ins fahle Licht der Dunkelheit. Und was er dort in den nachfolgenden Tagen und Monaten vorfinden sollte, übertraf seine kühnsten Vermutungen um ein vielfaches: Er war ganz offensichtlich auf ein raffiniertes Höhlen- und Tunnelsystem gestoßen. Auch hier waren die Wände und Gänge übersät mit Zeichen und Darstellungen, und überall am Boden lagen gravierte Steine. Darüber hinaus waren seltsame Köpfe aus dem Stein herausgemeißelt worden, die ursprünglich wohl als Lampen gedient haben mußten. Die Decke war schwarz und verrußt.

Im Laufe der nächsten Tage und Wochen arbeitete sich Burrows weiter durch die langgezogene Gruft vor. Dabei fielen ihm immer wieder verschlossene steinerne Eingänge an den Seitenwänden auf, und so entschloß er sich irgendwann, einen dieser Durchgänge aufzubrechen. Keine leichte Aufgabe, waren die Brocken doch recht professionell angeordnet. Nach einigem Hin und Her gelang es ihm aber, eine provisorische Öffnung freizulegen, aus der ihm bald ein modriger Geruch entgegenschlug.

Burrows leuchtete in den Raum, und was er sah, verschlug ihm die Sprache. Da lag – aufgebahrt auf einer massiven Steinplatte – ein Skelett. Neben ihm bemerkte er Äxte, Speerspitzen und Metallgegenstände!

Der wagemutige Höhlenforscher vergrößerte die Öffnung und zwängte sich schwitzend und keuchend hindurch. Überall lagen Kupfer- oder Bronzewerkzeuge. Daneben standen einige Gefäße, und auch goldene Schmuckgegenstände blitzten im Schein seiner Taschenlampe auf.

Das Herz des Amerikaners raste, Gedanken schossen in wilder Abfolge durch seinen Kopf. Was um alles in der Welt mochte sich wohl hinter den anderen Steinportalen befinden? Burrows beschloß, eine weitere Kammer zu öffnen. Dort stieß er auf die Überreste einer Frau und zweier Kinder. Alle drei waren offensichtlich umgebracht oder geopfert worden. Verletzungsspuren an ihren Knochen deuteten darauf hin.

1987 entdeckte der rüstige Höhlenforscher einen weiteren Raum, den er heute als »Main Tomb«, als Hauptkammer, bezeichnet. Der Eingang war mit einem riesigen steinernen

Rad verschlossen, auf dem sich dieselben fremden Schrift-zeichen befanden, die ihm auf seiner Entdeckungsreise in diesem Sektor schon so manches Mal aufgefallen waren. Auch diese Türe meisterte er und trat schließlich in eine geräumige Kammer ein, in der – umringt von Waffen und einer ganzen Anzahl von menschlichen und tierischen Sta-tuen – ein gigantischer Steinsarkophag stand. Der Ameri-kaner nahm sein Brecheisen zur Hand, und es gelang ihm, den Sargdeckel zu öffnen: Im Sarg eingebettet lag ein zwei-ter Sarg aus purem Gold. Er enthielt eine in Tücher einge-hüllte Mumie!

Russell Burrows war hin- und hergerissen. Sollte er die Entdeckung einfach dem Staat melden und die Erfor-schung ihm unbekannten Fachkräften überlassen? Oder sollte er nicht besser selbst die geeigneten Leute aussu-chen? Er entschied sich für letzteres, zumal damals noch nicht einmal die leidige Frage nach dem Besitzrecht geklärt war. Außerdem fürchtete er den Einfall einer ganzen Meu-te abenteuerlustiger Schatzsucher, wenn die Sache mit dem Gold publik würde.

Der Amerikaner begann Experten Steine und Photos zur Begutachtung zur Verfügung zu stellen. Die Reaktionen al-lerdings waren überall die gleichen und für Burrows mehr als enttäuschend: Da die Darstellungen in kein gängiges Schema paßten, die Inschriften – obwohl sie bekannten Schriftzeichen aus verschiedensten Kulturkreisen glichen – nicht entziffert werden konnten und die Zeichnungen teil-weise recht amateurhaft erschienen, bezeichnete man die Funde erst einmal als Fälschungen. Außerdem mochte Bur-rows niemandem den direkten Standort der Höhle verra-ten, also schien den Fachleuten die Sache sowieso äußerst dubios. Als dann auch noch bekannte Experten offiziell negative Statements im Hinblick auf die Echtheit der Darstellungen abgaben, war die Sache gelaufen: Kein Archäologe mochte sich mehr so richtig mit der kuriosen Entdeckung beschäftigen. Sie war abgehakt und landete unsanft in der berühmt-berüchtigten Truhe für mutmaßliche Kunstfälschungen.

Darf die »Burrows'-Cave«-Entdeckung aber einfach so vom Tisch gewischt werden, nur weil sie die gängigen Erklärungsmuster sprengt? Immerhin sind unter den amerikanischen Frühzeitforschern seit Veröffentlichung der genauen Sachlage hitzige Diskussionen entbrannt. Jim Whittall vom Early Sites Research Center in Long Hill (Rowley) beispielsweise hält das Ganze für einen groß angelegten Schwindel, möchte sich aber zum jetzigen Zeitpunkt noch nicht endgültig festlegen.

Dorothy Hayden, Vorsitzende des American Institute for Archaeological Research in Mt. Vernon ist mit Whittall einig: »Ich würde sogar sagen, daß sich nicht mehr als drei Wörter im Bericht von Burrows befinden, die der Wahrheit entsprechen«, hielt sie mir gegenüber in einem geharnischten Brief fest. Die Amerikanerin will nach eigenen Angaben sogar feste Beweise dafür besitzen, daß die von Burrows beschriebenen Goldgegenstände lediglich aus Blei gefertigt und anschließend mit Goldfarbe überpinselt wurden. Andererseits räumt sie ein, »daß sich in der Burrows-Sammlung vielleicht auch das eine oder andere echte Stück befinden mag, von dem unsere Archäologen aber mit Schrecken annehmen, daß es möglicherweise aus bereits bekannten Gräbern stammt!«

Positive Worte fand dagegen Jean Hunt, Leiterin der Louisiana Mounds Society: »Ich bin persönlich davon überzeugt, daß das ganze Höhlensystem, so wie es Burrows beschreibt, tatsächlich existiert«, erklärte sie mir 1993. »Vor allem zwei Dinge sprechen meiner Meinung nach dafür. Erstens die Quantität und die Qualität der inzwischen geborgenen Artefakte: Es scheint mir doch sehr unwahrscheinlich, daß jemand in der Lage sein sollte, eine derartige Menge künstlerischer Gegenstände in so kurzer Zeit herzustellen. Außerdem teilte mir eine Person, deren Glaubwürdigkeit für mich außer Zweifel steht, mit, daß es die von Burrows beschriebenen Tunnel und Kunstgegenstände tatsächlich gibt. Sie bezog sich dabei auf Quellen, denen sie absolutes Vertrauen schenkt.«

Wer aber legte die geheimnisvollen Tunnel an? Und wer sind die Leute, die dort einst begraben wurden? Dr. Joseph Mahan, renommierter Vorzeitforscher und Präsident und Gründer des Institute for the Study of American Cultures (ISAC), kam während seiner Recherchen zu einer atemberaubenden Schlußfolgerung. Er stellte sie auf einer 1991 durchgeführten ISAC-Konferenz erstmals einer breiteren Öffentlichkeit vor. Mahan damals wörtlich: »Die Leute, die in ›Burrows' Cave‹ bestattet wurden, sind – so glaube ich – Sonnenkönige, beerdigt mitsamt ihren Frauen und Kindern, ihrer Kleidung und Ausrüstung sowie Nahrungsmitteln, die sie auf ihrem Weg nach dem Tod benötigten. Diese halbgöttlichen Sterblichen waren die Nachkömmlinge jener unsterblichen außerirdischen Wesen, die einst in Feuerschiffen zur Erde hinabstiegen, dort für eine Weile residierten und gezielte Genmanipulationen vornahmen. Sie lehrten die so entstandenen Nachkommen Dinge, die von Generation zu Generation weitergegeben und bewahrt werden sollten. Sie lehrten sie Krankheiten zu behandeln, weise zu herrschen, und sie unterrichteten sie in allen möglichen Künsten, von der Schiffahrt bis zur Architektur. Als sie die Erde wieder verließen, versprachen sie, dereinst zurückzukehren.«

Einige der Darstellungen auf den Steinen von »Burrows'

Cave« zeigen in der Tat merkwürdige Dinge. Da sind neben seltsamen Schriftzeichen geflügelte Wesen zu erkennen, halb Mensch, halb Tier, behelmte Gestalten, Himmelsbarken, seltsame Pyramidendarstellungen und auch Gegenstände, die uns spontan an Uhren oder Sternkarten erinnern!

1992 formierten sich die in die Höhlengeschichte involvierten Fachleute zusammen mit Burrows zu einem offiziellen Komitee. Leiter dieser neugegründeten Vereinigung ist Professor James Scherz von der Universität in Wisconsin (Madison), und er veröffentlichte noch im selben Jahr eine äußerst sorgfältige und reich bebilderte Dokumentation über »Burrows' Cave«.

Am 24. August 1993 ließ mir Scherz einen sechsseitigen Brief zukommen, in welchem er auf viele der Skeptiker-Vorwürfe eingeht, unter anderem auch auf die äußerst kritischen Einwände Dorothy Haydens, denen er – im Namen von Russell Burrows – energisch widerspricht. Und am 14. März 1994 doppelte der Professor aus Wisconsin nach: »Selbstverständlich wurden wir wegen der ganzen Sache nicht angeklagt, wie hier gelegentlich verbreitet wird. Solche Gerüchte entbehren jeglicher Grundlage, wenngleich sie mir äußerst aufschlußreich scheinen im Hinblick auf die menschliche Natur. Zwar wünschen sich einige Leuten innig, daß die Burrows-Funde gefälscht sind. Aber ich kann Ihnen versichern, sie sind echt. Und sie dürften sehr alt sein.«

Ein ausführliches Statement erhielt ich auch von Buck Trawicky, der ebenfalls zu den rührigen Mitarbeitern im neugegründeten Cave-Komitee zählt. »Ich kenne Russ Burrows sehr gut und vertraue ihm absolut«, schreibt Trawicky in einem Brief vom 30. Juli 1993. »Außerdem hat er

weder die Geschicklichkeit noch das Geld, um all die Artefakte gefälscht zu haben, die wir mittlerweile zu Gesicht
bekamen. Ich selbst war zusammen mit Burrows, Scherz
und Fred Rydholm im Tal, in welchem sich das Höhlensystem befindet, wenngleich ich auch selbst nicht dort unten
war. (…) Der Eingang ist derzeit gut verschlossen – der
Landeigentümer hat ganz einfach Angst, daß die Höhlen
geplündert werden könnten, würde ihr definitiver Standort
publik. Nicht einmal Burrows selbst war in den letzten
Jahren dort unten. Wir versuchen nach wie vor, einen lega-
len Weg zu finden, um den Höhlen die Untersuchung zukommen zu lassen, die ihnen auch gebührt. Dabei ziehen
wir auch die Möglichkeit in Erwägung, die ganze Anlage
mittels einer Videokamera filmen zu lassen.«

Ein Videofilm liegt bisher nicht vor, dafür veröffentlichte
Burrows in der amerikanischen Fachzeitschrift »The Ancient American« 1994 erstmals Photos aus dem Innern des
unterirdischen Höhlensystems. Wayne May, der Herausgeber besagter Publikation, führte bei dieser Gelegenheit ein
ausführliches Gespräch mit ihm. Mit seiner persönlichen
Genehmigung gebe ich hier einige gekürzte Auszüge daraus wieder:

»Russell Burrows, wann endlich bekommen wir das von
Ihnen entdeckte Höhlensystem zu Gesicht?«

»In erster Linie ist es das ›Preservation‹-Gesetz von Illinois,
das die Offenlegung der Sache verhindert. Denn es ist die
Absicht des Landeigentümers, unter dessen Grundstück
die Anlage liegt, den Inhalt der Höhlen intakt zu lassen,
insbesondere auch die Gebeine der Menschen, die dort begraben wurden. Wir wollen verhindern, daß ihre Überreste
in ein Museum abtransportiert werden, nur um dann dort
in irgendeinem Kellergeschoß zu verrotten. Unserer Meinung nach sollten die Toten, wer auch immer sie sind, blei-

ben, wo sie sind. Zum Beispiel für eine Vor-Ort-Studie, wie man sie etwa vornehmen könnte.«

»Warum wollen Sie nicht mit dem Staat zusammenarbeiten?«

»Das örtliche Gesetz besagt, daß ein archäologischer Fundort mitsamt seinem Inhalt im Falle einer öffentlichen Bekanntmachung automatisch dem Staat zufällt. Selbst wenn es sich dabei um Privatgrund handelt. Dies gilt auch für eine etwaige Ausgrabung oder eine dort durchgeführte Studie. Solange, wie dieses Gesetz Gültigkeit besitzt, werden weder ich noch der Landbesitzer den Standort öffentlich bekannt machen.

Ich selbst habe den Eingang 1989 verschlossen, noch bevor der heutige Gesetzesartikel in Kraft trat, und kein Mensch ist seither wieder dort unten gewesen. Ich bin nicht daran interessiert, die ganze Anlage zerstören zu lassen, nur um ihre Authentizität zu beweisen. Und das ist auch die Meinung des Landeigentümers.«

»Warum sind Dr. Scherz und Mr. Rydholm bisher nicht dort unten gewesen?«

»Die beiden sind erst seit 1989 in die ganze Sache involviert, zu einem Zeitpunkt also, als ich den Eingang bereits verschlossen hatte. Sie sind allerdings im fraglichen Tal gewesen und wissen, wo das Höhlensystem liegt. Ebenso ist ihnen der Name des Landeigentümers bekannt sowie seine Sorge um die Zukunft der ganzen Anlage.«

Stark an den Verlauf der Burrows-Affäre erinnert die Berichterstattung über die Entdeckung der in Marseille (Südfrankreich) liegenden »Cosquer-Grotte«. Der Berufstaucher Henri Cosquer aus Cassis hatte sie 1985 zufällig entdeckt, als er in 37 Meter Tiefe auf den Eingang zu einer Unterwassergalerie stieß, die er kontinuierlich durchschwamm. Ihr Ende führte ihn schließlich in die besagte Grotte – sie wird nur teilweise von Wasser unterspült –, wo ihm von den Wänden beeindruckende Tierdarstellungen entgegenprangten.

Zwar deklarierte der Prähistoriker Jean Courtin die Höhlenmalereien nach ausführlichen Vor-Ort-Untersuchungen als echt, andere Gelehrte jedoch bezeichneten die Zeichnungen nach Begutachtung der vorgelegten Photos als gefälscht. Der Grund für ihr Mißtrauen: Die Grotte paßte wieder einmal nicht ins herkömmliche Denkkonzept. Die aufgefundenen Feuerstellen erschienen im Vergleich zu anderen Fundorten auf dem Erdball viel zu alt.

Auch einige der Darstellungen sorgten bei den Fachleuten für Kopfschütteln. Da wies eine stilisierte Hand etwa nur drei Finger auf, während eine andere Darstellung nach Meinung des Zoologen François de Sarre aus Nizza (er kennt den Entdecker persönlich und hat die Sache ausführlich recherchiert) vermutlich ein sogenanntes »Krypto-Tier«, einen heute offiziell ausgestorbenen tierischen Vorläufer, zeigt: »Ich denke dabei an ›Megalotaria longicollis‹, das Dr. Bernhard Heuvelmans in seinem Buch ›Le grand Serpent-de-Mer‹ (Plon 1965) beschrieben hat. Ich schrieb darauf meinen Freund an, der als Vater der Kryptozoologie weltberühmt wurde, und machte ihn auf die Darstellung aufmerksam. ›Erstaunlich!‹ murmelte er nur.«

Bleibt noch zu ergänzen, daß inzwischen mehrere Amateurforscher beim Eindringen in die Grotte den qualvollen Unterwassertod starben und der »Cosquer«-Eingang deshalb bis auf weiteres für die Öffentlichkeit gesperrt bleibt.

Interessanterweise ereignete sich in Spanien ganz Ähnliches. So lesen wir in der »Basler Zeitung« vom 14. August 1992 von Behörden und Gelehrten, die 1990 im spanischen Zigoitia stolz die Entdeckung wunderbar erhaltener

Höhlenmalereien zelebrierten, welche »anerkannte Archäologen des Baskenlandes bei einer ersten Prüfung ohne Zögern als echt bezeichneten und deren Alter auf rund 13 000 Jahre datierten«. Die Fachwelt versprach sich von einer genauen Untersuchung der aufsehenerregenden Bilder »völlig neue Erkenntnisse« über die Kunst der Höhlenmalerei und sprach dem Entdecker Serafin Ruiz Selfa, einem Geschichtsstudenten, die ansehnliche Prämie von rund 140 000 Franken als Belohnung zu.

Zwei Jahre später wurden die ganzen Gemälde als meisterhafte Kopien entlarvt, zumindest nach Meinung der Fachleute. Sie stolperten vor allem über ein stilisiertes Mammut mit Hörnern: »So ein Patzer wäre Steinzeitmenschen wohl kaum unterlaufen!« waren sich die gelehrten Herren bei einer genauen Überprüfung der Darstellungen sicher und schüttelten lachend ihre weisen Häupter.

Auch diese Sache hat allerdings einen faden Nachgeschmack. Denn erstens bestritt Selfa die Fälschungsvorwürfe vehement, und zweitens wurden die rund 20 entdeckten Tierfiguren und 49 übrigen Zeichen offensichtlich mit exakt den Substanzen aufgetragen, die auch die Steinzeitmenschen früher für ihre Darstellungen verwendet hatten.

Wir sind vorsichtig geworden: Gerade heute werden Funde und Entdeckungen, die sich für den Moment nicht konventionell erklären lassen, immer häufiger mit dem berühmt-berüchtigten Fälschungsstempel gebrandmarkt. Eine unsägliche Politik. Folgt man ihrem ausgetretenen Pfad, dann müßte es auf unserem Erdball in logischer Konsequenz von emsigen Fälschern nur so wimmeln, müßte eine regelrechte Fälscher-Mafia Tag und Nacht nur damit beschäftigt sein, neue, verrückte Dinge auszuhecken, um sie

1 und 2 Seit jeher halten unkonventionelle Denker die Welt mit ihren Entdeckungen in Atem. »GEES-67« nennt sich der revolutionäre Stoff, mit dem etwa der Erfinder Werner Kroh ölverseuchte Gebiete erfolgreich reinigen will. Hier demonstriert er sein Mittel auf einer Konferenz.

RQM

RQF INSTITUT FÜR RAUM - QUANTEN - FORSCHUNG

3

4

5

3 Seit einiger Zeit sorgt die im schweizerischen Rapperswil ansässige Raum-Quanten-Motoren AG (RQM) mit ihrer Behauptung für Schlagzeilen, bereits 1995 einen Motor auf den Markt bringen zu können, der die Energieversorgung revolutionieren soll.

4 Immer wieder tauchen Gegenstände auf, die nicht in gängige akademische Raster passen. So datieren die Archäologen dieses präkolumbianische Fundstück zurück ins vierte Jahrhundert nach Christi Geburt. Dennoch erinnert der Gegenstand frappierend an eine moderne Dampfwalze.

5 Jean-Marie Lehner, RQM-Geschäftsführer, wurde 1993 auf der »Eureka«-Erfindermesse in Brüssel für die Entdeckung der magnetischen »Raum-Quanten-Strömung« stellvertretend mit verschiedenen Auszeichnungen bedacht.

6 und 7 Überall auf der Welt stoßen wir auf Überlieferungen, die von geheimnisvollen Wesen berichten, welche einst vom Himmel stiegen und als Götter verehrt wurden. Auch diese Darstellung auf einem afrikanischen Messer zeigt ein seltsames sechsfingriges Wesen, das in den selben Kontext eingeordnet werden könnte.

dann in monate-, wenn nicht sogar jahrelanger Vorbereitung in zumeist sehr uneigennütziger Art an den Mann zu bringen.

Ähnliche Überlegungen hat sich auch Russell Burrows gemacht, und so lassen sich seine Bedenken im Hinblick auf eine sorgfältige Erforschung des von ihm entdeckten Tunnelsystems gut verstehen. Nicht auszudenken, welche Folgen ein Bergungsdebakel hätte, wie es sich etwa im Fall von Ötzi und Konsorten abgespielt hat.

3 Eisleichen und ihre Bergung – Ein akademisches Trauerspiel

> »Jede Ausgrabung ist gleichzeitig auch eine Zerstörung.«
>
> (Gisela Hellenkemper Salies, Archäologin)

Ötzi, der prominente Gletschermann, hat Konkurrenz bekommen. Sein Gegenstück ist weiblich und wurde im Sommer 1993 im ewigen Eis von Sibirien entdeckt. 2500 Jahre ist die weibliche Mumie alt, und es soll sich bei ihr nach Ansicht von Fachleuten einst um eine attraktive junge Prinzessin gehandelt haben.

Die beiden Eisleichen aus Österreich und Rußland verbindet aber noch ein weiteres Merkmal, und zwar die beinahe schon skandalöse Bergung, die sich nach ihrer Entdeckung jeweils abgespielt hatte. So ist etwa die russische Prinzessin mittlerweile übersät mit Pilzen, die sie langsam aber sicher regelrecht zerfressen, wie der Gerichtsmediziner Rudolf Hauri vom Institut für Rechtsmedizin der Universität Zürich vor Ort enttäuscht feststellen mußte. Der Schweizer:

»Auch der Kopf der Mumie ist abgefallen. Einfach tragisch bei einem derart wertvollen Fund!«

Der Grund dafür ist in den miserablen Aufbewahrungsverhältnissen zu suchen. Seit ihrer Bergung liegen die wertvollen Gebeine in einem sibirischen Käselager, wo sie aufgrund zu tiefer Luftfeuchtigkeit langsam aber sicher austrocknen! Dringend benötigte Gelder für eine fachgerechte Überstellung der Leiche nach Moskau fehlen bisher.

Am 12. April 1994 berichtete mir Hauri persönlich über den Stand der Forschungen: »Die Situation dort unten ist einfach grauenhaft. Den russischen Kollegen fehlt es in der Tat an allem. Wenn sich in nächster Zeit nichts ändert, ist der Fund wissenschaftlich gesehen verloren. Es besteht zwar die vage Hoffnung, daß die Mumie demnächst doch nach Moskau überführt werden kann, aber erhalten sind heute – verglichen mit dem Originalzustand – gerade noch 30 Prozent!«

»Wie konnte es denn überhaupt soweit kommen?«

»Nicht unbeteiligt am negativen Ausgang der Geschichte war vor allem das ›National Geographic Magazine‹, das sich exklusiv die Filmrechte sicherte, um den Fund vor Ort zu filmen«, erklärte mir Hauri. »Bei den Aufnahmen kam es zu erheblichen Verzögerungen, und so haben sich die Überreste bei der damals vorherrschenden Außentemperatur von 20 Grad natürlich massiv aufgewärmt. Über eine Woche lag die Leiche an der Sonne! Die Krone setzte dem Ganzen aber die Überführung nach Nowosibirsk auf: Man verfrachtete die aufgetauten Gebeine ins Innere eines Helikopters. Schon bald mußte dieser aber notlanden, und so wurden sie umgeladen auf einen Lastwagen, der mit dem Fund abseits jeglicher Straßen unsanft durchs Gelände rumpelte. Auf diese Weise gelangten die Gebeine oder vielmehr das, was von ihnen übriggeblieben war, behelfsmäßig in dieses Käselager, wo sie nun seit August unter unzumutbaren Zuständen aufbewahrt werden. Es ist wahrhaft eine wissenschaftliche Katastrophe: Wenn man die Photos anschaut, die kurz nach der Graböffnung gemacht wurden, kann man dort noch deutlich die wunderschönen Tätowierungen an den Gliedern erkennen. Mittlerweile sind die Zeichnungen kaum mehr zu erkennen.«

»Wie war man überhaupt auf das Grab gestoßen?« fragte ich nach einer kurzen Pause.

»Begonnen hatte alles damit, daß sich die russischen Wissenschaftler nach neuen finanziellen Quellen umsehen mußten. Dabei erinnerten sie sich an die Überreste einer Gräbersiedlung, auf die man einst in den vierziger Jahren gestoßen war. Sie öffneten einen der noch unversehrten Behälter und stießen dort auf die Eismumie.

Derzeit ist noch ein einziges Grab übrig. Es ist das bisher größte und schönste und dürfte vermutlich die Überreste eines Königs bergen. Man denkt daran, es noch im Sommer 1994 zu öffnen. Gerade deshalb müssen wir dringendst alternative Wege und Mittel finden, damit sich hier nicht noch einmal derselbe Kapitalfehler wiederholt. Immerhin haben wir mittlerweile einige wissenschaftliche Publikationen vorbereitet, die bereits demnächst erscheinen sollen.

Natürlich mußten wir uns in diesem Zusammenhang auch Vorwürfe aus den eigenen Reihen gefallen lassen. Man stellte uns die Frage, warum wir die Sache überhaupt in die Medien trugen, aber das ist meiner Meinung nach immer noch der beste und unkomplizierteste Weg, die Bevölkerung für etwas zu interessieren.«

Ötzis Bergung verlief ähnlich skandalös. Als das Eis seinen Körper am 19. September 1991 nach Tausenden von Jahren endlich freigab, ahnte noch niemand, daß die aparte

Gletscherkonserve bald einmal zum prominentesten Österreicher avancieren sollte, um dessen Sezierung und Untersuchung sich später zahlreiche Gelehrte zanken würden.

Tagelang lag die Südtiroler Leiche nach ihrer Entdeckung unbewacht im Eis. Erst Reinhold Messner und seine Begleiter pickelten den Toten schließlich bis zu den Oberschenkeln frei, zupften allerdings bereits eifrig an dessen Wadenumwicklung herum. Eine anwesende Frau – Gattin eines bekannten Volkskundlers – nahm das neben der Leiche liegende Birkenrindengefäß an sich und händigte es den zuständigen Wissenschaftlern erst volle zwei Monate später aus – in desolatem Zustand. Zu allem Übel plünderten auch noch Südtiroler Carabinieri die Fundstelle, und erst nach Wochen kehrten auch diese entwendeten Teile wieder in die Hände der zuständigen Gelehrten zurück.

Inzwischen war der Leichenfund durch die Schlagzeilen verschiedener Zeitungen gegeistert, eine archäologische Bergung hatte aber immer noch nicht stattgefunden. Statt dessen charterte das Österreichische Fernsehen einen Helikopter und inspizierte den Fundort auf eigene Faust. Selbst der zuständige Gerichtsmediziner Professor Rainer Henn hielt es offensichtlich nicht für nötig, einen versierten Fachmann zu benachrichtigen, als er kurze Zeit später ebenfalls zur Fundstelle aufbrach. So verwundert es kaum, daß ausgerechnet der spätere Ötzi-Fachmann Professor Konrad Spindler von der Universität Innsbruck, anerkannter Spezialist für Mittelalterliche und Neuzeitliche Archäologie, die Bergung der Leiche erst einmal aus der Zeitung erfuhr.

Elli Kriesch, eine Bekannte Spindlers und ebenfalls Archäologin, meint 1993 zur Bergung durch Professor Henn: »Auf Professor Henn wartet bereits das Fernsehen. Die Kamera läuft, als er mit der Bergung beginnt. Da Henn keine

Berggeräte mit sich führt, was mehr als verwunderlich ist, muß er sich von Touristen Pickel und wohl auch Skistöcke ausleihen. Von Spindler auf die Möglichkeit eines historisch wertvollen Fundes aufmerksam gemacht, hätte ihn zudem die Anwesenheit der Presse stutzig machen müssen.«

Nach Angaben von Elli Kriesch beginnt Henn den Toten statt dessen mit Pickel und Skistöcken vollständig aus dem Eis zu schlagen: »Dann schwenkt er wichtigtuerisch die Leiche vor laufender Kamera hin und her, läßt sie fallen, hebt sie an der anderen Seite wieder auf, spricht den Befund ins Mikrophon und läßt den ausgemergelten Körper wieder fallen – ein unwürdiges Schauspiel, das weder Pietät noch wissenschaftliche Rücksicht verrät. Außerdem stochert er mit Skistöcken in der Fundstelle herum und zerstört den Fundzusammenhang.«

Die Sache ist offensichtlich: Henn hätte die Bergung sofort abbrechen müssen, um die zuständigen Archäologen zu informieren. Die hätten den Toten dann als Ganzes aus dem Eis gesägt. (Ein kompliziertes Verfahren, es hätte aber eine saubere und vollständige Bergung garantiert.) Statt dessen wurde der Gletschermann kurzerhand bei einem Beerdigungsunternehmen abgeliefert, aufgetaut und in einen Sarg verfrachtet, wozu erst noch der linke Arm gebrochen werden mußte. Eine Obduktion konnte in letzter Minute immerhin verhindert werden, da Professor Henn plötzlich doch noch auf die Idee kam, seine Kollegen aus der Archäologie zu benachrichtigen. Endlich stand einer wissenschaftlichen Auswertung des Fundes nichts mehr im Weg.

Leider errichtete Konrad Spindler bald darauf ein regelrechtes Forschungsmonopol rund um die Untersuchung des österreichischen Gletschermannes, eine Sache, über die Fachleute, wie etwa Michael Zick von der renommierten

Zeitschrift »Bild der Wissenschaft«, wieder einmal nur den Kopf schütteln konnten. Zick anerkennt den österreichischen Professor zwar als fachkundigen Experten, beschuldigt dessen Institut aber, zeitweise zu einem »Bermudadreieck für Informationen« verkommen zu sein: »Gefangen in einer dilettantischen Vermarktungsstrategie beanspruchte die österreichische Universität das alleinige Urheberrecht an einem Phänomen, das de jure dem italienischen Staat und nach immer wieder betontem wissenschaftlichen Selbstverständnis der ganzen Menschheit gehört.«

So unrecht hat der Wissenschaftsjournalist nicht. Immerhin behielt das Innsbrucker Institut über zwei Jahre lang Informationen und Photos über den Gletscherfund zurück. Involvierten Gelehrten wurde von der Universität ein Maulkorb verordnet, und freischaffenden Autoren, die Publikationen über den Ötzi-Fund planten, drohte man mit gerichtlichen Schritten. Zick lapidar: »Die Freiheit der Wissenschaft war suspendiert.«

Rudolf Hauri von der Universität Zürich ist mit Spindlers Forschungsmonopol ebenfalls nicht einverstanden. Um so mehr, als er sich mit gewissen Argumentationsmethoden der Archäologen sowieso nicht so recht anfreunden mag: »Mir wurde von archäologischer Seite schon einmal vorgeworfen, in einem Vortrag zu vorsichtige Aussagen gemacht zu haben. Ich hätte gewisse Sachen bestimmter ausdrücken sollen. Dagegen wehre ich mich aber entschieden. Es wäre einfach nicht ehrlich gewesen!«

Tatsächlich sind die Archäologen nicht immer Heilige, wenn es um methodische Fehler oder fachspezifische Kurzsichtigkeit geht. So werden etwa Datierungen und Lehrmeinungen innerhalb ihrer Disziplin alle paar Jahre regelrecht über den Haufen geworfen, ein Faktum, das der Öffentlichkeit nur all zu gerne verschwiegen wird.

4 Das Kreuz mit den Datierungen

> »Der Unterschied zwischen dem lieben Gott
> und bestimmten Archäologen besteht
> vorwiegend darin, daß der liebe Gott die
> Vergangenheit nicht mehr ändern kann.«
>
> (ERICH VON DÄNIKEN, Autor)

1980 entdeckten sowjetische Archäologen im Uralgebiet eine ganze Reihe von Felszeichnungen, deren Alter mittlerweile auf rund 14 000 Jahre beziffert wird. Anfang der neunziger Jahre hatte dann erstmals eine Gruppe westlicher Experten aus den Niederlanden Gelegenheit, die Darstellungen in der Ignatiewskaja-Höhle (sie befindet sich einige hundert Kilometer südwestlich von Jekaterinburg, dem ehemaligen Swerdlowsk) einer genaueren Betrachtung zu unterziehen. Und die gelehrten Damen und Herren staunten nicht schlecht, prangte da doch zwischen Darstellungen von Mammuts, Bisons, Pferden und Hirschen auch ein Kamel. Eigentlich ein Ding der Unmöglichkeit, denn nach offizieller Meinung existierten im Uralgebiet damals gar keine Kamele.

Auch Lehrmeinungen haben offensichtlich ein Verfallsdatum, und so geht man inzwischen davon aus, daß die Zeichnungen wohl aus Kontakten mit südlichen Kulturen resultieren müssen. Bisher unbeantwortet bleibt dagegen die Frage, weshalb manchem abgebildeten Tier in voller Absicht Mißbildungen verpaßt worden sind. Warum wurde etwa ein Mammut mit einem Menschenfuß versehen?

Das Felsgestein enthält noch weitere seltsame Darstellungen. Da ist beispielsweise ein Bison abgebildet, von dessen Bauch eine gestrichelte Linie ausgeht, die – nach einer kurzen Unterbrechung – zwischen den Beinen einer stilisierten Frau endet. 28 Punkte sind dort zwischen ihren Schenkeln in Form dreier Linien abgebildet. »Falls diese Punkte die Zahl der fruchtbaren und unfruchtbaren Tage ihres Zyklus darstellen, wäre dies geradezu revolutionär«, meinte einer der Entdecker damals nachdenklich. »Denn das würde bedeuten, daß die Menschen zu jener Zeit bereits detaillierte Kenntnisse des Reproduktionssystems hatten!«

Steinzeitliche Vorfahren im Ural, die Kamele porträtierten und munter mit modernen Methoden der Empfängnisverhütung jonglierten – eine unkonventionelle Vorstellung, die kaum Platz finden wird in den modernen Lehrbüchern. Wer sich im Rahmen der Auswertung solcher Entdeckungen mit Fachliteratur beschäftigt, sollte sich deshalb immer auch Werken widmen, die ruhig schon 50, 100 oder noch mehr Jahre auf dem Buckel haben. Gerade wenn man sich mit alternativen Ideen und Theorien auseinandersetzt, stellen solche Texte manchmal wahre Fundgruben dar, denn sie sind in der Regel noch nicht mit jenen überheblichen, intellektuellen Eitelkeiten angereichert, die uns heute so oft die Sicht auf interessante Details verbarrikadieren. Berührungsängste in bezug auf Probleme oder ungelöste Fragen kannten die alten Autoren kaum.

Die Lektüre alter Schriften hat aber noch einen weiteren Reiz, ergab sich doch im Laufe der Zeit – bedingt durch die heutige Literaturflut und das Überhandnehmen ständig neu entstehender Theorien – eine rigorose Informationsselektion. Was nicht mehr haltbar schien, den neuen Überlegungen nicht standhielt, schied automatisch aus und wurde im Rahmen der üblichen Säuberung unserer Gedanken über Bord geworfen. Und selbst dann wenn sich die eine oder andere dieser neuen Überlegungen und Theorien im nachhinein als falsch oder unhaltbar erweisen sollte, werden die so aus dem Denkgebäude getilgten Dinge im allgemeinen nicht mehr aus der Versenkung auftauchen. Es sei denn, ein findiger Kopf gräbt sie aus und läßt sich durch sie zu Neuem inspirieren.

Je mehr an Informationen wir also anhäufen, desto mehr geht gleichzeitig auch wieder verloren. Höchste Zeit, bereits veraltete Literatur wieder häufiger zu sichten, denn infolge des Raumfahrtzeitalters und all der damit verbundenen und neu gewonnenen Erkenntnisse öffnet sich hier die Tür zu einem neuen, faszinierenden Feld alternativer Verknüpfungspunkte.

Michael A. Cremo und Richard L. Thompson, zwei amerikanische Autoren, haben dies erkannt. Über Neues nachzudenken heißt für sie immer auch Bestehendes zu hinterfragen, und so kann zumindest die Archäologie seit 1993 ihre persönliche Ketzerfibel vorweisen. Das Werk trägt den verheißungsvollen Titel »Forbidden Archeology« (»Verbotene Archäologie«), umfaßt über 900 eng beschriebene Seiten und gehört eigentlich jedem angehenden Archäologen und Vorzeitforscher empfohlen. Denn Cremo und Thompson haben darin Hunderte von Beispielen aus der Fachliteratur zusammengetragen, die darauf hindeuten, daß mit unserem herkömmlichen Datierungssystem etwas nicht stimmen kann. Beispiele, die in den heutigen Fachbüchern kaum einmal auftauchen: »Wenn wir in diesem Zusammenhang von einer Unterdrückung solcher Berichte sprechen, meinen wir damit natürlich nicht irgendwelche verschwörerischen Wissenschaftler, die nun darauf aus wären, irgendeinem satanischen Plot folgend, die Öffentlichkeit zu täuschen«, differenzieren die zwei Forscher im Vorwort ihres Werkes. »Wir sprechen vielmehr die nach wie vor andauernden Strömungen in Fachkreisen an, neue Erkenntnisse der Öffentlichkeit gegenüber regelrecht zu selektionieren. Zugegeben, das tönt jetzt schon viel harmloser, allerdings nimmt diese ›Bevormundung‹ heute konstant zu. Verschiedene Kategorien von Beweisketten werden einfach aus unserem Blickfeld entfernt (...)«

Tatsächlich listen die rührigen Amerikaner reihenweise Fachartikel auf, welche die Interpretation zulassen, daß vor Millionen Jahren bereits Menschen gelebt haben mögen, die uns Heutigen in nichts nachstanden. Die beiden Forscher stießen dabei in der offiziellen Fachliteratur auf so spektakuläre Dinge wie den Fund eines fünf Millionen Jahre alten (!) versteinerten Abdrucks einer Schuhsohle oder auf Inschriften und bearbeitete Gegenstände, die in uralten geologischen Schichten auftauchten, zu einer Zeit, als nach offizieller Lehrmeinung noch gar kein menschenähnliches Wesen seinen Fuß auf diesen Planeten gesetzt haben konnte.

Eine andere Geschichte, über welche sich die zwei Amerikaner Gedanken machten, ist das Rätsel um die metallischen Kugeln aus Südafrika. Dort stoßen Arbeiter in einer Pyrophyllitmine bei Ottosdal bereits seit einiger Zeit auf seltsame Kugeln, um die herum meist einige gravierte Rillen laufen. Das verblüffende dabei ist die Tatsache, daß die wohlgeformten Artefakte in logischer Konsequenz zu einer Zeit entstanden oder fabriziert worden sein müßten, als das Pyrophyllit noch gar nicht da war, sprich: vor gut 2,8 Milliarden Jahren! Die beiden Autoren setzten sich deshalb mit Roelf Marx vom Klerksdorp-Museum in Verbindung, in dessen Besitz einige der Kugeln inzwischen übergegangen sind. Der Kurator bestätigte 1984 zwar deren Existenz, wies aber gleichzeitig auch auf das Fehlen einer wissenschaftlichen Publikation zu diesem Thema hin.

Unabhängig von Cremo und Thompson hat sich 1988 auch der Schweizer Götterforscher Erich von Däniken mit den geheimnisvollen Kugeln beschäftigt. Er zitiert einen der involvierten Mineningenieure folgendermaßen: »Wir finden diese Kugeln seit etwa 20 Jahren, immer in der gleichen Pyrophyllitschicht. Wir alle hier haben keine Ahnung, woher diese Metallkugeln stammen, was sie bedeuten und wie sie in die Jahrmilliarden alte Pyrophyllitschicht gelangten. Viele der mysteriösen Kugeln sind von Arbeitern und Minenbesuchern als Souvenirs mit nach Hause genommen worden. (...) Nach einigen Monaten achteten wir gar nicht mehr darauf und stießen die Kugeln mit den Füßen weg. Ich schätze, ich sah in meinem Leben einige Hundert davon.«

Der von Cremo und Thompson bereits erwähnte Roelf Marx vom Klerksdorp-Museum nahm schließlich einige der Objekte zur Begutachtung in sein Museum, wo er eines davon – diesmal ein eiförmiges Gebilde – auf einem Kunststoffständer unter einer Glashaube unterbrachte und so der interessierten Öffentlichkeit zugänglich machte.

Was dann geschah, ist derart interessant, daß ich hier Dr. Marx' Originalbericht wiedergebe: »Nach einigen Wochen bemerkte ich, daß das Ei umgedreht war. Die Seite mit dem Pyrophyllit, die vorher auf die Wand gerichtet war, lag jetzt vorne, Richtung Zuschauer. Zuerst wurde ich wütend, weil ich dachte, einer meiner Mitarbeiter des Museums oder gar eine Reinigungsfrau habe das Glasgehäuse gehoben und das Metallei umgedreht. Doch niemand wollte es gewesen sein. Also öffnete ich das Gehäuse, drehte das Ei wieder in die alte Position und verklebte das Glasgehäuse mit dem Kunststoffständer. Schon nach wenigen Tagen bemerkte ich, daß das Ding wieder zu rotieren begann. Jetzt achteten wir alle sehr sorgsam darauf und beobachteten, wie das Metallei innerhalb von 128 Tagen einmal um seine eigene Achse rotierte. (...) Das gleiche Phänomen stellten wir inzwischen mit anderen Metallkugeln fest, die aus der ›Wonderstone‹-Mine stammen.«

Um die Geschichte der südafrikanischen Wunderkugeln auf ihre Authentizität hin zu überprüfen, wandte ich mich 1994 persönlich an das Klerksdorp-Museum. Und mir gegenüber bestätigte Roelf Marx die Existenz der verflixten Kugeln ebenfalls, wenngleich er auch vor allzu spekulativen Vermutungen warnte: »Klerksdorp liegt in einem der weltgrößten Abbaugebiete für Gold. Aufgrund dieser Aktivitäten zittert die Erde bei uns recht häufig. Ich glaube, hier liegt die wahrscheinlichste Erklärung für das damalige Rotieren der Kugel.«

Eigentlich eine einleuchtende Erklärung, wäre da nicht auch »Ancient-Skies«-Leser Milos Danko aus der ehemaligen Tschechoslowakei. Er staunte nicht schlecht, als er von den afrikanischen Wunderkugeln Kenntnis erhielt. Kunststück, wird doch unweit seiner Heimatstadt Most ein Kohlebergwerk betrieben, wo man bereits auf ganz ähnliche Gebilde gestoßen war. Wie Danko der in Feldbrunnen (Schweiz) herausgegebenen Zeitschrift erläuterte, unterscheiden sich die europäischen Kugeln in ihrem Material (Vulkangestein) zwar erheblich von ihren südafrikanischen Artgenossen, weisen aber ebenfalls drei ominöse Rillen auf. Ebenso haben auch sie eine seltsame Eigenart, nämlich sich konsequent auf den Nordpol einzupendeln.

Man kann es drehen und wenden, wie man will, eines ist offensichtlich: Irgend etwas scheint mit den Datierungen unserer Vorzeit oder anders gesagt mit dem geschichtlichen Bild, wie es uns heute jedes Lehrbuch präsentiert, generell nicht zu stimmen. Mit geradezu beängstigender Geschwindigkeit werden immer neue Erklärungen zu rätselhaften, archäologisch relevanten Bauten oder Darstellungen aus dem Hemdsärmel geschüttelt. Alleine zum berühmten Grabrelief von Palenque oder zur Ebene von Nazca in Südamerika zählen aufmerksame Beobachter inzwischen über ein Dutzend hochgelehrter Deutungsversuche, die im Verlauf der letzten Jahrzehnte hervorgezaubert wurden und meist endgültige Weisheit und Absolutheit für sich beanspruchten.

Ist Ihnen außerdem schon einmal aufgefallen, daß Datierungen unverstandener Megalithbauten, alter Knochenreste oder anderer Relikte unserer Vorfahren mit schöner Regelmäßigkeit nach hinten korrigiert werden müssen? Ein kleiner Blick in die Kurzmeldungen der Weltpresse genügt: Da lesen wir 1991 vom US-Wissenschaftler Richard Mac Neish, der in einer Höhle in der Wüste von Neumexiko Anhaltspunkte dafür entdeckt haben will, daß bereits vor mehr als 36 000 Jahren Menschen in Amerika lebten. Bislang war man in informierten Kreisen davon ausgegangen, daß die ersten Menschen den amerikanischen Kontinent frühestens vor 14 000 bis 17 000 Jahren betreten haben können, nachdem sie über eine Landverbindung von Nordostasien nach Alaska gelangt waren.

Noch weiter zurück datiert die brasilianisch-französische Archäologin Niède Guidon die Kontinentsbesiedelung. Sie stieß bei Sao Raimundo Nonato kürzlich auf polierte Steine und Feuerstellen, die nach Angaben von »Nature« – immerhin die renommierteste wissenschaftliche Fachzeitschrift überhaupt – sagenhafte 50 000 Jahre alt sein sollen! Die Funde sind derart frappant, daß selbst europäische Archäologen inzwischen vorsichtig die Meinung äußerten, die Geschichte Amerikas müsse wohl radikal umgeschrieben werden.

Keine große Freude darüber haben ihre amerikanischen

Kollegen. »Die US-Amerikaner wollen einfach nicht akzeptieren, daß Menschen mit einfacher Technologie schon viel früher bis nach Südamerika vorgedrungen sind«, bringt der kanadische Archäologe Alan Bryan die derzeitige Fachkontroverse auf den Punkt. »Alles, was nicht in die gängige Theorie paßt, wird von ihnen wegerklärt.« Kommt dazu, daß sich bei Annahme einer Besiedlung vor 50 000 Jahren wieder einmal das leidige Transportproblem stellt. Denn übers Meer, da sind sich die gelehrten Damen und Herren mehrheitlich einig, kamen die fremden Einwanderer wohl nicht.

Ins gleiche Schema paßt ein anderer Bericht. Er erschien am 13. November 1993 in der österreichischen Zeitung »Der Standard« und behandelt die Entdeckung menschlicher Knochen in einer 3000 Meter hoch gelegenen Felsenhöhle im US-Bundesstaat Colorado. Phantastische 8000 Jahre alt sollen diese Gebeine – die ältesten, die man bisher in einer solchen Höhe fand – sein, und sie beweisen – wie uns die berühmte Anthropologin und Professorin Patty Jo Watson von der Universität Washington gewissenhaft versichert –, »daß die Menschen seinerzeit intelligenter und kräftiger gewesen sein müssen«, als bisher angenommen.

Auch der Amerikaner Alfred Conway aus Vero Beach machte eine Entdeckung. Er will nach Angaben von Dorothy Haydens American Institute for Archaeological Research 1985 während eines Fluges über der Küste von Florida unter dem Meeresspiegel deutlich eine stattliche Pyramide bemerkt haben. Selbstverständlich muß der gute Herr hierbei starken Halluzinationen unterlegen sein, würde das sonst doch bedeuten, daß das steinerne Bauwerk zu einer Zeit errichtet worden sein müßte, als der Wasserspiegel noch erheblich tiefer lag. Und das wiederum würde heißen, daß es Tausende von Jahren älter wäre als alle bisher bekannten Pyramidenbauten! Wir tun also besser daran, Archäologen wie dem Amerikaner Jim Miller zu vertrauen, die uns höflich versichern, daß die Chancen für die Existenz eines derartigen Bauwerks »bei weniger als eins zu einer Million« stehen. Seltsam nur, daß man im »Rock Lake«-Gewässer, 34 Kilometer östlich von Madison im Süden Wisconsins, kürzlich ebenfalls auf ein unter dem heutigen Wasserspiegel liegendes, pyramidenförmiges Bauwerk stieß. (Frank Joseph hat 1992 ein ganzes Buch darüber veröffentlicht.)

Bei soviel Desinteresse an umwälzenden archäologischen Erkenntnissen mag kaum noch erstaunen, daß selbst ein in Jerusalem gelegenes und ursprünglich als »künstlich angelegtes Höhlensystem« bezeichnetes Tunnelsystem nach einer C-14-Datierung plötzlich als natürlich bezeichnet wurde. Kunststück, ergaben die Messungen doch das sagenhafte Entstehungsalter von über 40 000 Jahren! (So lesen wir es im Dezember 1991 in der wissenschaftlichen Zeitschrift »Science«.)

Und wenn wir im »Trierischen Volksfreund« vom 8. Oktober 1992 schließlich erfahren, daß nach Aussagen von Grabungsleiter Professor Manfred Korfmann »Troja nun wohl doch älter ist, als man bisher annahm«, wird die Sache endgültig klar: Wo auch immer wir uns in wissenschaftlichen und populären Veröffentlichungen umschauen, immer und überall wird zurückdatiert.

Funde, aufgrund deren Entdeckung Fähigkeiten, Errungenschaften oder andere Kenntnisse über unsere Vorfahren zeitlich gesehen nach vorne, Richtung Gegenwart, korrigiert werden mußten, sind mir kaum bekannt. Einer der Gründe dafür dürfte darin liegen, daß es während des letzten Jahrzehntes gelang, die C-14-Datierungsmethode mit Hilfe der sogenannten »Dendrochronologie« zu »eichen«.

Man benutzte dazu Hölzer, deren Alter bereits zuvor exakt feststand und datierte sie mit Hilfe des C-14-Prinzips. Die große Überraschung für alle Archäologen bildete dabei die Tatsache, daß die C-14-Daten für die frühen Jahrtausende vor Christi Geburt ausnahmslos zu jung ausfielen. Je genauer die C-14-Methode also zur Zeit wird, desto schneller geht es mit dem gemessenen Alter retour. Viele Gegenstände und Bauten, deren Alter ursprünglich als gesichert galt, müssen derzeit umdatiert werden. Danach wird wohl das neu ermittelte Alter zum lehrwissenschaftlichen Dogma, so lange, bis irgend jemand auf eine noch genauere Datierungsmethode stößt. Dann beginnt das Spiel vermutlich wieder von vorne.

Die leidige Sache mit der C-14-Kalibrierung ist allerdings nur die eine Seite. Die andere liegt in der Übervorsichtigkeit der gelehrten Damen und Herren in bezug auf die Formulierung neuer Hypothesen. Wer hier einmal ins Fettnäpfchen tritt, ist seinen guten Ruf los, also bleibt man lieber stehen. Dabei liegt am fernen Horizont ein faszinierend exotisches Land brach, das es dringend zu erforschen gälte: Verschiebt sich nämlich die zeitliche Ansiedlung jeglicher Erkenntnisse mit zunehmendem Wissensstand konsequent retour, sind die Überraschungen zwangsläufig vorprogrammiert. Denn je weiter all die gesicherten Erkenntnisse und Artefakte zurückdatiert werden müssen, desto schwieriger wird es gleichzeitig auch, weiterhin konventionelle Erklärungen für ihr erstes Auftreten zu formulieren, sich zu fragen, woher unsere Vorfahren zur damaligen Zeit ihre oft so verblüffenden Fähigkeiten hatten. Hier beginnen die wirklich spannenden Fragen: Die Altertumsforschung braucht offensichtlich wieder einmal einen neuen Velikovsky.

»Zuviel Wissen kann für die Kreativität
schädlich sein, besonders wenn man die mit
dem Wissen verknüpften Denkweisen als
unveränderlich ansieht. Deshalb tun sich oft
die Spezialisten schwer, ihrem Fachgebiet
grundlegend neue Impulse zu geben. Es gibt
unzählige Beispiele dafür, daß Fachfremde
ein Fach revolutioniert haben.«

(GERD BINNIG, Physiker)

Immanuel Velikovsky war dogmatischen Altertumsfor-
schern seit jeher ein Dorn im Auge. 1950 veröffentlichte er
sein erstes Buch, »Welten im Zusammenstoß«, das den
Akademikern den Boden unter den Füßen regelrecht erzit-
tern ließ. Gestützt auf eine Fülle von Daten aus den verschiedensten Wissensgebieten, vertrat der umstrittene Forscher darin die provokante Ansicht, daß die Erde zwischen
dem 15. und 8. Jahrhundert v. Chr. einer ganzen Reihe
kosmischer Katastrophen ausgesetzt gewesen war, die ver-
heerende Folgen nach sich zogen.
Velikovskys umstrittene Theorien sollen hier nicht diskutiert werden: Der Streit zwischen seinen Anhängern und
seinen Gegnern dauert ohnehin bis heute an, da es der un-
bequeme Forscher selbstverständlich nicht bei der Niederschrift dieses einen Buches beließ. Es geht vielmehr darum,
daß die damalige Reaktion der Gelehrten unverständlich
emotional gefärbt war. Tatsächlich erhoben sich konservative Kreise seinerzeit nicht nur gegen die revolutionären
Ideen und Hypothesen des Amerikaners, sie erhoben sich
auch gegen den Menschen, der hinter ihnen stand.
Die akademischen Beschimpfungen prasselten nur so auf
den armen Mann hernieder. Was er praktiziere, grenze an

intellektuelle Blasphemie. Eine gnadenlose Hetzkampagne rollte los: Kritiker verrissen Velikovskys Buch in anerkannten Fachzeitschriften, noch bevor es überhaupt erschienen war, andere bezeichneten seinen Inhalt als »intellektuellen Unsinn«, gaben anschließend aber zu, das Werk nicht einmal gelesen zu haben. Selbst Velikovskys Verlag wurde unter wirtschaftlichen und politischen Druck gesetzt, so daß man die Rechte und die Herausgabe des umstrittenen Werkes – es führte immerhin monatelang die Bestsellerlisten an – schließlich widerwillig und zähneknirschend einem anderen Haus überlassen mußte. Man kann den ungeheuren Druck nur erahnen, der hier »von oben« eingewirkt haben muß.

Auch die naturwissenschaftliche Fachpresse ignorierte den unbequemen Amerikaner lange Zeit, denn Velikovsky paßte eben nicht ins klassische Schema des typischen Wissenschaftlers, der jeden Tag brav seine liebgewonnenen Lehrmeinungen abstaubt. In einer Welt, die am Spezialistentum krankte, war er einer der frühen Vertreter jener unkonventionellen, interdisziplinären Denkweise, die heute immer mehr Anklang in der akademischen Zunft findet. Er stellte seine Überlegungen und Ergebnisse in einen Kontext mit Sagenforschung, mit Archäologie und Geschichte, wies auf mögliche Bezüge untereinander hin und zwang seine Gegner auf diese Weise, sich mit Dingen zu beschäftigen, die außerhalb ihres Fachgebietes lagen. Oder wie es der Journalist Eric Larrabee einmal formulierte: »Velikovsky bietet Beweismaterial aus zahlreichen Fachgebieten, insbesondere aus Geologie und Archäologie. Indem er die Barrieren zwischen den Disziplinen niederreißt, kommt er zu Ergebnissen, zu denen keine Disziplin für sich allein gekommen ist. Darin besteht seine eigentliche Herausforderung, und sie ist fundamental.«

Zu ähnlichen Schlüssen kommt heute der Schweizer Schriftsteller Franz Hohler: »Ich habe kürzlich mit einem brasilianischen Physiker gesprochen«, sagte er anläßlich eines Vortrages in den neunziger Jahren einmal, »und der hat mir gesagt, das größte Problem in der heutigen Wissenschaft sei die Kontaktarmut, die Tatsache, daß die verschiedenen Forscher aneinander vorbeiforschen und die Arbeiten ihrer Kollegen nicht mehr lesen.«

Wir sollten also aus den Fehlern der Vergangenheit lernen und ihnen wieder zuhören, den kreativen Querdenkern, die interdisziplinär denken und arbeiten, den unkonventionellen, aber rührigen Laien und Akademikern unterschiedlichster Sparten, die gemeinsam an die Lösung der Probleme gehen, gemeinsam an neuen Modellen und Gedankengebäuden basteln.

Werfen wir an dieser Stelle ein stellvertretendes Mosaiksteinchen in die Waagschale, das mein Plädoyer für archäologische Querverbindungen nähren mag. Schauplatz ist Ägypten, das geheimnisvolle Land am Nil. Dort, im Grab des Königs Amenophis II., stoßen wir auf zwei Darstellungen, die uns Erstaunliches zeigen: eine sich räkelnde Schlange, die klar und deutlich mit Beinen und Flügeln bestückt ist.

Nach Meinung der Ägyptologen hat diese Schlange, bei der es sich um die mythische Darstellung eines Gottes handelt (so ergibt es sich aus der ägyptologischen Auslegung des Begleittextes), Beine und Flügel, um ihre freie Beweglichkeit zu illustrieren. Der bekannte Basler Ägyptologe Professor Erik Hornung schreibt dazu: »Füße und Flügel der Schlange deuten – wie hieroglyphisch die ›schreitenden Beine‹ und in Texten die Bezeichnung der Arme als Flügel – auf seine (des Gottes, d. Verf.) Fähigkeit, sich auch auf festem Boden, zum Beispiel in der Unterwelt, und durch die Luft fortzubewegen.«

Von spontanen Querverbindungen mit Quetzalcoatl, dem Gott der Azteken, der oft als gefiederte Schlange dargestellt wurde, wollen die Ägyptologen aber nichts wissen: »Sicher haben die ägyptischen Darstellungen nichts mit dem Gott Quetzalcoatl zu tun!« heißt es in einem Schreiben des Ägyptologischen Seminars der Universität Basel, das den Autor am 19. April 1993 erreichte, kurz und bündig. Ein schönes Beispiel für zeitgenössischen Dogmatismus innerhalb der Gelehrtenzunft, wie wir ihn leider immer wieder antreffen: Hier wird ein möglicherweise einst existierendes Ur-Motiv, eine Art Ur-Quelle für derlei Darstellungen, in akademischer Überlegenheit a priori ausgeschlossen. Es ist ganz einfach »sicher«, daß kein derartiger Zusammenhang besteht.

Ebenso »sicher« stand auch lange Zeit das ägyptologische Dogma vom Sphinxalter im Raum. Bis es der US-Geologe Robert Schoch in den neunziger Jahren kurzerhand umwarf. Sein Team stellte bei umfangreichen Untersuchungen am langsam zerfallenden Körper des Riesenlöwen Verwitterungsspuren fest, die den Schluß zuließen, daß das ägyptische Wahrzeichen wohl viele tausend Jahre älter sein muß, als heute in den Lehrbüchern behauptet wird. Dort kokettiert man nach wie vor mit dem Jahre 2500 v. Chr., demselben Zeitpunkt, zu welchem die Cheopspyramide erbaut worden sein soll. Eine Behauptung, die – wie ich bereits in meinem Buch »Götterspuren« ausführlich dargelegt habe – längst durch kalibrierte C-14-Datierungen widerlegt werden konnte.

Ganz und gar nicht ins fertige Konzept paßte den Ägyptologen 1993 auch die Entdeckung eines neuen Gangabschnittes in der Cheopspyramide (an dessen Ende eine Art

Türmechanismus mit Griffen entdeckt wurde), hatte man doch bis dahin fest behauptet, das Steinmonster sei definitiv erforscht und berge keine Rätsel mehr. Die von einem ferngesteuerten Miniroboter aufgespürte »Türe« wurde flugs zur kultischen Anfertigung umfunktioniert. Der zuständige Ägyptologe und Pyramidenfachmann Professor Rainer Stadelmann vom Deutschen Archäologischen Institut in Kairo äußerte sich dazu in einem vom Journalisten Torsten Sasse geführten Rundfunkinterview folgendermaßen: »Am Anfang hatten wir angenommen, es handle sich bei dem Kupferstück um eher technische Appliken. Von der ganzen Dünne würde ich das heute ausschließen und würde annehmen, es handle sich um Hieroglyphen. Um Hieroglyphenzeichen, die wie Schmuckstücke dort angebracht worden sind. Und wenn es Hieroglyphen sind, dann haben sie natürlich einen symbolischen Gehalt. Wir müssen uns also fragen, was kann es bedeuten? Und da bieten sich Zeichen an wie die Lotosblüte. Die Lotosblüte steht für das Symbol des Südens, des südlichen Landesteiles, das könnte es sein. Oder vielleicht noch stärker: das Zeichen ›Schut‹ auf altägyptisch. Das ist eine Art Sonnenschirm, der hinter dem König hergetragen wird, wenn dieser feierlich zur Prozession zieht. Und es könnte nun natürlich sein, daß diese Sonnenschirme für die Seele des Königs bereitstanden, damit er sie ergreift, wenn er zum Himmel fliegt.«

Seltsam ist – und das spricht eindeutig gegen Stadelmanns Erklärungsidee –, daß die Lotosblütendarstellung nirgendwo sonst in der großen Pyramide auftaucht. Um so mehr, als die Cheopspyramide mit Ausnahme einer umstrittenen Darstellung bekanntlich gar nicht mit Hieroglyphen bestückt worden war.

Alle Hoffnung ruhte deshalb auf den Schultern des Ingenieurs Rudolf Gantenbrink, der die Tür 1993 mittels seines selbst konstruierten Roboters entdeckt hatte: Bereits 1994 plante er, erneut einen ferngesteuerten Roboter durch den Abschnitt zu jagen, um den ominösen Mechanismus endgültig zu knacken. Doch die Sache war der ägyptischen Altertumsverwaltung offensichtlich zu heiß geworden: Im April 1994 zogen die verantwortlichen Behörden ihre Zusage für eine genauere Untersuchung überraschend zurück! Näher begründet wurde die Verweigerung der Forschungserlaubnis nicht. Ganz offensichtlich hatten sich aber einflußreiche Ägypter über die Publizität geärgert, welche die Gantenbrink-Entdeckungen im deutschen Sprachraum für sich verbuchen konnten, erhielten dadurch doch umstrittene Gerüchte über eine potentielle Geheimkammer im Innern der Pyramide beträchtlichen Aufwind.

Ein anderes Beispiel, wie erfolgreich die Verknüpfung von Archäologie, Technik und einer Portion gesunder Phantasie in der Realität tatsächlich sein kann, lieferten geophysikalische Messungen, die deutsche und türkische Archäologen 1989 unter der Leitung von Sencer Sahin zusammen mit Technikern der Firma »Thor« am türkischen »Nemrud Dag«, dem sagenumwobenen Götterberg, durchführten. Ziel dieser Messungen war – so Sahin – unter anderem, den Tumulus auf eventuell vorhandene unterirdische Grabräume, die man dort auch aufgrund alter Inschriften vermutete, abzutasten. Der türkische Professor wörtlich: »Die Anwendung der geophysikalischen Methoden hat ihren Sinn darin, daß man den Tumulus, der selbst ein historisches Denkmal ist, schonend erforscht. Bisher vergeblich unternommene Grabungsversuche mit traditionellen Methoden haben den Tumulus schwer beschädigt, ja unheilbaren Schaden angerichtet.«

Die involvierten Fachleute setzten modernste Methoden

wie Seismik, Impulsradar oder Magnetik ein und stellten dabei verschiedene tektonische »Anomalien« fest. Für Sencer Sahin Grund genug, sich über etwaig vorhandene Hohlräume und deren Inhalt Gedanken zu machen: »Die bemerkenswerte Übereinstimmung der geophysikalischen Ergebnisse mit den archäologischen Beschaffenheiten der Anlage unterstützt die Möglichkeit, daß es sich an der fraglichen Stelle tatsächlich um eine Grabanlage handeln könnte.«

Schule machen könnte im weiteren auch die Vorgehensweise des Schweizer Forschers Erich von Däniken, der dem steinernen Rätsel von Puma Punku in den Anden 1992 mit modernen Elektronengehirnen zu Leibe rückte. Gigantische, exakt bearbeitete steinerne »Bauteile« liegen in der dortigen Hochebene kreuz und quer verstreut. Während sich die Archäologen aber den Kopf über das einstige Aussehen der Anlage und deren Konstruktion zerbrachen und weiterhin eifrig Papierstoß um Papierstoß mit ihren Gedanken verzierten, ließ Däniken via Computer kurzerhand einen dort entdeckten Block maßstabsgetreu nachzeichnen und überließ den Rest dem Rechnergehirn. Das kam zum Schluß, daß das riesige steinerne Ding mit seinesgleichen ganz im Stile eines überdimensionalen Baukastens zu regelrechten Mauern kombiniert werden konnte!

Wie man diese Zyklopenklötze im undurchsichtigen Dunkel der Vergangenheit einst bewegt und ineinander verschachtelt haben soll, ist eine andere Frage. Seltsam genug, daß überall dort, wo wir im Hinblick auf eine Erklärung mit »vernünftigen« Argumenten nicht mehr weiterkommen, alte Überlieferungen auftauchen, die die umstrittenen Orte mit geheimnisvollen Göttern in Verbindung bringen. Göttern, die einst höchstpersönlich vom Firmament herabstiegen.

6 Himmelsboten – Kamen sie aus dem All?

> »Die Wissenschaft tut recht daran,
> sich eher auf die konkreten Ergebnisse
> exakter Forschung zu verlassen, denn auf
> mythische Erinnerungen, unrecht jedoch,
> indem sie diesen Erinnerungen nicht
> die ihnen zukommende Beachtung schenkt.«
> (Karl Kohlenberg, Ethnologe)

Dezember 1993. Ich sitze Rose-Marie Füglistaller gegenüber, einer sympathischen, bereits etwas älteren Weltenbummlerin. 18 Jahre lang hat sie den Globus ununterbrochen bereist, seit einigen Jahren wohnt sie wieder in der Schweiz, in einer unscheinbaren, aber stilvoll eingerichteten Wohnung im Herzen Luzerns. Und betrachtet man all die schillernden Skulpturen, Gegenstände und Bilder, die dort Wände und Regale zieren, so wird bald klar, was die Faszination von Japan oder Indonesien ausmacht.

Für Sumatra mit seinen geheimnisvollen Überresten einer längst vergessenen, unverstandenen Megalithkultur interessiert sich Rose-Marie Füglistaller besonders. Abseits von normalen Touristenrouten stößt man dort immer wieder auf riesenhafte, manchmal bis zu fünf Meter hohe Steinskulpturen. Viele von ihnen sind bereits von dichtem Pflanzenwuchs zugedeckt. Tagelang war die abenteuerlustige Schweizerin in den siebziger Jahren dort manchmal unterwegs, meist von ortskundigen Einheimischen begleitet, die ihr mit scharfen Macheten einen Pfad durch das oft recht unbeugsame Dickicht bahnten.

Wer diese Steinmonster einst geschaffen habe, wisse man zwar nicht mehr so genau, erklärte der Schweizerin damals der Obmann eines nahe gelegenen Dorfes. Sie seien bereits dagestanden, als sein Volk vor vielen Jahrhunderten in diese Gegend eingewandert war. Allerdings sprächen die alten Überlieferungen von riesenhaften, rund fünf Meter großen blonden Wesen mit übermenschlichen Kräften, die einst in einem »Kapal«, einem »Schiff«, hierher gelangten.

»Sie kamen nicht etwa vom Meer?« vergewisserte sich Frau Füglistaller vorsichtig. Der Häuptling schüttelte langsam seinen Kopf und deutete stumm nach oben. Das »Schiff« war vom Himmel gekommen.

Tatsächlich hörte die Schweizerin derartiges nicht zum ersten Mal. In ganz Indonesien waren ihr alte Erzählungen und Berichte über himmlische Wesen oder »Sonnensöhne« zu Ohren gekommen, die einst zur Erde gelangten und den erstaunten Einheimischen allerlei beibrachten. Auch Kinder zeugten sie anscheinend mit den Erdenfrauen; Nachkommen, aus denen sich später die eigentliche Häuptlingsschaft herausbildete.

Rose-Marie Füglistaller bezweifelt allerdings, daß die alten Überlieferungen auch heute noch innerhalb der Dorfgemeinschaften weitergereicht werden: »Das große Problem liegt im organisierten Tourismus«, seufzt sie bei unserem Gespräch in einem leisen Anflug von Wehmut. »Der Bruch mit den alten Traditionen nimmt immer mehr überhand. Die Neuzeit mit unserem westlichen Konsumdenken wirft ihre Wellen in alle Richtungen. Sie weckt Wünsche und Bedürfnisse, die mit den lokalen Gegebenheiten kaum noch in Einklang zu bringen sind.« Diese Tatsache sei mit ein Grund, warum sie sich letztlich entschloß, wieder in ihr Heimatland zurückzukehren.

Plötzlich aber funkeln ihre kleinen Augen wieder: »Im Museum von Jakarta habe ich 1975 lange über alten Schriften gebrütet, die dort eingelagert sind«, erklärt sie mir in ihrer fröhlichen Art. »Und von den wenigen Texten, die in Englisch oder Deutsch abgefaßt waren, fertigte ich unermüdlich Transkriptionen an. Darunter befindet sich auch ein Text, der Sie interessieren dürfte.«

Kurzerhand streckt sie mir ein Bündel Blätter hinüber, deren Inhalt mir nach kurzer Durchsicht beinahe die Sprache verschlägt: Immerhin philosophierte dort ein gewisser W. J. Perry unter dem Titel »The Megalithic Culture of Indonesia« bereits 1918 (!) im Rahmen einer Doktorarbeit sachlich und nüchtern über die mögliche Existenz und Einflußnahme überlegener, außerirdischer Wesen, die einst zur Erde gelangten und so zahlreiche der alten Überlieferungen begründeten.

Außerirdische Intelligenzen, die aufgrund ihrer technologischen Überlegenheit als Götter verehrt wurden – ein faszinierender Gedanke. Und immer zahlreicher werden heute die Autoren, die nicht nur in der einen oder anderen Gotteserscheinung, sondern ganz allgemein in einem ganzen Katalog antiker Götterbeschreibungen Wesen aus dem Kosmos erkennen, die unverstanden und mißinterpretiert in die Geschichte eingingen.

Machen wir die Probe aufs Exempel: Greifen wir einmal ins Bücherregal und konsultieren wir unser Bibelexemplar. Hier, im Buch »Exodus«, Abschnitt 19,11 ff., befinden sich die Israeliten auf ihrem berühmten Auszug aus Ägypten und sind soeben vor dem Berg Sinai angelangt, wo Gott gegenüber Moses gerade wortgewaltig sein Erscheinen auf dem monumentalen Steinhaufen ankündigt:

»Am dritten Tag nämlich wird der Herr vor den Augen des ganzen Volkes auf den Berg Sinai herabsteigen. Zieh um das Volk eine Grenze; und sag: Hütet euch, auf den Berg zu steigen oder auch nur dessen Fuß zu berühren. Jeder, der den Berg berührt, wird mit dem Tod bestraft!«

Moses eilt also sofort den Berg hinunter, unterrichtet sein

Volk hastig und außer Atem über das Kommen Gottes und gibt letzte Anweisungen zur Umzäunung des Berges. Dann beginnt eine Show, deren Schilderung heute durchaus als unbeholfene Landebeschreibung eines mißverstandenen Fluggerätes interpretiert werden könnte: »Am dritten Tag, im Morgengrauen, begann es zu donnern und zu blitzen. Schwere Wolken lagen über dem Berg, und gewaltiger Hörnerschall erklang. (...) Der ganze Sinai war in Rauch gehüllt, denn der Herr war im Feuer auf ihn herabgestiegen. Der Rauch stieg vom Berg auf wie Rauch aus einem Schmelzofen. Der ganze Berg bebte gewaltig, und der Hörnerschall wurde immer lauter. (...) Der Herr war auf den Sinai, auf den Gipfel des Berges, herabgestiegen.«

Moses stolpert wieder hinauf, bahnt sich seinen Weg durch Rauch und Gestank und begegnet dem »Herrn« erneut. Der gibt sich aber nicht sehr kontaktfreudig: »Geh hinunter, und schärf dem Volk ein, sie sollen nicht neugierig sein und nicht versuchen, zum Herrn vorzudringen; sonst müßten viele von ihnen umkommen!«

Verdutzt wagt Moses seinem Schöpfer zu widersprechen: »Das Volk kann doch gar nicht auf den Sinai steigen. Denn du selbst hast uns ja eingeschärft: Zieh eine Grenze um den Berg, und erklär ihn für heilig!«

»Gott« äußert sich in der Folge nicht näher zu diesem intellektuellen Malheur, aber allein der Gedanke, daß der Allmächtige und Allwissende eine bereits delegierte Anweisung vergißt, erscheint mir mehr als köstlich.

Gelächelt hat bei der Lektüre dieser Passage auch der ehemalige NASA-Ingenieur Josef Blumrich. Blumrich – auch er zählt zur wunderbaren Sparte der unverbesserlichen Phantasten – kam innerhalb einer detaillierten technischen Studie zu dem gewagten Schluß, daß selbst der donnernde Wagen des Herrn, der sich zu Beginn des biblischen »Ezechiel«-Buches vom Himmel herabsenkt, in Wahrheit ein außerirdisches Zubringerraumschiff gewesen sein könnte. Erfrischend alternative Überlegungen, um so mehr, als sich gerade im Sagenbereich der Wind immer mehr zugunsten derartig phantastisch klingender Erklärungshypothesen zu drehen scheint.

Max Lüthi, der berühmte und inzwischen leider verstorbene Märchenforscher, bezeichnete Sagen im weiteren Sinne als »Erzählungen, die mit dem Anspruch auftreten, wirkliche Vorgänge zu berichten, die sich aber, sei es schon im Bewußtsein des Erzählers selber, sei es für den Hörer oder nur für den außenstehenden Beobachter, von dieser Wirklichkeit irgendwie entfernt haben, entweder dadurch daß sie von Mund zu Mund gegangen und so eine charakteristische Umformung erhalten haben, oder dadurch daß sie bewußt dichterisch gestaltet wurden«. Und der Volkskundler Wilhelm Brednich, Herausgeber der renommierten »Enzyklopädie des Märchens«, ergänzt: »Die älteren Sagen handeln meist von der Begegnung des Menschen mit übernatürlichen Wesen, sie berichten von der Verletzung von Tabus oder liefern die Erklärung für auffällige Naturerscheinungen oder Denkmäler. Der Kern der sagenhaften Erzählungen ist in den meisten Fällen das Unerhörte, Außergewöhnliche und Rätselhafte.«
Im Gegensatz zur Sage versteht man unter einem Märchen eine mit dichterischer Phantasie entworfene Erzählung, die nicht an die Bedingungen des wirklichen Lebens geknüpft ist. Während die natürliche und die übernatürliche Ebene in der Sagenwelt meist getrennt sind, pflegen sich diese Seiten im Märchen zu vermischen. So gilt das Märchen letztlich auch als »poetischer, die Sage als historischer«, wie einst die Brüder Grimm festhielten.

Die Legende ist zwar ebenfalls mit der numinosen Ebene verknüpft, bleibt dabei aber zumeist an ganz bestimmte historische Personen gebunden. Und im Mythos wiederum »braucht vom Menschen nicht die Rede zu sein«, wie Lüthi treffend festhielt. »Die ihn kennzeichnenden Figuren sind namentlich Götter, die auch in Gestalt von Tieren oder Menschen, im Grenzfall als gottähnliche Heroen, erscheinen können.«

Neue Impulse erhält die historische Sagenforschung heute von der Untersuchung sogenannter »moderner oder zeitgenössischer Sagen«. Es handelt sich hierbei um oft recht sonderbare Geschichten aus dem Alltag und der Erfahrungswelt des Erzählers. Angeblich haben sie sich genau in der berichteten Form abgespielt, allerdings werden sie von Freund zu Freund, von Verwandten zu Bekannten weitergereicht und so allmählich mit einer ganzen Reihe subjektiv-erzählerischer Details angereichert. Verfolgt man sie zurück, stellt man nicht selten fest, daß in vielen Fällen gar keine Personen mehr ausfindig gemacht werden können, denen Besagtes tatsächlich zustieß. Der Wahrheitsgehalt bleibt letztlich offen.

Die neuesten Untersuchungen im deutschsprachigen Raum zur Thematik moderner Sagen stammen aus der erfahrenen Feder des bekannten Volkskundlers Professor Wilhelm Brednich. Brednich, er lehrt an der Universität in Göttingen, hat viele derartige Geschichten gesammelt, ihre Motive herausgearbeitet und die Schilderungen mitsamt seinen Überlegungen in bisher drei Publikationen veröffentlicht.

Leider wurde dem Realitätsgehalt der Berichte anfänglich kaum Beachtung geschenkt, konzentriert sich die Volkskunde doch prinzipiell auf ganz andere Aspekte. In seiner ersten Abhandlung weist der Professor deshalb eindeutig zu schwach auf die Tatsache hin, daß die eine oder andere moderne Sage tatsächlich auf wahren Ereignissen beruhen könnte. In einer späteren Arbeit scheint er dies bemerkt zu haben: »Besonders aufschlußreich waren für uns die Hinweise darauf, daß wir in drei Fällen durchaus keine ›Sagen‹, sondern tatsächliche Ereignisse beziehungsweise ihre Widerspiegelungen in mündlichen Erzählungen wiedergegeben haben.«

Es ist also durchaus denkbar und wahrscheinlich, daß sich auch andere der gesammelten Berichte tatsächlich einmal ereignet haben und erst dann auf Reise gingen. Brednich selbst doppelt einige Zeilen später im ähnlichen Sinne nach: »Gerade die letzten Beispiele beweisen im übrigen, wie nahe die sagenhaften Erzählungen von heute der Wirklichkeit sind, und es ist wohl nie ganz auszuschließen, daß im einen oder anderen Falle die Erzählungen sich direkt auf tatsächliche Ereignisse beziehen und nicht aus Phantasie oder Tradition hervorgegangen sind.«

Schließen wir den Gedankenbogen und kommen wir zum springenden Punkt: Wenn heute reale Ereignisse der einen oder anderen modernen Sage als Motiv gedient haben mögen, warum kann diese gesicherte Erkenntnis dann nicht auch rückwirkend auf historisches Sagengut angewendet werden, wie dies Leute wie Erich von Däniken seit bald 30 Jahren fordern? Immerhin gleichen sich viele der historischen und modernen Sagen doch sowohl in struktureller als auch in inhaltlicher Sicht. Natürlich würde diese neuartige Sicht der Dinge beträchtliche Folgen für alle Rationalisten unter uns haben. Stellen Sie sich nur einmal vor, Homers Zyklopen hätten einst tatsächlich gewütet! Aber gleichermaßen würde dies natürlich auch faszinierende Perspektiven eröffnen.

So berichtet etwa der römische Geschichtsschreiber Titus Livius (59 v. Chr.–17 n. Chr.) in Kapitel 16 des ersten

Buchs seines Werkes »Ab urbe condita«, der Halbgötter-sprößling Romulus, legendärer Gründer Roms, sei einst schlicht und einfach in einer dichten Wolke gen Himmel abgerauscht: Danach befand sich Romulus nicht mehr auf Erden.

Seltsamerweise wird gleiches auch vom griechischen Rekken Herakles berichtet, der sich kurz vor seinem Tod auf einen Scheiterhaufen begibt. Die griechische Sage dazu: »Sobald der Scheiterhaufen angezündet war, schlugen Blitze vom Himmel darein und beschleunigten die Flammen. Dann senkte sich eine Wolke herab auf den Holzstoß und trug den Unsterblichen unter Donnerschlägen zum Olymp empor. Als der Scheiterhaufen zu Asche verbrannt war, näherten sich Jolaos und die anderen Freunde der Brandstätte, um die Überbleibsel des Helden zusammenzulesen. Aber sie fanden kein einziges Gebein mehr. Sie konnten nicht zweifeln, daß Herakles, dem alten Götterspruch zufolge, aus dem Kreise der Menschen in den der Himmlischen versetzt worden sei.«

Selbst Mohammed und mit ihm viele andere Propheten, Halbgötter oder himmlische Lehrmeister wurden gemäß alten Überlieferungen irgendwann in fliegenden Wagen oder anderen technischen Hilfsmitteln gen Himmel abberufen. Die alten Texte sind voll von derartigen Beschreibungen.

Skeptisch? Stellen Sie sich nur einmal vor, irgendwann hätte es einmal Lebewesen von anderen Sternen auf unseren Planeten verschlagen. Wie anders wären sie wohl verehrt worden, wenn nicht als überlegene »Götter«, unverstandene »Magier« oder übermächtige »Zauberer«?

Bei Streifzügen durch altes Erzählungsgut im schweizerischen Graubünden stößt man etwa auf sogenannte »Venediger«-Sagen, die von »fremden Gesellen« erzählen, die

einst die Alpen durchquerten und über »wundersame Gerätschaften« verfügten. Bei diesen Gerätschaften handelte
es sich beispielsweise um »einen Spiegel, der ihnen Erzgän-
ge und Goldbrunnen anzeigte«, oder um eine sonderbare
»Kugel aus Messing, die ihnen in den Gold- und Silber-
adern die genaue Richtung des Metalls« wies. Die Gestalten selbst beschrieb man meist als kleine, zwergenartige
Wesen, und man sagte ihnen gelegentlich auch nach, die
Kunst des Fliegens zu beherrschen.

Jeder Geschichtskenner und Leser antiker Überlieferungen
wird außerdem zustimmen, daß sich quer durch die ganze
menschliche Geschichte Persönlichkeiten ziehen, die im
Vergleich zu ihren Mitbürgern oft über überragende Fähigkeiten verfügt zu haben scheinen. So enthalten die alten
Texte gelegentlich nicht nur Details, die weit über das hin-
ausgehen, was wir unseren Vorfahren heute gemeinhin zutrauen, sondern beinhalten manchmal auch Hinweise, die
selbst unsere kühnsten Phantasien noch einmal beträchtlich übertreffen. Auch der deutsche Publizist Peter Fiebag
scheint dies bemerkt zu haben, als er sich im Rahmen einer
Arbeit minutiös mit derartigem Gedankengut auseinan-
dersetzte: »Gleichwohl scheint es, als ob einige dieser
Männer und Frauen durch seltsame Kräfte beeinflußt wurden, nicht ständig, nicht ihr ganzes Leben lang, sondern zu
bestimmten Zeiten und Anlässen. Irgend etwas Undefi-
nierbares durchzieht die Menschheitsgeschichte quasi vom
allerersten Tage an, hinein bis in unsere Gegenwart. Plötzlich und unvermittelt tauchen aus dem Dunkel der Vergangenheit neue, überragende Ideen und Werke auf, die zumindest bis dahin völlig undenkbar waren, undenkbar im
wahrsten Sinne des Wortes.«

8

9

10

11

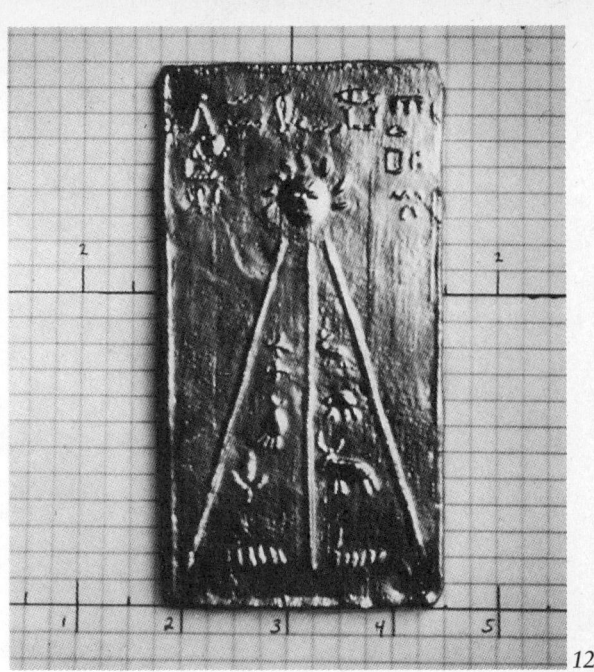

12

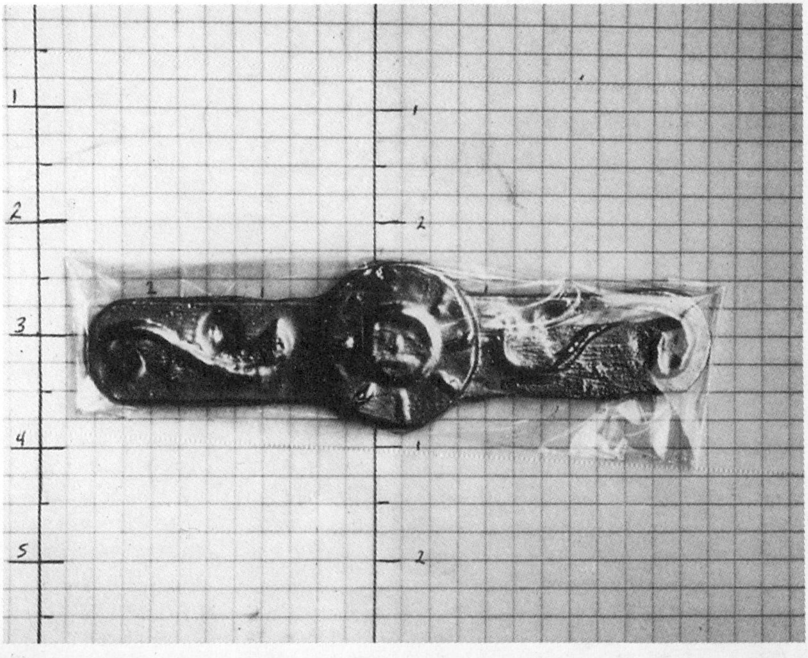

13

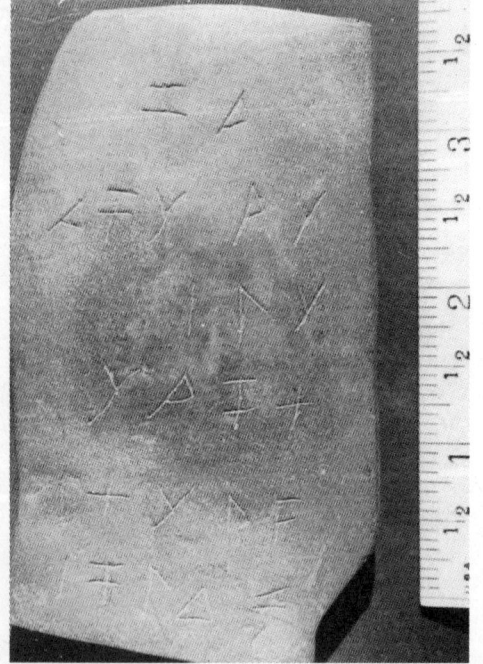

14

15

8–15 *Mysteriöse Darstellungen befinden sich auf den Steinen und Goldtafeln, die der Amerikaner Russell Burrows aus einem Höhlensystem in Illinois geborgen haben will. Ihre Authentizität ist umstritten.*

> »Wer in der Zukunft lesen will,
> muß in der Vergangenheit blättern.«

(ANDRÉ MALRAUX, Schriftsteller)

Ich muß leise vor mich hin geflucht haben, als mir der Bibliotheksangestellte die drei dicken Schmöker heranschleppte, die ich eine halbe Stunde zuvor geordert hatte. Jedenfalls handelte ich mir einen tadelnden Blick ein. Aber derart opulent hatte ich mir den Wälzer nicht vorgestellt: Über 2000 dicht bedruckte altfranzösische Seiten schauten mich herausfordernd an.

Mein Blick wanderte Richtung Deckblatt. »Histoire et recherches des antiquités de la ville de Paris« stand dort in großen Lettern geschrieben. Für den Inhalt zeichnete ein gewisser Henri Sauval verantwortlich. Er hatte die drei Monumentalbände 1724 publiziert.

Über verschiedene Umwege war ich auf Sauvals Werk aufmerksam geworden. Eine geheimnisvolle Passage aus dem 13. Jahrhundert sollte es enthalten, Kontroverses über den Magier Jechiele berichten. Nur, wo ich den fraglichen Abschnitt finden würde, wußte ich nicht, und so mußte ich mich jetzt mit dem beunruhigenden Gedanken anfreunden, Seite für Seite dieses Monumentalwerks nach einschlägigen Abschnitten durchsehen zu müssen.

Eine Stunde später folgte die Erlösung: Wie durch einen Zufall entdeckte ich beim Durchblättern Jechieles Namen. Nachfolgend eine freie, leicht gekürzte Übersetzung des Textes, den ich auf Seite 526 in Band zwei vorgefunden habe:

»Dieser Mann (Jechiele, d. Verf.) war so gelehrt, und man bewunderte seine Künste derart, daß er unter Juden als eine Art Heiliger galt. Auch die Pariser betrachteten ihn aufgrund seiner geheimen Kenntnisse als Magier. (...) Nachts, wenn die Welt gewöhnlich im Schlafe liegt, arbeitete er – so sagt man – im Scheine einer immer brennenden Lampe, die keines Öles bedurfte. Nur am Sabbat erlosch ihr Licht vorübergehend. Wer sich allerdings erdreistete, Jechiele bei seinen Studien zu stören, indem er ihn beispielsweise mit lautem Pochen an seiner Pforte aus den Gedanken riß (...), erlitt ein besonderes Schicksal: Der Rabbi betätigte dann gewöhnlich einen auf einer Art Brett befestigten nagelähnlichen Knopf, und sogleich öffnete sich die Erde und raubte dem Unglücklichen den Boden unter den Füßen.«

Ist die Geschichte mit der automatisch auslösenden Falltür schon interessant, verhält sich die Sache mit der »immer brennenden Lampe« geradezu mysteriös. Nutzte Jechiele etwa bereits Elektrizität? Und wenn ja, woher hatte er das dazu erforderliche Wissen?

Das nächste Werk auf meiner Liste war ein Buch mit dem Titel »Rerum rusticarum«. Verfaßt hatte es einst Caius Terentius Varro (116–27 v. Chr.), ein römischer Wissenschaftler und Schriftsteller, der dort in Abschnitt I.12,2 die Existenz von Bakterien annimmt und dies rund 2000 Jahre vor den offiziellen Bakterienpionieren Antony van Leeuwenhoek (1632–1723), Louis Pasteur (1822–1895) und Robert Koch (1843–1910)! Varro schreibt: »Man sollte sich auch von Sumpfgebieten fernhalten, weil dort besonders viele Tierchen heranwachsen, die so klein sind, daß sie mit bloßen Augen nicht sichtbar sind, über Mund und Nase aber in unseren Körper gelangen können und dort schwere Krankheiten verursachen.«

Ein anderer antiker Schmöker, den ich mir aus den Archiven besorgt hatte, trug den Titel »Das Leben des Apollonios von Tyana«. Verfasser dieses Werkes ist Philostratos von Lemnos, der es sich im 3. Jahrhundert nach Christi Geburt zur Aufgabe gemacht hatte, den Lebensweg des umstrittenen Magiers und Weisheitslehrers Apollonios von Tyana (4 v. Chr.–96 n. Chr.) schriftlich festzuhalten. Er konnte sich dabei auf die Aufzeichnungen von Apollonios' Hauptjünger Damis von Ninos beziehen, der über die damaligen Reisen ausführlich Tagebuch geführt hatte. Seine Schilderungen enthalten ebenso verblüffende Details wie Sauvals Bericht. So habe Damis mit seinem Meister einst in einer geheimnisvollen indischen Stadt getafelt, wo ihnen Speis und Trank von frei umherwandelnden, »metallenen Dreifüßen« (3,27) serviert worden sei. An anderer Stelle (2,33) wird von regelrechten Wunderwaffen gesprochen, mit deren Hilfe man besagte Stadt erfolgreich zu beschützen pflegte:

»Die wahren Weisen wohnen zwischen dem Hyphasis und Ganges. Dieses Gebiet hat Alexander nie betreten, nicht etwa weil er Angst hatte, sondern weil ihn die Opfer, wie ich glaube, davon abhielten. Hätte er jedoch über den Hyphasis gesetzt und das sie umgebende Land einnehmen können, so wäre er doch nicht imstande gewesen, die Burg, welche jene bewohnen, zu erstürmen, auch wenn er zehntausend Soldaten wie Achilleus und dreißigtausend wie Aias mit sich geführt hätte. Denn die Weisen kämpfen nicht in Schlachten gegen den anziehenden Feind, sondern als heilige, von den Göttern geliebte Männer werfen sie mit Wunderzeichen und Blitzstrahlen zurück. So wird überliefert, daß auch der ägyptische Herakles und der Dionysios bei ihrem bewaffneten Zuge durch das indische Volk gegen die Weisen ausrückten und dabei Kriegsmaschinen verwendeten und durch einen Handstreich den Platz zu erobern suchten. Jene aber, so heißt es, griffen nicht zur Gegenwehr, sondern blieben, wie es den Angreifern vorkam, ruhig. Als die beiden Helden jedoch näher rückten, wurden sie von Donner und Blitz zurückgeworfen, welche von oben herabgeschleudert in die Waffen einschlugen.«

Die Spuren dieser höchst modern anmutenden Geschosse sollen beim Besuch von Apollonios noch deutlich sichtbar gewesen sein, wie Philostratos (3,8) festhält: »Dies hatte zur Folge, daß die Zeichen dieses mißlungenen Versuches im Felsen gleichsam nachgezeichnet waren.«

Vom berühmten griechischen Mathematiker, Baumeister und Maschinenverfertiger Anthemios von Tralles ist uns übrigens ähnliches überliefert: Kaiser Justinian höchstpersönlich soll ihn im 6. Jahrhundert aufgrund seiner überragenden Fähigkeit nach Konstantinopel beordert haben, denn Anthemios war weithin bekannt für seine Fähigkeit, Erdbeben, Blitz und Donner zu erzeugen.

Stunde für Stunde zogen mich die alten Autoren mehr in ihren Bann, und so stapelten sich bald weitere Schmöker auf meinem Arbeitspult, wie etwa die antiken Schriften des berühmten englischen Philosophen Roger Bacon (1214–1292). In seinen »Epistolae de secretis operibus« lesen wir: »Und so berichte ich von den Werken der Technik und der Natur (...), an denen nichts Magisches sein wird. Es wird nämlich Wasserfahrzeuge geben ohne rudernde Menschen. Für die großen See- und Flußschiffe wird man nur noch einen Kapitän benötigen, und dennoch werden sie schneller sein als alle Schiffe, die von vielen Menschen gelenkt werden. Wagen wird es geben, die ohne Zugtiere fortbewegt werden mit ungeheurer Kraft. (...) Auch wird es Fluginstrumente geben, die von einem Menschen betrieben werden, der durch sinnreiche Mechanismen etwas rotieren läßt, das die Luft peitscht, durch künstliche Flügel nach Art der fliegenden Vögel. Auch werden Geräte von großem Nutzen sein, mit denen sich Lasten von fast unbegrenzter Schwere heben und senken lassen. (…) Es wird auch Instrumente geben, um ins Meer hinabzutauchen bis auf den Grund, ohne Gefahr für das Leben. (…) Diese Maschinen wurden im Altertum gebaut und sicherlich auch in unserer Zeit, vielleicht mit Ausnahme der Flugmaschine, die ich nicht gesehen habe und die niemand bisher gesehen zu haben scheint. Aber ich kenne jemanden, der weiß, wie man eine solche Maschine baut. Man kann fast unbegrenzt solche Dinge verwirklichen wie etwa Brücken, die man ohne Befestigung und ohne Stützen über die Wasserläufe schlägt, und andere unglaubliche Mechanismen und Maschinen.«

Erstaunlich präzise Voraussagen. Und allein die Vorstellung, daß Bacon all diese Dinge »mit Ausnahme der Flugmaschine« mit eigenen Augen gesehen haben will, wie implizit aus seiner Beschreibung hervorgeht, verblüfft. Mit welchen seltsamen Kreisen mag der Engländer Kontakte gepflegt haben?

1255 trat Bacon in den Franziskanerorden ein. Seine qualmenden, alchimistischen Versuche und sonstigen experimentellen Beschäftigungen stießen dort allerdings nicht auf große Begeisterung. Höflich gab man ihm zu verstehen, davon Abstand zu nehmen.

Bacon verstand die Welt nicht mehr. Armut führe schließlich nicht allein zur Seligkeit, rechtfertigte er sich in einem geharnischten Brief an seinen Orden. Einen »sprechenden, mechanischen Kopf«, wie ihm gelegentlich nachgesagt würde, habe er außerdem gar nie erschaffen. Vielmehr beruhe gerade diese Geschichte auf einer leidigen Wandersage.

Es ist nicht bekannt, ob Bacon die Existenz jenes mechanischen Hauptes aus taktischen Gründen leugnete. Tatsache ist jedoch, daß der Besitz sprechender Maschinen damals so namhaften Persönlichkeiten wie dem Theologen Robert Grosseteste (1175–1253), Papst Sylvester II. oder Albert dem Großen (1200–1280) zugeschrieben wurde. Letzterer, einer der bedeutendsten Gelehrten des Mittelalters, ist uns heute unter seinem lateinischen Namen Albertus Magnus ein Begriff. Und zumindest in seinem Fall scheint einiges darauf hinzudeuten, daß doch mehr hinter dieser ominösen Geschichte steckt, als gemeinhin angenommen wird. Die Überlieferung berichtet uns nämlich, daß Thomas von Aquin, Alberts eifriger Schüler, den sprechenden Metallandroiden einst zu Gesicht bekam. Er hatte sich kurzerhand heimlich in des Meisters Werkstatt geschlichen und dort neugierig all die seltsamen Erfindungen und Versuchsanordnungen beäugt, als er das sprechende Haupt plötzlich hinter einem Vorhang erblickte. Artig begrüßte ihn der Kopf. Dem guten Thomas fuhr der Schrecken in alle Glieder. Hastig griff er zu einem Stock und schlug wie besessen auf den Roboter ein, bis dieser keinen Ton mehr von sich gab und klirrend in sich zusammenbrach. In diesem Augenblick kehrte Albertus Magnus in seine Werkstatt zurück, wo er sofort auf das Malheur aufmerksam wurde. Erfüllt von Zorn und Schmerz faßte er sich an den Kopf: »Thomas, Thomas, was hast du getan? Deine Unwissenheit hat ein Werk zerstört, auf dessen Vollendung ich den schönsten Teil meines Lebens verwendete!«

Die Authentizität dieses Berichts wird gelegentlich angezweifelt. Die Kommentatoren des offiziellen, vom Historischen Archiv der Stadt Köln herausgegebenen Kataloges zu einer Ausstellung anläßlich des 700. Todestages von Albertus Magnus im Jahre 1980 sahen das allerdings anders. »Albert experimentierte ohne Zweifel auch praktisch«, schreiben sie dort. »Einen Menschen-Automaten herzustellen, muß ihn ungeheuer gereizt haben. Daß er dazu imstande war, daß er ein solches Werk, das einige Schritte ging und ein paar Worte hervorbrachte, gebastelt haben könnte, erscheint durchaus als denkbar. (...) Vorgetragen wurde die Legende von der redenden Bildsäule erstmals von Tostatus Alphonsus (...) in seinem Kommentar zum Pentateuch. Heinrich von Langenstein, der berühmte Pariser und Wiener Professor (...) scheint bereits in seinem Genesis-Kommentar davon gesprochen zu haben.«

Auch Willehad Paul Eckert, Albertus-Experte aus Köln, ist derselben Meinung, wenn er festhält, daß Albert in seinem Kommentar zur Seelenlehre des Aristoteles höchstpersönlich die Möglichkeit erörterte, durch Einfüllen von Quecksilber eine Figur beweglich zu machen. Eckert sieht hier ein weiteres Indiz für die einstige Existenz eines Roboters, denn die Ausführungen des Kölner Denkers seien derartig lebendig, »daß man ihm schon zutrauen kann, daß er den Versuch zu einer solchen Konstruktion unternommen hat«.

Woher aber hatten all die hier genannten Personen und Autoren der Vergangenheit ihre Kenntnisse? Konnten sie etwa noch auf Wissensquellen zurückgreifen, die heute längst vergessen und verloren sind, oder standen sie gar selbst in Kontakt mit den Göttern? Wir können nur spekulieren. Wenn wir aber einst tatsächlich besucht und beeinflußt wurden, wo lassen sich dann materielle Spuren derartiger Ereignisse finden? Liegen uns heute Gegenstände vor, die eindeutig außerirdischen Ursprunges sein müssen? Und wenn ja, wo werden sie verwahrt?

>»Nach Auffassung vieler Gelehrter ist die
beste Hypothese stets diejenige, für die man
die geringste Phantasie aufwenden muß und
die der Vorstellung, die man sich vom Lauf
der Welt gemacht hat, möglichst wenig
Schaden zufügt. Fast immer jedoch hat die
Geschichte im nachhinein gezeigt, daß
gerade die kühnsten und ausgefallensten
Ideen und Theorien Wirklichkeit wurden.«

(ADOLF SCHNEIDER, Ingenieur)

1974, zwei Kilometer östlich der rumänischen Ortschaft
Aiud: Eine Gruppe von Arbeitern stößt in einer Sandgrube
am Ufer des Flusses Mures in rund zehn Meter Tiefe auf
drei kleine Gegenstände, die dort eingebettet sind. Zwei
davon werden bald als viele Millionen Jahre alte Knochen-
teile identifiziert. Das dritte Fundstück ist ein wohlgeform-
ter Metallklotz, der aufgrund seiner eher ungewöhnlichen
Gestalt (er ähnelt in etwa dem Oberteil eines Hammers
oder eines Beiles) zur Untersuchung an das Archäologische
Institut von Cluj-Napoca weitergeleitet wird.

Die Untersuchung dieses 20,2 Zentimeter langen Gegen-
stands sorgte unter den Gelehrten für einige Überraschungen. Das behauptet zumindest der rumänische Forscher
Florin Gheorghita. Er hat die ganze Sache recherchiert und
dokumentiert und mich 1993 darum gebeten, den genauen
Sachverhalt auch hierzulande publik zu machen. Tatsächlich birgt die Story einigen Zündstoff.

Gheorghita beschreibt das seltsame Fundstück folgendermaßen: »In den Gegenstand führten zwei zylindrische
Röhren unterschiedlichen Durchmessers, die senkrecht
aufeinanderstanden. Im unteren Teil der breiteren Röhre

konnte eine ovale Deformation festgestellt werden. Vermutlich als Folge des Einsatzes einer Achse mit abgerundetem Kopf. Die flachen und die seitlichen Oberflächen wiesen Spuren wie von wiederholten harten Schlägen auf das Objekt auf. Sämtliche Details ließen außerdem die Vermutung zu, daß das Objekt irgendwann Teil eines funktionalen Systems gewesen sein mußte. Und wiederholte metallurgische Untersuchungen haben das Rätsel um dieses Fundstück denn auch nur noch vergrößert.«

Tatsächlich zeigten Analysen unter der Leitung von Dr. I. Niederkorn am Institut für Forschung und Projektierung nichteisenhaltiger Erze und Metalle (ICPMMN) im rumänischen Magurele, daß das Objekt aus einer äußerst komplexen Metallegierung hergestellt worden sein muß. Gheorghita: »Die Legierung setzte sich aus zwölf verschiedenen Elementen zusammen, wobei mit 89 Volumenprozent Aluminium als Hauptbestandteil identifiziert wurde. Nach ihrer Häufigkeit sind ferner die Elemente Kupfer (6,2 %), Silizium (2,84 %), Zink (1,81 %), Blei (0,41 %), Zinn (0,33 %), Zirkonium (0,2 %), Cadmium (0,11 %), Nickel (0,0024 %), Kobalt (0,0023 %), Wismut (0,0003 %), Silber (0,0002 %) und Gallium (Spuren) beteiligt gewesen.«

Aluminium liegt in der Natur ausschließlich in gebundenem Zustand vor und wird erst seit rund 100 Jahren industriell verwertet. Daher ist es äußerst verwunderlich, daß ein Objekt, welches hauptsächlich aus Aluminium besteht, am gleichen Ort entdeckt wird, an dem uralte Knochenreste lagern. Um so mehr, als der Gegenstand mit einer über einen Millimeter dicken Aluminiumoxydschicht überzogen war, ein Zustand, der eigentlich nur bei einem extrem hohen Alter von etlichen Jahrtausenden zu erwarten wäre. Einer der in die Untersuchungen involvierten

Wissenschaftler erzählt: »Es ist unglaublich, aber es scheint sich um ein Aluminium mit veralteter Struktur zu handeln, so als hätten die anderen Elemente der Legierung ihre eigenen Gitterstrukturen wiedererlangt!«

Bald geisterten unter vorgehaltener Hand abenteuerliche Spekulationen herum. Eine scheint Gheorghita besonders erwähnenswert: »Ein Flugzeugingenieur schlug eine interessante Hypothese vor. Das Fundstück erinnere ihn irgendwie an den Landeteller eines nicht allzugroßen Flugkörpers, der wie die Mondfähre oder die Viking-Sonden weich auf dem Boden aufsetzt. Tatsächlich könnten sowohl die Form des Objektes, die beiden länglichen Löcher, die Kratzspuren an Unterseite und Kanten sowie das Material selbst (leichtes Aluminium) Indiz für eine solche Vermutung sein.«

Im Hintergrund höre ich bereits die Skeptiker brummen: Gäbe es ein solches Objekt tatsächlich, wäre doch gewiß in irgendeiner renommierten Fachpublikation darüber berichtet worden. Eine Ansicht, die ich nicht teilen kann. Denn Berichten über Dinge, die in kein herkömmliches Raster passen, bleibt der Zugang zu renommierten Fachblättern nicht selten verwehrt. Kommt dazu, daß wohl nur die wenigsten Gelehrten an einem derartigen Abdruck überhaupt Freude hätten, gefährdete er ihre wissenschaftliche Karriere doch beträchtlich. Es ist nun einmal eine traurige Tatsache, daß jeder Wissenschaftler, der sich hierzulande in Fachkreisen einen Namen machen will, zuerst einmal konsequent Lehrmeinungen nachkauen muß, um sich überhaupt unter seinesgleichen behaupten und etablieren zu können. Wer nicht in anerkannten Fachzeitschriften publiziert, existiert für die »Scientific Community« nicht.

Hat sich der Betreffende dann aber erst einmal seinen sonnigen Platz im Wissenschaftsgebäude gesichert, wird er ge-

wöhnlich mit allen Mitteln versuchen, seinen mühevoll er-
strittenen Status mit weiteren Publikationen aufrechtzuer-
halten. Da haben Berichte über Dinge, die es eigentlich
nicht geben dürfte, noch viel weniger verloren. Seine Situation ist also insofern bedauernswert, als die eigene Denk-,
Äußerungs- und Forschungsfreiheit durch die Aufrechter-
haltung eines makellosen Images beträchtlich beschnitten
wird.

Was aber ist in der Zwischenzeit mit dem geheimnisvollen
Metallstück passiert? Florin Gheorghita weiß es nicht. Vermutlich wanderte es nach der Untersuchung in irgendeine
Instituts-Schublade, wo es seither still vor sich hin
schweigt. Aber Gheorghita war immerhin so clever, sich
im Jahr der Entdeckung einige Bruchstücke des kostbaren
Gegenstandes abzuzweigen. Außerdem liegen ihm noch
heute die fraglichen Untersuchungsberichte von damals
vor. Und er zeigt sich an einer neuerlichen Untersuchung
dieser Reststücke sehr interessiert ...

III Kontakt:

Unterdrückte Erscheinungen am Himmel

Neue Überlegungen haben es in etablierten Kreisen bekanntlich schwer. Beschäftigen sie sich noch dazu mit umstrittenem Gedankengut wie etwa der potentiellen Existenz außerirdischen Lebens oder Schilderungen über UFOs, ist das beinahe schon ihr Tod.

Immer deutlicher beginnt sich aber gerade heute abzuzeichnen, daß alle Deutungen des UFO-Phänomens, die im Laufe der letzten Jahrzehnte vorgeschlagen wurden, einen Aspekt ganz offensichtlich sträflich vernachlässigen. Die Tatsache nämlich, daß Sternenbeobachter aus aller Welt seit Jahrhunderten immer wieder von mysteriösen Lichterscheinungen sprechen, die sich auf der Mondoberfläche abspielen.

In keinem der herkömmlichen Fachbücher, die mir bisher in die Finger gerieten, wurden diese Mondblitze auch nur ansatzweise mit möglichen außerirdischen Aktivitäten auf unserem Trabanten in Verbindung gebracht. Dabei scheint gerade dieser Zusammenhang auf der Hand zu liegen, um so mehr, als auch unsere Astronauten gelegentlich von UFO-Begegnungen zu berichten wissen.

Um die ganze Sache intellektuell dennoch in den Griff zu bekommen, entwickelten Skeptiker eine clevere Methode: Sie drehen den verbleibenden Schilderungen dadurch den Strick, daß sie den Beobachtern ungewöhnlicher lunarer Phänomene unbewußte Täuschung in die Schuhe schieben. Auch UFOs hält man sich so geschickt vom Leib. Eigentlich eine vorzügliche Strategie, gäbe es heute im UFO-Sektor nicht technische Methoden, um Zeugenberichte mit Hilfe externer Mittel nachträglich zu verifizieren. Methoden, die eindrucksvoll aufgezeigt haben, daß mehr hinter dem Jahrhundertphänomen stecken muß, als gelegentlich angenommen wird. Und so lassen sich derzeit neue Erklärungshypothesen für das Auftreten der unidentifizierten Flugkörper formulieren, die in verblüffender Weise kontroverse Fallschilderungen mit Berichten über unerklärliche Vorgänge auf dem Mond verknüpfen. Unter Beimischung einer kleinen Portion Phantasie läßt sich gleichzeitig eine faszinierende Taktik ausmalen, wie die fremden Besucher ihre Kontaktaufnahme angelegt haben könnten. Die Konsequenzen wären ungeheuerlich.

1 Apollo und die UFOs –
Wieviel weiß die NASA tatsächlich?

> »Was mich beim Durchblättern der Notizbücher
> von Raumfahrtpionier Robert Goddard
> besonders verblüfft, ist die Kraft seiner
> wissenschaftlichen Motivation und der
> gewaltige Einfluß, den spekulative Ideen –
> selbst wenn sie falsch sind – auf die
> Gestaltung der Zukunft nehmen können.«
>
> (CARL SAGAN, Astronom)

20. Juli 1969:

ADLER: »Verstanden! Wir haben Landeerlaubnis!«

HOUSTON: »Richtig.«

ADLER: »Alarm! 1201 ... 1201!«

HOUSTON: »Wir haben verstanden. Ihr habt 1201 Alarm.«

ADLER (etwas später): »Bleibt dicht am Draht: Wir landen.
600 Meter. Wir speisen 600 ins AHSD. 47 Grad.«

HOUSTON: »Roger. Euer Flug sieht prächtig aus.«

HOUSTON: »Wir registrieren Alarm 1202.«

ADLER: »35 Grad. 300 Meter Höhe. Sinken mit sechs Meter pro Sekunde, 200 Meter sinken mit fünf, 100 Meter
mit eineinhalb Meter, 70 Meter mit einem Meter, wir sehen unseren Schatten, 60 Meter mit einem Meter ...«

HOUSTON: »Noch 60 Sekunden!«

ADLER: »Lichter sind an. Vorwärtsbewegung. Vorwärts. Wir treiben nach rechts.«
HOUSTON: »Noch 30 Sekunden!«
ADLER: »Treiben nach rechts. Kontaktlicht ist an. Okay: Stop-Knopf betätigt. Zündung schaltet ab. Motor aus. Position 413.«
HOUSTON: »Roger. Wir registrieren die Landung, Adler.«
ADLER: »Houston: Hier Mondbasis Tranquility: Der Adler ist gelandet!«

Die Verwirklichung der ersten bemannten Mondlandung in der Geschichte der Menschheit geriet für die USA zum erfolgreichen Prestigeakt im Kalten Krieg. Immerhin befand sich ganz Amerika noch im »Sputnik«-Schock, außerdem war dem Westen am 12. April 1961 unglücklicherweise auch noch der Russe Juri Gagarin zuvorgekommen, der in seiner Minikapsel als »erster« Mensch um die Erde gondeln durfte.
Beinahe wäre die Sache bekanntlich schiefgegangen: Computerausfälle machten den beiden Astronauten Neil Armstrong und Buzz Aldrin den Abstieg zur Mondoberfläche mehr als schwer, um so mehr als die automatische Zielsteuerung einen mit Felsbrocken übersäten Krater anvisierte, wie man der Einsatzzentrale später berichtete. Hätte Armstrong nicht geistesgegenwärtig auf Handsteuerung umgeschaltet und die Fähre manuell geführt, das Desaster wäre perfekt gewesen. Beim Bruch der Landestützen hätten die beiden Amerikaner kaum noch Hoffnung auf eine Rückkehr gehabt.
Eigentlich wäre jetzt eine achtstündige Ruhepause für die Astronauten vorgesehen gewesen. Mit ihrem Entschluß, nahezu sechs Stunden früher als geplant auszusteigen, brachten die beiden Mondpioniere das Programm der

NASA allerdings gehörig durcheinander, ganz abgesehen von all den Fernsehstationen rund um den Globus, die das Schauspiel live zu übertragen gedachten.

Dr. Charles Berry, der Chefarzt der Astronauten, hatte denn auch einige Mühe, den verfrühten Ausstieg erstaunten Journalisten klarzumachen: »Die Ruheperiode nach der Landung auf dem Mond war eigentlich für den Fall eingebaut worden, daß die beiden Mondfahrer nach der anstrengenden und ungewohnten Landeprozedur erschöpft und wenig reaktionsfähig seien. Dies hat sich nun als Irrtum herausgestellt, und aus diesem Grunde haben wir den Astronauten die Entscheidung überlassen, wann sie den Mondboden betreten wollen.«

Um 3:56 Uhr (MEZ) war es endlich soweit: Armstrong setzte als erster Mensch dieser Erde seinen Fuß auf unseren Trabanten. Der Osten hatte den Wettlauf ins All nach Punkten verloren.

Und heute, nur 25 Jahre später, hat im einst so stolzen Rußland bereits der Ausverkauf der Wissenschaftler begonnen. Frustriert, ohne Geld und Perspektiven, waren alleine bis 1992 rund zwölf Prozent aller Gelehrten aus ihren Instituten abgezogen, unter ihnen beinahe die Hälfte aller theoretischen Physiker. Vorgänge, die einheimischen wie westlichen Politikern gehörige Bauchschmerzen bereiten. Während der Westen den Abzug Richtung Drittweltländer befürchtet, machen sich Russen wie der Nuklearphysiker Juri Dnestrovsky von der Universität Moskau vor allem Sorgen um die wissenschaftliche Zukunft ihres Landes: »Was einst Dekaden brauchte, um aufgebaut zu werden, zerfällt jetzt innerhalb weniger Monate«, führte er gegenüber Journalisten aus und schüttelte traurig den Kopf. Die Qualität wissenschaftlicher Projekte in seinem Land habe sich durch den Exodus rapide verschlechtert. »Ich versuche so gut wie möglich, weiter das zu tun, was ich gelernt habe. Aber leicht fällt es mir nicht.«

Leicht haben sie es tatsächlich nicht, die russischen Gelehrten. Einst als unumstrittene Nationalhelden gefeiert und mit allen staatlichen Privilegien bedacht, kämpfen sie heute mit tristen Alltagssorgen. Die Situation in den Forschungszentren ist entsprechend morbid: Stromausfälle sind bereits zur Gewohnheit geworden, und aktuelle wissenschaftliche Publikationen sucht man in den Bibliotheken vielfach vergeblich. Selbst die besten Abteilungen hinken manchmal Monate hinter dem weltweiten Forschungsstand her.

Unterdessen überlegt sich der Westen, mit welchen Mitteln er seine einstigen Todfeinde an ihren Arbeitsorten halten könnte. Man denkt dabei vor allem an die Errichtung und Unterstützung internationaler Forschungszentren in Rußland und der Ukraine. Die Ost-Wissenschaftler öffneten ihrerseits ihre Geheimarchive, um durch Verkauf einst klassifizierter Forschungsresultate wenigstens vorübergehend über die Runden zu kommen. So reiste etwa Juri Seminow, der Vorsteher des russischen Weltraumprogramms, am 22. Februar 1992 in die USA, um dort Werbung für den Ankauf ehemals sowjetischer Raumfahrzeuge zu machen. Man bot dem Westen Plätze in der Raumstation »Mir« an, ebenso die Dienste des »Sojuz-TM«-Vehikels zwecks Andockung an die geplante US-Raumstation »Freedom«. Selbst die »Energia«, Rußlands kraftvollstes Raketenprunkstück – es übertrifft seine amerikanischen Gegenstücke um ein vielfaches – wurde zum Verkauf ausgeschrieben. Der Westen nahm die Angebote mit offenen Armen entgegen.

Die Russen sind wahrlich nicht zu beneiden. Um so mehr, als ihnen neuerdings sogar der einstige Erfolg Gagarins streitig gemacht wird. So behauptet der ungarische Autor Istvan Nemere in einer 1990 erschienenen Publikation, Genosse Gagarin habe in Tat und Wahrheit nie vom Boden abgehoben, das Ganze sei vielmehr ein gigantischer, perfekt inszenierter russischer PR-Schwindel gewesen. Gagarin sei lediglich anstelle eines anderen, zuvor verunglückten sowjetischen Raumfahrers der Öffentlichkeit präsentiert worden.

Der »Berliner Kurier am Abend« schreibt zu Nemeres Behauptungen: »Es gibt eine Fülle von Ungereimtheiten und Widersprüchen: So existieren von Start und Landung angeblich keine Filmdokumente. Wissenschaftler konnten sich erst nach Tagen und peinlichen Korrekturen auf Flugdauer und Bahndaten einigen.«

Erste Ungereimtheiten seien schon beim Start aufgetreten, setzt die Zeitung ihre Berichterstattung fort: »Während TASS die Meldung vom Flug erst 35 Minuten nach seinem Abschluß um die Welt tickerte, wollen sowjetische Korrespondenten zusammen mit Ehefrau Walentina das Ereignis in Rundfunk und Fernsehen verfolgt haben. Wundersam ging es auch bei der Landung zu: Gagarin muß sich selbst aus der engen Kapsel befreit haben. Denn er begrüßte bereits eine Bäuerin auf dem Weg (...), bevor die Bergungsmannschaften bei ihm waren.« Istvan Nemere wundert sich so auch nicht darüber, daß Gagarin nur einige Jahre später unter nie geklärten Umständen bei einem Übungsflug vorzeitig ums Leben kam.

Nichts von all diesen Gerüchten hält der Journalist Thomas Alexander. Für ihn ging damals alles mit rechten Dingen zu. Allerdings räumt der Deutsche ein, daß nach wie vor Unklarheiten über Gagarins Tod bestünden: »Die genauen Umstände wurden bis heute tatsächlich geheimgehalten.«

Ein Körnchen Wahrheit könnte an Nemeres Behauptungen dennoch sein. Immerhin bestätigte die Armeezeitung »Krasnaja Swesda« im April 1992 unter Berufung auf einen ehemaligen Geheimbericht, Gagarin sei – entgegen der bisherigen Darstellung, die von einer perfekten Landung spricht – »nach einmaliger Erdumkreisung bereits in sieben Kilometer Höhe aus der ›Wostok‹-Kapsel herauskatapultiert worden und am Fallschirm zur Erde herabgeschwebt«.

Der erste Mensch im Weltall war Gagarin freilich nicht. Bereits vor ihm verheizten die Russen offensichtlich ein ganzes Testarsenal potentieller Weltraumpiloten, das zeigten Infrarotaufnahmen amerikanischer Spionageflugzeuge überdeutlich: Verwüstete und ausgebrannte Einöde erstreckte sich dort, wo kurz zuvor noch sowjetische Abschußrampen und startklare Raketen aufgereiht waren.

Andere Kosmonauten wiederum fanden – wenn wir umstrittenen Gerüchten aus Geheimdienstkreisen Glauben schenken – nie mehr den Weg zur Erde zurück: Am 11. Februar 1959 startete der sowjetische Astronaut Serenty Schiborin ins All. 28 Minuten lang konnten Amateurfunker seine Signale aufschnappen. Dann brach die Verbindung ab. Von Schiborin hörte man nie mehr etwas. Vermutlich torkelt die Kapsel mit dem toten Piloten noch heute um unseren Planeten.

Den nächsten Kosmonauten, Pjotr Dolgow, hatte Chruschtschow höchstpersönlich ausgesucht. Er sollte am 11. Oktober 1960 in die dunkle Kälte aufbrechen, um von dort aus zwei Tage später eine Grußbotschaft an die tagenden Mitglieder der UNO zu richten. Die Botschaft blieb aus. Was blieb, war die Tatsache, daß in den kommenden Tagen und Wochen wieder vermehrt Funksprüche und SOS-Rufe aufgefangen wurden, die auf weitere unglückliche Weltraumaktivitäten der Russen hinzudeuten schienen.

Auch am 2. Februar 1961 registrierten Turiner Funker russische Wortfetzen. Schon bald war dort aber nur mehr das schwere Keuchen eines um Atem ringenden Menschen zu hören. Dann herrschte tödliche Stille. Der anonyme Astronaut dürfte kläglich erstickt sein.

Selbst nach Gagarin ging das Verwirrspiel weiter: Am 17. Mai 1961 sind es erneut Turiner Funker, die unter der Leitung von Dr. Achille Judica Cordiglia codierte Mitteilungen zwischen einer russischen Bodenstation und einer Raumkapsel aufspüren. Plötzlich nehmen die Funkgespräche eine unerwartete Wendung, als sich die beiden Astronauten, offensichtlich ein Mann und eine Frau, aufgeregt melden: »Irgend etwas ist mit dem Bullauge!« kreischt die Astronautin, und ihre Stimme überschlägt sich beinahe. Auch der Mann schreit jetzt entsetzt: »Da ist etwas, da ist etwas vor der Scheibe! Wir haben Schwierigkeiten! Das beste ist, wir landen sofort. Gebt Anweisung, was wir tun sollen.« Die Landezeit wird bestätigt. Dann bricht der Funkverkehr ab.

November 1962: Wieder ein russischer Astronaut, der in Not ist. Nervös berichtet er von »kleinen, leuchtenden Teilchen«, die sich auf seiner Sichtluke niedergelassen hätten: »Ich kann die Luke nicht öffnen. Irgend etwas funktioniert nicht. Was sagt ihr? (...) Gut, ich werde es versuchen. (...) Ich habe es doch geschafft und eine Probe genommen. Ich werde sie, so gut ich kann, untersuchen. (...) Doch da ...« Es knistert und rauscht in der Leitung. Dann herrscht wieder Funkstille.

Natürlich dürfte damals auch von amerikanischer Seite so einiges an Unfällen und Mißerfolgen vertuscht und unter den Tisch gewischt worden sein, darauf deutet schon die unklare Informationspolitik der NASA hin, die nach dem tragischen Zwischenfall von »Apollo-1« (die Astronauten waren damals am 27. Januar 1967 noch vor dem Start in der Kanzel bei lebendigem Leibe verbrannt) zuerst einmal die Sachlage verharmloste. An Zeit für extensive Risikobeurteilungen und zusätzliche Tests fehlte es im kosmischen Wettstreit vorerst ganz offensichtlich.

Auch der tragische Zwischenfall, der sich während des Fluges von »Apollo-13«, der dritten Mondmission, abspielte, bestätigte diesen Verdacht nur aufs neue: Das Leben der drei Astronauten hing damals geradezu am sprichwörtlichen seidenen Faden, denn die Explosion eines Sauerstofftanks hatte bereits auf dem Hinflug das ganze Versorgungssystem an Bord zusammenbrechen lassen – die Mission mußte unter lebensgefährlichen Bedingungen abgebrochen werden.

Raumfahrtkritische Zahlenjongleure feierten den Abbruch der Unternehmung übrigens ganz auf ihre Weise und stellten allerlei verrückte Vermutungen und Spekulationen an über Sinn und Unsinn einer Raumfahrtmission mit der Flugnummer 13. Ihre Entdeckungen müssen zwar nicht allzu ernst genommen werden, unterhaltsam sind sie aber allemal:

• »Apollo-13« war genau 13 Tonnen schwerer als »Apollo-12«.

• Die Astronautenvornamen (James, Fred und John) setzen sich aus insgesamt 13 Buchstaben zusammen.

• Die offizielle Mondlandung wurde festgesetzt auf den 16. April, 03:55 Uhr (MEZ). Zählt man die letzteren Zahlen zusammen, resultiert daraus die 13. Bereits am 14. April hätte zuvor der Eintritt in den Einflußbereich des Mondes erfolgen sollen, exakt um 11:02 Uhr (Gesamtsumme = 13).

• Der Start erfolgte pünktlich um 13 Uhr, 13 Minuten und 13 Sekunden Houstoner Zeit.

• Um 19:13 Uhr (MEZ) beendeten die Astronauten ihre erste Nacht, zum damaligen Zeitpunkt schossen sie gerade mit einer Geschwindigkeit von 5800 Kilometern pro Stunde durchs All. Die Gesamtsumme davon ergibt erneut die 13.

• Auch der Unglückstag, der 13. April, stand mit seiner Schlaf- und Weckzeit (09:13 Uhr, 19:13 Uhr) ganz im Zeichen der ominösen Schicksalszahl.

• Die fatale Explosion ereignete sich schließlich um 04:13 Uhr.

• Um 05:13 Uhr erfolgte der offizielle Abbruch der Mission, der Niedergang der Kapsel wurde auf 18:13 Uhr festgesetzt.

Ein anderer, diesmal schon viel trüberer Schleier hatte am 14. November 1969 den Start von »Apollo-12«, der zweiten Mondmission, umgeben. Was war geschehen? Bereits 36 Sekunden nach dem Lift-off meldete sich Astronaut Charles Conrad aufgeregt: »Hier ist alles ausgefallen! Die Brennstoffzellen, die Lichter … Es leuchten so viele Kontrollämpchen auf, daß wir sie gar nicht alle ablesen können!«

Das Ausfallen der Brennstoffzellen – der primären Energiequelle – hatte zur Folge, daß sämtliche Hauptsysteme kurzfristig zusammenbrachen. Zwar hatten die Astronauten die Sache nach rund einer Minute wieder einigermaßen im Griff, die Ursache des Zwischenfalles blieb indes erst einmal unklar, um so mehr, als externe Beobachter von zwei weißlich-blauen Feuerstreifen sprachen, die dort aus den Wolken gezüngelt waren, wo das Raumschiff zuvor eingetaucht war.

Die »Basler Nachrichten« schreiben am 3. Dezember 1969 zu den Vorfällen: »Die Flugdirektoren des ›John F. Kennedy Space Center‹ bekamen bittere Vorwürfe zu hören. Dem hielten die Startmannschaften jedoch entgegen, daß die Wetterbedingungen den Start noch erlaubt hätten. Außerdem habe man ein spezielles Flugzeug gestartet, um die elektrische Aufladung der Luftschichten über Cape Kennedy zu prüfen. Die Besatzung meldete, daß man nicht mit Blitzen zu rechnen habe, und ›Apollo-12‹ wurde gestartet.«

Viel Platz für Spekulationen, und so verwundert es kaum, daß einige Zeit später Maurice Chatelain, ein ehemaliger freier Mitarbeiter der NASA, an die Öffentlichkeit trat und ganz offen von UFO-Beobachtungen sprach, die zur selben Zeit eingegangen sein sollen.

Das erste Mal, daß UFO-Gerüchte kursierten, war es jedenfalls nicht. Auch um die »Gemini-8«-Mission rankten sich bereits ähnliche Mutmaßungen. Damals, im März 1966, hatte Astronaut Neil Armstrong die Kapsel gerade mit der »Agena«-Zielrakete gekoppelt – das erste Koppelungsmanöver im Weltraum überhaupt –, als er sich plötzlich aufgeregt an die Bodenkontrolle wandte: Sein Fahrzeug führe bedrohliche Schüttel- und Taumelbewegungen aus, ebenso sei ein Teil des Steuerungssystems ausgefallen. Die Bodenkontrolle beriet kurz, beschloß dann den sofortigen Missionsabbruch und begann die Notlandung im Atlantik einzuleiten.

Ein ganzer Fragenkatalog blieb erst einmal offen, denn die NASA weigerte sich lange Zeit, die Schwierigkeiten darzulegen, die zum Abbruch der Mission geführt hatten. Immer wieder wurden die Reporter mit neuen Ausreden vertröstet, und daß diese Vorgehensweise Spekulationen Auftrieb gab, versteht sich von selbst. So machte sich am 18. März 1966 auch die Schweizer Zeitung »Blick« Gedanken zum Vorfall:

»Sie (die NASA, d. Verf.) verschanzt sich hartnäckig hinter nichtssagenden Erklärungen (...). Heißt das, daß sie etwas zu verbergen hat? Bedeutet diese ›Zensur‹, daß die Öffentlichkeit Dinge erfahren könnte, über die nach Meinung der NASA besser der Mantel taktvollen Schweigens gebreitet werden sollte? Heißt es, daß beispielsweise kund werden könnte, daß die ›Gemini‹-Astronauten plötzlich die Nerven verloren und in unkontrollierbare Panik gerieten, als ihr Raumschiff nach dem erfolgreichen Koppelungsmanöver auf unerklärliche Weise zu vibrieren und zu taumeln begann? Oder bedeutet es, daß sich ein Ereignis wiederholte, das sich nach bisher nie offiziell dementierten, erst kürzlich durchgesickerten Informationen aus Kreisen der Luftwaffe bei früheren ›Gemini‹-Flügen zutrug – daß nämlich die Besatzung bei ihren Manövern durch das unvermittelte Auftauchen eines nicht identifizierbaren, angeblich gelenkten Flugkörpers gestört und aus dem Konzept gebracht wurde? (...) Die NASA ist der Welt einige Antworten schuldig.«

Endlich konnte sich die amerikanische Weltraumbehörde doch noch zu einer Erklärung durchringen: Eine Steuerdüse im Adapterteil der »Gemini«-Konstruktion habe versagt, und so sei die Kapsel manövrierunfähig geworden. Die UFO-Storys waren – zumindest vorerst – vom Tisch.

Wie ich aber bereits in der Einleitung dieses Buches erläutert habe, stießen sowohl die Besatzungen von »Apollo-11« als auch von »Apollo-12« auf fremde Spuren auf dem Mond. Und gelegentlich kursieren sogar Funktranskriptionen, welche unterdrückte Dialogsequenzen beinhalten, die Amateurfunker angeblich aufgefangen haben wollen. Darin ist die Rede von einigen UFOs, die sich am Rande eines Kraters aufgereiht hatten und die »Apollo-11«-Astronauten bei ihren Tätigkeiten beobachteten.

Aufzeichnungen dieser Dialoge liegen heute leider keine vor, so daß diese Story mit größter Skepsis beurteilt werden muß. Allerdings stieß ich während meinen Recherchen in offiziell veröffentlichten Originaltranskriptionen der NASA auf eine Sequenz, die man tatsächlich im Sinne eines Hinweises auf fremde Objekte interpretieren könnte. Dort geht es um eine Beobachtung von Collins (er kreiste während der Landung von Neil Armstrong und Buzz Aldrin im Mutterschiff um den Mond), der für einige Momente glaubte, die gelandete Fähre erkannt zu haben. Was auch immer Collins damals sah, es war nicht das Landemodul, wie sich später herausstellen sollte, und so sind Spekulationen durchaus erlaubt:

COLLINS: »Houston, Columbia.«

HOUSTON: »Columbia, hier ist Houston. Bitte kommen.«

COLLINS: »Verstanden. Keine Zeichen vom Landemodul das letztemal. Ich habe ein verdächtiges kleines weißes Objekt gesehen ... Dessen Koordinaten waren ... (Funkgeräusch) ... genau auf dem südwestlichen Rand eines Kraters. Ich denke mir, daß sie es wüßten, wenn sie sich an einer solchen Stelle befänden. Es sieht aus, als ob ihr Landemodul ganz beträchtlich schräg stünde. Es ist an der südwestlichen Wand des kleineren Kraters!«

Was also hat es mit den UFO-Gerüchten rund um den Mond auf sich? Weiß die NASA wirklich mehr über UFOs, als sie derzeit zugibt? Fragen über Fragen. Um sie zu beantworten, müssen wir uns erst einmal generell mit der komplexen Natur des UFO-Phänomens beschäftigen: Gibt es die fliegenden Untertassen überhaupt, und wenn ja, was steckt wirklich hinter ihrem Auftreten?

»Wir leben in einer Zeit, in der die
Fragezeichen plötzlich ins Riesenhafte
gewachsen sind, so daß sie weit über
unseren Planeten hinausreichen.«

(Louis Pauwels, Journalist)

»Was die Zeichnung nun wirklich darstellt, darüber rätselt
man derzeit noch«, schmunzelte Hans-Ulrich Baumgartner, wissenschaftlicher Mitarbeiter am Rätischen Museum
in Chur (Schweiz), zweideutig. »Aber vielleicht setzt Ihre
Veröffentlichung ja eine Diskussion in Gang.«
Gesprächsthema war die in der Nähe des Dorfes Untervaz
gelegene Burgruine »Neuburg« im Kanton Graubünden,
die heute zu den bedeutendsten Anlagen mittelalterlicher
Architektur in der Schweiz gezählt wird.
In die Schlagzeilen gekommen war die Ruine während ihrer Renovierung im Jahre 1984, als Fachleute in einer un-
zugänglichen Fensternische seltsame Ritzzeichnungen entdeckt hatten. Erstmals publiziert wurden die recht naiven
Kritzeleien 1993 von Josef Maria Lengler, dem Chefre-
staurator des Rätischen Museums, der zuvor bereits für die
Herstellung der Abgüsse gesorgt hatte.
Eben diese Ritzzeichnungen nun – die Graubündner Bur-
genkenner Otto P. Clavadetscher und Werner Meyer datieren sie vorsichtig um 1300 – waren es, die mich nach Chur
verschlagen hatten, denn sie könnten schon bald für einige
Aufregung in der Fachwelt sorgen, enthalten sie neben einigen stilisierten Pferden doch auch die Darstellung eines
Objektes, das wir heute mit der nötigen Portion Phantasie
durchaus als typisches UFO bezeichnen könnten, das dort
zweibeinig im Gelände aufgesetzt hat.

Herr Lengler ist in der Interpretation zurückhaltender. Er sieht, wie er mir gegenüber festhielt, in besagter Zeichnung eher einen Filzhut: »Was die Datierung des stilisierten Hutes betrifft, möchte ich auf den Eisenhut von Huldrich Zwingli verweisen, der gemäß gesicherter Überlieferung in der Schlacht von Kappel, 1531, diesen Hut getragen haben soll und der der Abbildung des Filzhutes von Burg Neuburg ähnlich ist.«

Ich möchte dem Experten nicht unbedingt widersprechen. Aber ich gebe doch zu bedenken, daß der Hut – sollte es sich tatsächlich um einen solchen handeln – schon alleine wegen seiner dreidimensionalen Darstellung den Erklärungsrahmen sprengt: Wie ich mich anläßlich meines Besuches im Rätischen Museum (wo man mir die Abgüsse freundlicherweise kurzfristig zugänglich gemacht hatte) überzeugen konnte, sind die übrigen Kritzeleien nämlich ausschließlich zweidimensional gehalten.

Hoffnung, in absehbarer Zeit mehr über Alter und Deutung der Neuburg-Kritzeleien in Erfahrung zu bringen, besteht vorerst wenig. Fest steht lediglich, und da sind sich die Experten immerhin einig, daß die Darstellungen zumindest nicht in den letzten dreihundert Jahren entstanden sein können.

Szenenwechsel. Ende August 1991, 11:30 Uhr, in der Umgebung von Cuesta Blanca in Puerto Rico: Ulises Pérez rumpelt auf seinem Motorrad eine staubige Straße entlang, als er plötzlich vom Weg abkommt und in einem Wasserloch landet. Pérez rappelt sich auf und versucht vergeblich, den Motor wieder in Gang zu bringen, als er plötzlich auf eine seltsame kleine Kreatur aufmerksam wird, die ihm ihren überdimensional großen, unbehaarten Kopf zugewandt hat und ihn mit riesigen, tiefschwarzen Augen anblickt.

»Ich gebe gerne zu, daß mich dieses Ding zutiefst erschreckt hat«, meinte Pérez später, »also versuchte ich meine Maschine so schnell wie möglich wieder in Gang zu bringen, um von hier zu verschwinden. Als ich mich bewegte, sprang das Wesen plötzlich in den nahegelegenen Kanal, um dort sofort in den Wassermassen zu verschwinden. Ich nahm die Beine ebenfalls in die Hand und ergriff die Flucht.«

Der Ganze klingt recht unglaublich und ist dennoch kein Einzelfall. Tatsächlich liegen den Forschern heute Tausende von Berichten über ähnliche Begegnungen mit seltsamen Wesen vor, die angeblich gelandeten UFOs entstiegen sein sollen. In anderen Fällen kam es gar zu Entführungen und damit verbunden zu medizinischen Untersuchungen an den betroffenen Zeugen. Gut dokumentierte Berichte, deren Anzahl kontinuierlich ansteigt. Berichte aber auch, für die sich niemand so recht verantwortlich fühlt.

Immerhin konnte 1989 mit dem »Journal of UFO-Studies« erstmals eine akademische Zeitschrift auf die Beine gestellt werden, die sich strengen wissenschaftlichen Kriterien verpflichtet, um den seltsamen Himmelsphänomenen auf die Spur zu kommen. Und 1991 hielt es auch das Europäische Parlament für erforderlich, den italienischen Abgeordneten Professor Tullio Regge mit der Ausarbeitung eines Berichtes über den gegenwärtigen Stand der UFO-Forschung zu beauftragen, um den Vorschlag zur Errichtung eines wissenschaftlich arbeitenden, europäischen Zentrums für die Untersuchung von UFO-Berichten zu prüfen. Ein Vorhaben, das konservative Kreise – nicht zuletzt vielleicht auch wegen den eher kritisch-zurückhaltenden Ausführungen Regges – heftig unter Beschuß nahmen. Probleme habe man schließlich bereits mehr als genug.

Die UFOs in Puerto Rico kümmert das wenig. Tag für Tag

125

gehen dort weitere brisante Fallschilderungen ein. Kommt dazu, daß das Laguna-Cartagena-Gebiet (wo besonders viele Vorfälle stattgefunden haben) im Rahmen der »Rettung bedrohter Tierarten« mittlerweile für 50 Jahre der US-Regierung überschrieben wurde. So besagt es zumindest die offizielle Version.

Manch einer fragt sich jetzt vermutlich, was wohl dran sein mag an all den spektakulären Augenzeugenberichten. Einiges, würden wir antworten, zumindest wenn wir den Aussagen Jorge Martins Glauben schenken, einem gut informierten UFO-Insider, der vielen der dortigen Fälle nachgegangen ist.

Carlos Manuel Mercado etwa ist einer jener angeblich von fremden Wesen entführten Gewährspersonen, die Martin nach verschiedenen Unterredungen als »ehrliche Berichterstatter« bezeichnet. Wie Mercado anläßlich eines ausführlichen Gespräches mit Martin erläuterte, wurde er eines Nachts im Juni 1988 von drei kleinen Kreaturen in ein gelandetes UFO verfrachtet: »Zwei von ihnen nahmen mich an der Hand und führten mich aus meinem Haus die Straße hinunter. Und ich konnte es kaum glauben – dort stand tatsächlich eine regelrechte ›fliegende Untertasse‹, die auf drei metallischen Beinen aufgesetzt hatte. (...) An ihrer Unterseite war ein Aufgang ausgefahren, über welchen wir in das Objekt gelangten.«

Im UFO traf er – so Mercado weiter – neuerlich auf kleine Wesen, die emsig verschiedene Apparaturen bedienten. Koordiniert wurde ihre Arbeit offensichtlich von einer menschenähnlichen Kreatur, die auch etwas größer war als die anderen. Das UFO hob jetzt ab in Richtung Sierra Bermeja und tauchte dort in ein Felsloch im Berg El Cayul ein, dem ein langer Tunnel folgte. Schließlich setzte es in einer größeren Höhle auf.

»Dort unten arbeiteten Hunderte dieser kleinen Wesen, und es standen auch viele Flugapparate herum. Manche waren untertassenförmig, andere dreieckig, wieder andere hexagonal geformt«, fuhr der Augenzeuge in seiner Berichterstattung gegenüber Martin fort. Schließlich blickte ihn das etwas größere Wesen an, und Mercado erhielt eine telepathische Botschaft: »Wie du sehen kannst, unterhalten wir hier eine Wartungsbasis für unsere Fluggeräte. Wir halten uns hier schon sehr, sehr lange auf, und wir haben auch nicht die Absicht, die Erde wieder zu verlassen. Denn wir wollen, daß ihr wißt, daß wir keine Gefahr für euch darstellen, wir wollen euch nicht erobern. Wir wollen vielmehr Beziehungen zu euch aufbauen, die beiden Seiten zum Nutzen gereichen könnten.«

Der Puertoricaner schaute die fremde Kreatur ungläubig an: »Aber warum gerade ich? Ich bin doch nur ein einfacher Mann, und niemand wird mir Glauben schenken?«

»Das macht nichts«, fuhr das fremde Wesen fort. »Die Leute werden von deinem Erlebnis hören, so wie sie auch von den Begegnungen hören werden, die andere von euch mit uns haben, denen wir diese Basis zeigen. Und wenn Leute mit Verstand hören, was ihr ›einfachen Leute‹, wie ihr euch nennt, zu berichten habt, werden sie wissen, daß du die Wahrheit sprichst.«

Dieses Erlebnis könnte einer Science-fiction-Story entnommen sein, wäre da nicht der glaubwürdige Augenzeuge. Außerdem weiß Untersucher Martin von einem hochrangigen, einheimischen Militär zu berichten, der ihm bis ins Detail dieselbe Story vorsetzte, und erwähnt auch einen anderen Zeugen, der zufällig in die erwähnte Basis gelangt sein will, wo er angeblich auf US-Soldaten stieß. (Kurz darauf wurde der fragliche Augenzeuge tot aufgefunden.)

Auch Freddie Cruz, Leiter der Civil Defence Agency von

Lajas, zeigte sich in einem Interview mit Jorge Martin von der Glaubwürdigkeit der verschiedenen Berichterstatter überzeugt: »Es gibt wirklich UFOs in der Laguna Cartagena, und Seltsames wird auf den dortigen Wetterradars gesehen. Wer das nicht so beurteilt, sollte sich einmal fragen, was dann weiße, von Militärjeeps begleitete NASA-Trucks nachts dort draußen zu suchen haben. Was hat die NASA mit dem Antidrogenkampf zu tun (das ist die offizielle Erklärung für das Auftauchen der Trucks)? Ich jedenfalls habe dafür keine Erklärung. Außer der Vermutung, daß sich dort irgendwo tatsächlich ein außerirdisches Basislager befinden mag, von dem auch die Militärs wissen.«

Währenddessen vollführen Psychologen und Soziologen eifrig intellektuelle Freudensprünge. Die Universallösung für alle UFO-Berichte liegt ihnen schon seit einiger Zeit ganz vorne auf der Zunge. Des Rätsels Auslöser liege simpel und einfach in den unergründlichen Tiefen unseres Gehirns vergraben: UFOs seien schlicht zeitgenössische Projektionen der menschlichen Psyche, schließlich schlugen sich bereits unsere Vorfahren im Dunkel vergangener Jahrhunderte mit Feen, Dämonen und allerlei anderem, unheimlichem Getier herum, für dessen Auftauchen letztlich doch wohl ebenfalls nur derartige Faktoren verantwortlich gewesen sein konnten.

Aber weit gefehlt! Die seltsamen Dinger hinterlassen gelegentlich verbrannte Spuren am Boden. Sie scheinen von elektromagnetischen Kraftfeldern umgeben zu sein, werden hin und wieder gefilmt oder photographiert und tauchen auch mal auf Radarbildschirmen auf. Mit derlei Eigenschaften können psychische Projektionen meinen Informationen gemäß normalerweise nicht aufwarten.

Tatsächlich sind die berichteten Sekundäranomalien derart

frappant, daß es Mark Rodeghier bereits im Jahre 1981 möglich war, im Auftrag des renommierten und mit wissenschaftlichen Mitteln arbeitenden Center of UFO-Studies (CUFOS) einen Untersuchungsbericht über bestimmte elektromagnetische Anomalien im Umfeld von UFOs zu veröffentlichen (»UFO-Reports Involving Vehicle Interference«, Evanston 1981). Der Amerikaner legt darin umfangreiche Statistiken über 440 sauber dokumentierte Fallbeispiele aus aller Welt vor, in welchen die fliegenden Phantomkörper Automotoren stillegten. Motoren, die nach Abflug der fremden Besucher seltsamerweise ebenso plötzlich wieder ansprangen, wie sie zuvor ihren Betrieb eingestellt hatten.

Einen ähnlich gelagerten Fall stellte Jorge Alfonso Ramirez 1994 im renommierten »Mufon UFO Journal« zur Diskussion. Seinen Ausführungen zufolge war am 8. Juni 1991 unweit des Silvio Petirossi Airport in Asuncion (Paraguay) ein unbekannter Flugkörper aufgetaucht, der unter Towerangestellten für beträchtliche Aufregung gesorgt hatte. Das ovale Flugobjekt begleitete für einige Zeit zwei Flugzeuge, die sich gerade im fraglichen Luftraum aufhielten. Das Flughafenpersonal konnte dabei sein Erscheinen – ebenso wie die betroffenen Piloten – sowohl auf Radarbildschirmen als auch mit bloßem Auge verfolgen.

Plötzlich entschwand das Objekt mit einer derart massiven Beschleunigung, daß es innerhalb einer Fünfsekundenumdrehung von den Radarbildschirmen verschwunden war. Anibal Gavigan, er hatte zur Zeit des Vorfalles gerade Dienst im Tower, beobachtete das UFO damals mit einem Fernglas. »Das rötliche Objekt verharrte zuerst vollkommen geräuschlos und stationär am Firmament«, führte er gegenüber Ramirez aus. »Dann geschah das Ungeheuerliche: Auf einmal sah ich nur noch einen leuchtenden Strich, der sich während einiger Sekunden quer über das ganze Firmament erstreckte. (...) Es war wirklich erstaunlich: Die Geschwindigkeit dieses Objekts war einfach gewaltig. So etwas hatte ich noch nie gesehen!«

Cesar Escobar war einer der Piloten, vor dessen Maschine das UFO plötzlich aufgekreuzt war. Auch ihn interviewte Jorge Alfonso Ramirez. »Immer, wenn sich das Ding meiner Cessna annäherte, spielten meine Bordinstrumente verrückt«, erklärte der Pilot aufgeregt. »Sobald es sich aber jeweils etwas entfernt hatte, arbeiteten die Geräte wieder tadellos.«

Auch der Swissair-Pilot Peter Bircher weiß von einem unerklärlichen Vorfall zu berichten: Anfang der siebziger Jahre flog er mit seinem Flugzeug nachts von Zürich nach Stockholm. Die Maschine befand sich bereits oberhalb der geschlossenen Wolkendecke, als sich ihr von links plötzlich ein unbekanntes Flugobjekt annäherte. Das grünlich leuchtende UFO schien das Flugzeug zuerst mit konstanter Distanz zu begleiten, schoß dann allerdings ebenso plötzlich wieder mit ungeheurer Geschwindigkeit davon, indem es einen Winkel von 90 Grad schlug! Herkömmliche physikalische Erklärungen für die Natur des Objektes schließt Bircher aufgrund seiner Flugerfahrung hundertprozentig aus.

Sollte es sich bei derartigen Berichten nur um Halluzinationen handeln, wie gelegentlich behauptet wird, müßte man eigentlich ein ganzes Bündel subjektiv gefärbter und kulturell jeweils stark beeinflußter Berichte erwarten können. In Wirklichkeit ist die Phantasielosigkeit der Beobachter – unterschieben wir ihnen unbewußte Täuschungen – allerdings mehr als enttäuschend: Unabhängig voneinander beschreiben UFO-Augenzeugen in allen Ländern und Kontinenten dieses Erdballs mit konstantem Eifer immer wieder dieselben Ereignisse. Jeder ernsthafte Untersucher begegnet diesem Sachverhalt spätestens dann, wenn er sich durch ein paar hundert Fälle ackert.

Als in Belgien um 1990 über 1500 UFO-Beobachtungen publik wurden (in den meisten Fällen sprachen die Zeugen von gewaltigen, lautlos dahinziehenden dreieckigen Plattformen), wurde bezeichnenderweise nicht ein einziger Landefall gemeldet. Kurios ist die Sache deshalb, weil gut dokumentierte Fälle über gelandete Scheiben oder Kugeln (andere häufig beschriebene UFO-Formen) in der Regel gar nicht so rar sind, wie man gemeinhin meint. Kommt dazu, daß auch alle anderen Augenzeugenschilderungen über fliegende Dreiecke, die in den letzten Jahrzehnten vermehrt um den Erdball geisterten, kaum einmal mit der konkreten Beschreibung einer Landung aufwarten konnten. Warum die dreieckigen Dinger dies in ihrer Funktion als wilde Auswüchse unseres Geistes nicht zu tun gedenken, würde mich schon interessieren!

Es gibt sie also tatsächlich, die untersuchungswürdigen Berichte, und ihre minutiöse Untersuchung könnte uns wahrlich futuristische Erklärungsperspektiven öffnen, um so mehr, als mittlerweile nicht einmal mehr Einsteins berühmtes Dogma, das Tempolimit Lichtgeschwindigkeit, unbeschränkt gegen den hypothetischen Besuch außerirdischer Besucher ins Feld geführt werden darf. So experimentieren Physiker um Günter Nimtz (Universität Köln) inzwischen erfolgreich mit Mikrowellenimpulsen, deren Geschwindigkeit mittels verschiedener Kniffe bereits auf sagenhafte Werte von zweieinhalbfacher Lichtgeschwindigkeit hochgedreht werden konnte! Informationen oder Gegenstände lassen sich auf diese Art und Weise zwar nicht übermitteln, aber Nimtz' Experimente zeigen doch eindrücklich auf, welche aufregenden Perspektiven sich den Forschern demnächst noch eröffnen könnten.

3 Die SETI-Kontroverse

> »Wir müssen uns darüber im klaren sein,
> daß jeder interstellare Kontakt zu anderen
> Lebewesen, sei es durch Radio oder Raketen,
> eine völlig umwälzende und einschneidende
> Wirkung auf unsere Zivilisation, auf unser
> gesamtes Leben mit sich bringen würde.
> Wir können das Ausmaß dieser Wirkung kaum
> ahnen. Auf jeden Fall würde es das Ende
> unserer gegenwärtigen Art von Zivilisation
> bedeuten.«
>
> (SEBASTIAN VON HOERNER, Astrophysiker)

Am 3. März 1972 verließ die Sonde »Pionier-10« unsere
Erde, mit ihr eine Goldplatte, auf welcher eine Botschaft
an außerirdische Lebensformen eingraviert wurde.

Konzipiert hatte die Botschaft der berühmte Astrophysiker
Carl Sagan, und seine Darstellung gab damals zu einiger
Kritik Anlaß, denn die Platte enthält neben einem symbolischen Schema unseres Sonnensystems auch die bildliche
Darstellung eines nackten Mannes und einer ebensolchen
Frau. Was sich der amerikanische Wissenschaftler hierbei
gedacht hat, dürfte wohl für immer sein kleines Geheimnis
bleiben, denn die abgebildete Frau wurde ganz offensichtlich geschlechtslos dargestellt. (Seltsame Vorstellungen, die
sich die ETs von uns machen werden!)

Die Wahrscheinlichkeit dafür, daß die Platte irgendwann
auch wirklich einmal gefunden werden wird, ist dagegen
mehr als hoch: Neuen Gedankenmodellen zufolge, wie sie
etwa der britische Astronom David Hughes 1993 in der
wissenschaftlichen Fachzeitschrift »New Scientist« formulierte, müßten alleine in unserer Milchstraße rund 60 Milliarden Planeten existieren. Vier Milliarden davon, so

Hughes, seien sogar »erdähnlich, feucht und wohltemperiert«. (Vier Milliarden Planeten, auf denen vermutlich Leben existiert: Noch vor 100 Jahren wäre jeder Wissenschaftler für eine solche Behauptung geohrfeigt worden!) Im weiteren konnte das Wissenschaftsmagazin »Science« im April 1994 erstmals die Existenz zweier erdähnlicher Planeten außerhalb unseres Sonnensystems vermelden, die in der relativ kleinen Entfernung von rund 1200 Lichtjahren einen ehemaligen Stern umkreisen.

Bereits Mitte Dezember 1993 hatte in Bad Honnef die erste Arbeitstagung deutscher Gelehrter zu solchen Themen stattgefunden. Es galt, interdisziplinäre Denkmodelle zu entwerfen und Untersuchungsmethoden zur Frage nach Hinweisen auf außerirdische Lebensformen zu entwickeln. Gekommen waren rund 30 Planetenforscher, Astrophysiker, Chemiker und Biologen, und sie diskutierten spannende Fragen: beispielsweise die Theorie der Panspermie, welche alternative Vorschläge zur Entstehung des Lebens auf der Erde formuliert, wie etwa das Eindringen außerirdischer Viren und Bakterien. Gerade in diesem Bereich konnte man der interessierten Öffentlichkeit ermunternde Resultate präsentieren. Denn im Laufe eines amerikanischen Satellitenexperiments hatten von ursprünglich 100 Millionen Sporen, die man dem Raumvehikel einst mit auf den Weg gegeben hatte, nach dem Ablauf sechs voller Jahre immerhin noch rund 1000 Stück gut geborgen überlebt: Die braune Kruste ihrer toten Artgenossen bot ihnen den nötigen Schutz! Selbst auf dem Mars könnte man vielleicht auf noch lebende Mikroorganismen stoßen, so die Schlußfolgerung der Experten, die sich in Bad Honnef versammelt hatten.

Leben im All ist also nicht nur denkbar, es scheint geradezu selbstverständlich, und so hatte die NASA mit ihrem

SETI-Projekt 1992 ein neues Lauschprogramm gestartet, mit welchem das All unter gewaltigem technischen und finanziellen Aufwand nach potentiellen Nachrichten der ETs abgehorcht werden sollte. An und für sich eine ganz respektable Idee, wäre da nicht das beunruhigende Faktum, daß uns die UFOs bereits seit Jahrzehnten um die Ohren flitzen, aber nach wie vor keine Behörde gewillt ist, für ihre Erforschung die dringend benötigten Forschungsgelder locker zu machen.

Auch Dr. Hans-Peter Herbst, ein Naturwissenschaftler aus Göttingen, machte sich über den Sinn einer derartig einseitig ausgerichteten Suche seine Gedanken. 1992 legte er dem »Spiegel« seine Überlegungen im Rahmen eines brillanten Leserbriefs vor:

»Wenn es um ETIs (extraterrestrische Intelligenzen) geht, gerät so mancher kluge Kopf ins Schwärmen und Schwadronieren. Doch, doch, man darf durchaus über Außerirdische reden, allerdings nur über solche, die sich so benehmen, wie es sich unsere Schulweisheit träumen läßt. So wird man ja wohl erwarten dürfen, daß sich die ETIs – sollte es sie überhaupt geben – auch dann noch unserer Steinzeittechnik bedienen, wenn sie der Menschheit in ihrer Entwicklung um Hunderttausende oder Millionen Jahre voraus sind, und also immer noch brav versuchen, über Amateurfunk auf der Wasserstofflinie oder die Entsendung eines zehn Kilometer langen, atomgetriebenen Raumschiffes mit uns Kontakt aufzunehmen.

Was wäre aber nun, wenn ETIs in der astronomisch gesehen lächerlich kurzen Zeit von 100 000 oder auch nur 10 000 Jahren über die Welt und ihre Gesetze ein bißchen mehr herausgefunden hätten als wir? (Für manches gelehrte Haupt offenbar unvorstellbar.) Dann hätten sie uns längst entdeckt und wären bereits hier (oder hätten uns

›Sonden‹ geschickt) – sofern sie überhaupt Interesse an einer derart bescheuerten Spezies besäßen.

Mit ihrem ungeheuren technologischen Vorsprung könnten sie kommen und gehen, wie sie wollen, und tun und lassen, was ihnen gefällt, ohne die geringste Rücksicht auf unsere intelligenten Waffensysteme oder Zollbestimmungen nehmen zu müssen.

Fatalerweise würden wir nicht verstehen, wie und warum sie zu uns kommen, und sie selbst könnten gute Gründe dafür haben, uns über diese Fragen im unklaren zu lassen. Damit würde unsere von ihnen so schnöde übergangene Obrigkeit in eine nicht unerhebliche Verlegenheit gebracht, so daß ihr nichts anderes übrigbliebe, als eisernstes Stillschweigen zu bewahren und die peinliche Angelegenheit den Geheimdiensten zu überlassen. Bei dieser Mauerei würde ihr aufs glücklichste der Umstand zustatten kommen, daß die ihrer weisen Führung Anvertrauten jeden Menschen, der das Pech einer mehr oder weniger intensiven Begegnung mit ETIs hatte und darüber törichterweise auch noch berichtet, schlichtweg als Lügner oder Verrückten bezeichnen würden, denn selbstverständlich würde diese Begegnung auf eine Weise verlaufen, die uns überaus seltsam erscheinen müßte. (Dabei müßte uns eine nun aber wirklich schlichteste Logik sagen, daß der Umstand, daß derartige Berichte extrem merkwürdig klingen würden, geradezu eine notwendige Voraussetzung für ihre Echtheit wäre, wogegen Erzählungen, die im Rahmen unseres gegenwärtigen Weltbildes als ›vernünftig‹ erscheinen würden, mit ziemlicher Sicherheit erstunken und erlogen wären.)

Natürlich dürfte sich dann auch kein Wissenschaftler mit dem schrecklichen Thema befassen, ohne befürchten zu müssen, seine mühsam erschwitzte Reputation zu verlie-

ren, und auch die ansonsten so mutigen Aufklärer des
›Spiegel‹ könnten nicht über derartige Obszönitäten berichten – es sei denn im Tenor äußerster Häme und Ver-
achtung –, ohne den furchtbaren Zorn ihrer gebildeten Le-
serschaft auf sich zu ziehen.

Kurzum: Wären ›sie‹ hier, wäre es für uns alle am besten,
ihre Anwesenheit auch dann nicht zur Kenntnis zu nehmen, wenn sie uns direkt vor der Nase herumfliegen würden. Aber dafür gibt es ja nun wahrhaftig nicht die geringsten Anzeichen, oder?!«

4   Premiere: UFOs viermal gefilmt

> »Die wissenschaftlichen UFO-Forscher mögen
> unvorsichtig sein, sie mögen sich vielfach
> irren, doch bemühen sie sich stärker als die
> organisierten Skeptiker-Organisationen,
> zunächst Beweise für die Echtheit des
> Phänomens herauszufinden und erst danach
> zu entscheiden, was das alles bedeuten
> könnte.«
>
> (ILLOBRAND VON LUDWIGER, Astrophysiker)

Der Fall ist einmalig, wirklich sensationell. Und mittlerweile sind derart viele unterstützende Fakten dazugekommen,
daß wir an dieser Stelle gesondert auf ihn eingehen sollten.
Die Rede ist von den mysteriösen UFO-Erscheinungen, die
sich am 24. August 1990 über und um Greifswald abgespielt hatten. Dutzende von Augenzeugen konnten damals
zwei seltsame Lichtkugelformationen am Himmel beobachten, die dort mindestens eine Viertelstunde lang herum-
kurvten, um danach plötzlich zu verschwinden. Vier Vi-

deofilme (!) und mehrere Photos von den Vorfällen liegen bis heute vor, und noch immer harren die damaligen Erscheinungen einer schlüssigen Erklärung.

Sogar dem selbsternannten UFO-Kritiker Werner Walter, der sich seit Jahrzehnten eifernd darum bemüht, alle UFOs vom Himmel zu schießen, fiel diesmal keine Erklärung ein. Dies ist um so erstaunlicher, als dessen sonstige Aufklärungsversuche in der Regel meist noch unglaublicher klingen als die Vorfälle selbst.

Nachahmer sind oft verkappte Bewunderer, und so ist wohl auch die späte Einsicht Walters hauptsächlich darauf zurückzuführen, daß es sich der Mannheimer Möbelverkäufer (er rückt dem UFO-Phänomen nach eigenen Angaben selbstverständlich immer mit »wissenschaftlichen« Mitteln zu Leibe) nicht nehmen ließ, sich selbst der Kunst der Recherche anzuvertrauen.

Der gute Herr hatte eine clevere Idee: Über Presseagenturen lancierte er einen Zeugenaufruf in den neuen Bundesländern, inklusive Angabe seiner Telephonnummer. Letzteres allerdings war der weniger intelligente Teil seiner Idee, erfreute sich doch die Stabilität des deutschen Telephonnetzes in ebendiesen Gebieten zur damaligen Zeit nicht unbedingt der besten Gesundheit. Immer wieder brachen die Verbindungen zusammen, mußten Gespräche plötzlich unterbrochen werden, so daß oft nicht einmal Zeit blieb, die genaue Anschrift der Anrufer in Erfahrung zu bringen. Immerhin erhielt der Deutsche auf diese Art eine ganze Reihe interessantester Zeugenaussagen zu den Greifswalder Vorfällen, und die mußten ihm doch stark zu denken geben:

• Karl-Heinz Behrens aus Fürth bei Nürnberg macht zur Zeit des Vorfalles gerade Urlaub auf Usedom, als er gegen 17:00 Uhr zwei Formationen silbriger Lichtkugeln ausmacht, die dort in Y- beziehungsweise L-Formation minutenlang am Himmel hängen. Dem Zeugen gelingen einige Photos der Erscheinung.

• Marion Dörfer aus Wolgast bemerkt nach eigenen Angaben gegen 20:30 Uhr sieben runde Gebilde, die sich langsam und in Formation Richtung Rügen fortbewegen.

• Herr Bittlerich aus Sachsen-Anhalt macht an besagtem Tag ebenfalls Urlaub auf Usedom. Der Zeuge liegt gerade auf einem Liegestuhl, als er von dort aus zwischen 20:30 und 21:00 Uhr eine »Traube heller Lichter« bemerkt. Plötzlich werden die UFOs »von unten her« kleiner oder lichtschwächer und verschwinden schließlich an Ort und Stelle.

• Herr Heimsdorfer aus Rostock befindet sich auf dem Campingplatz Altenkirchen auf Rügen-Wittow und sieht die Formation zusammen mit einigen Freunden. Er beschreibt die Kugeltraube als eine Art »Lichterdreieck«. Gegen 20:50 »verloschen die orange-weiß-grünen Lichter von unten her langsam nach hinten hin«, ergänzt der Zeuge die Aussagen der übrigen Beobachter. »Innerhalb einiger Sekunden waren sie dann weg, als wenn die da ihre Lichter ausgemacht haben, mit so einem Regler.«

• Frau Michalek aus Leipzig befindet sich am fraglichen Abend auf dem Bahnhof Ückeritz der Insel Usedom, als sie »sieben Leuchtpunkte weit weg über dem Wasser« sieht. Die Kugeln hätten sich leicht bewegt, »es war so eine leichte schwingende Bewegung.«

• Aus Neubrandenburg meldet sich Gunter Röhling, der die sieben Objekte von der neunten Etage seines Wohnblocks ausgemacht hat: »Plötzlich verging das ganze Gebilde in der Luft, um bald darauf etwas weiter versetzt wieder in etwas geänderter Formation aufzutauchen.«

• Walter Schwiegersohn aus Gera befindet sich zur Zeit

des Vorfalls gerade auf dem Zeltplatz Prora beim Ostsee-
bad Binz. Auch er hat für die Erscheinung keinerlei Erklärung: »Irgendwie war das alles kein Ganzes. Nachdem ich
es so sechs oder sieben Minuten über der See draußen gesehen hatte, war es plötzlich ausgegangen, so ›wischend‹,
wenn Sie verstehen. Gleich darauf erschien es wieder leicht
abgesetzt, nicht nach oben, sondern horizontal. Das Gebilde bestand aus sechs bis sieben Kugeln.«
• Weitere Zeugen der Vorfälle waren Frau Oppermann aus
Usedom, Ronny Unger aus Lüskow bei Anklam, Leon
Broeger aus Stralsund, Rosa Deutel aus Weida und ein
Herr Sattler aus Seilfeld.

Ebenso ausführlich wie Walter, wenn auch ungleich kom-
petenter, haben sich die rund 75 Forscher der vom Münchner Physiker Illobrand von Ludwiger geleiteten, interdisziplinären UFO-Forschungsgruppe MUFON-CES (die einzige wirklich seriöse Organisation, die sich derzeit im
deutschsprachigen Raum mit UFOs herumschlägt) mit den
Greifswalder Vorfällen beschäftigt. Die MUFON-CES-
Gruppe – sie besteht fast ausschließlich aus Akademikern
und zählt auch sechs Universitätsprofessoren zu ihren Mitgliedern – veröffentlichte einen Teil ihrer Untersuchungen
zum ostdeutschen UFO-Fall in einem speziellen For-
schungsband, der 1993 unter dem Titel »Interdisciplinary
UFO-Research« in englischer Sprache erschien.
Von Ludwiger, der zusammen mit dem Informatikspeziali-
sten Rolf-Dieter Klein Computeranimationen der bisher
vorliegenden Amateuraufnahmen anfertigte, um diese gesondert zu analysieren, glaubt dabei sogar Hinweise auf
das Antriebssystem der beobachteten Kugeln gefunden zu
haben, wenngleich er auch noch recht vorsichtig bleibt und
vor übereilten Spekulationen warnt. Der Astrophysiker ge-

genüber dem Autor: »Wir haben die Bewegungen der einzelnen Kugeln, wie sie damals gefilmt, photographiert und beobachtet wurden, zu einem Film zusammengesetzt und etwas Sensationelles festgestellt: Immer wenn eine Kugel den Verband verläßt oder in diesen hineinfliegt, wird die Position der Nachbarobjekte derart gestört, wie es eigentlich nur von Objekten erwartet werden kann, die ein eigenes Beschleunigungsfeld erzeugen.«

Einer der ausführlichsten Zeugenberichte, der uns heute vorliegt, stammt von einem Akademiker selbst, vom Stralsunder Physiker Gero Schwedhelm nämlich, der sich bei der Abfassung seiner Erlebnisse auf Tagebucheintragungen stützen konnte: »Ich befand mich mit meiner Frau am 24. August 1990 in Poseritz auf Rügen zu Besuch bei meinem Bruder«, beginnt er sein Beobachtungsprotokoll. »Beim Verlassen seiner Wohnung bemerkten meine Frau und ich so gegen 21:00 Uhr eine außergewöhnliche Leuchterscheinung. (...) Irgendwie hatte ich den Eindruck, daß sich das gesamte Gebilde um seine vertikale Achse drehte, eindeutig konnte ich dies jedoch nicht erkennen. Rund drei bis fünf Minuten war dieses Schauspiel zu beobachten. Als wenn sich das Gebilde entfernte oder ›verblaßte‹, waren die drei äußeren ›Sterne‹ schließlich nicht mehr erkennbar, der ›innere Sternenhaufen‹ schien immer kleiner zu werden, war letztendlich nur noch als ein heller Lichtfleck auszumachen und verlosch dann ebenfalls.«

Herr Schwedhelm fuhr weiter Richtung Altefähr. Nun bemerkte er die Lichterformation erneut, diesmal erschienen die Objekte aber größer und heller. Der Physiker beschrieb das Auftauchen dieser zweiten Formation übereinstimmend mit den anderen Beobachtern als dem »Aufblenden von Lampen« ähnlich. Irritiert hielt er kurz vor Gustow erneut an und konnte die Kugelformation von dort aus zusammen mit seiner Frau weitere zehn Minuten beobachten, bis sie endgültig verblaßte. Der ostdeutsche Gelehrte stellte anschließend einige Überlegungen über eine potentielle Verwechslung mit Leuchtfeuerkörpern an, so sicher schien er sich seiner Sache dabei allerdings nicht zu sein.

Nicht so recht entscheiden mochte sich offensichtlich auch ein gewisser Herr Henke aus Heidelberg. Gab der erklärte Skeptiker in einem Telephongespräch mit dem Autor noch zu, nach wie vor über keine konventionelle Lösung für die Greifswalder Vorfälle zu verfügen, ließ er gegenüber einer großen deutschen Fernsehanstalt prompt das Gegenteil verlauten. Er höchstpersönlich habe das Himmelsrätsel endlich seiner definitiven Lösung zugeführt: Wohlgeformte Ballons seien damals am Himmel geschwebt, die Sonne habe sie kräftig angestrahlt. Als ihm der verantwortliche Fernsehmitarbeiter nicht so recht Glauben schenken wollte, schlug der Deutsche eine andere Lösung vor. Jetzt waren es mit Leuchtgas gefüllte Ballons, die er für den Himmelsspuk verantwortlich machen wollte.

Vielleicht sollte Henke als wahrer Zweifler gelegentlich mal seine eigenen Zweifel hinterfragen. Seine Bruchlandung war jedenfalls vorprogrammiert, denn mittlerweile war auch der vierte Amateurstreifen über die Greifswalder Himmelsvorfälle in die Hände der MUFON-CES-Experten gelangt, wo er ebenso sorgfältig wie seine drei Vorgänger ausgewertet wurde. Und Qualität und Länge dieses vierten Streifens sind wahrlich beeindruckend: Minutenlang konnte das Auftreten und das rapide Verschwinden der seltsamen Leuchtkörper dort am eindunkelnden Abendhimmel festgehalten werden. Gleichzeitig sind auf dem vierten Film mehrmals Leuchtkugeln zu sehen, die der oberen Formation entgegendüsen, um sich dort anschließend brav einzugliedern. (Fürwahr seltsame Luftballons!)

Das Urteil von MUFON-CES-Leiter Illobrand von Ludwiger und Computerspezialist Rolf-Dieter Klein fiel einstimmig aus: Keine der bisher vorgeschlagenen Lösungsmöglichkeiten kann das Phänomen definitiv erklären. Die Greifswalder UFO-Erscheinungen verbleiben bis auf den heutigen Tag ungeklärt.

5   Definitive Beweise:
Die Schweizer Luftwaffe verfolgt UFOs!

>In den vergangenen 25 Jahren sind von eidgenössischen Militärpiloten keine konkreten Meldungen oder Berichte über die Sichtung von UFOs eingegangen.«

(HANS-RUDOLF HÄBERLI, Pressesprecher der Schweizer Luftwaffe)

Wer in den letzten Jahren und Jahrzehnten beim Pressesprecher der Schweizer Luftwaffe anfragte, ob auch auf eidgenössischen Radarbildschirmen bereits einmal unerklärliche Echos auftauchten oder gar einmal Militärpiloten auf UFO-Jagd beordert worden seien, wurde regelmäßig mit derselben Auskunft abgespeist: »Sie sind falsch informiert. Derartige Fälle existieren nicht.«
Sie existieren allerdings sehr wohl. In meinem Buch »Götterspuren« habe ich unter anderem darauf hingewiesen,
• daß im Nachrichtendienst der Schweizer Luftwaffe gelegentlich »UFO-Sachbearbeiter« eingesetzt wurden,
• daß – zumindest in den fünfziger Jahren – ein militärischer Fragebogen für UFO-Beobachtungen kursierte,
• daß verschiedene militärische Rapporte über das Phänomen erstellt wurden,

- daß ein internes Nachrichtendokument 1975 unter der Bezeichnung 248-0 über den Stand der weltweiten UFO-Forschung informierte,
- daß Bundesrat Kaspar Villiger die Existenz zurückgehaltener UFO-Informationen in einem Brief an Adolf und Inge Schneider vom 11. Mai 1990 explizit verneinte,
- daß ich über verschiedene Quellen von UFO-Erfahrungen eidgenössischer Militärpiloten Kenntnis habe.

Mehrmals bat ich das Schweizerische Militärdepartement (EMD) und insbesondere dessen Vorsteher, Bundesrat Kaspar Villiger, um einen offiziellen Kommentar zu diesen Behauptungen. Außer den alles abstreitenden Beteuerungen von Fliegerchef Fernand Carrell und Pressesprecher Oberst Hans-Rudolf Häberli tat sich aber nicht viel.

Villiger selbst entledigte sich eines Kommentars zu den in »Götterspuren« enthaltenen Vorwürfen, indem er mein Schreiben im November 1993 der eidgenössischen Militärbibliothek (!) zur Erledigung überließ. Deren Vorsteher, Dr. Jürg Stüssi-Lauterburg, erklärte mir am 2. Dezember 1993 höflich, man sei »weit davon entfernt, etwas ›unter den berühmten Teppich‹ zu kehren«, wie ich behaupten würde: »Wir haben Ihnen sogar eine Gesamtliste des bei der Militärbibliothek vorhandenen Materials zum Thema zukommen lassen. Dessen Sichtung, Bewertung und Verwendung für die eigene Forschung ist selbstverständlich Sache des Kunden. Was schließlich die Akten betrifft, so sind diese generell nach Ablauf der Sperrfristen im Bundesarchiv zugänglich, dessen Reglement maßgeblich ist.« Ironie des Schicksals: Das in der Militärbibliothek vorhandene Material zum Thema besteht aus einer dürftigen Auswahl hinlänglich bekannter UFO-Literatur!

Ich wandte mich also ans Bundesarchiv mit der Frage, ob dort entklassifizierte Dokumente zum UFO-Thema gelagert würden. Irgendwo müßte schließlich auch das mir bereits vorliegende, ominöse Nachrichtenbulletin 248-0 zum UFO-Thema zu finden sein.

Einige Tage später erhielt ich den Anruf eines Mitarbeiters aus dem Bundesarchiv, der mir freundlich seine volle Unterstützung bei der Suche nach einschlägigem Material zusicherte. Ich hörte in der Folge nichts mehr von ihm. Statt dessen erreichte mich am 27. Januar 1994 ein offizielles Schreiben der Vizedirektoren des Bundesarchivs: »Trotz eingehender Nachforschungen in unseren Beständen konnten keine Akten ermittelt werden, die Hinweise über UFOs oder gar Meldungen von Schweizer Piloten über UFOs enthalten.«

Es gibt sie aber tatsächlich, diese Meldungen, wenngleich sowohl der Chef der Luftwaffe als auch die Herren im Bundesarchiv nichts von derlei Rapporten oder Berichten wissen wollen. René Munz vom Schweizer Fernsehen verdanken wir, daß wir mittlerweile offiziell von ihrer Existenz erfahren haben.

Munz ging meinen Angaben im Rahmen eines Beitrages für die Sendung »Schweiz aktuell« nach. Über Umwege geriet er im Frühjahr 1994 in Kontakt mit Divisionär Hansruedi Fehrlin. Vor laufender Kamera bestätigte Fehrlin erstmals offiziell die Existenz eines UFO-Dossiers im Schweizer Nachrichtendienst, eine Akte, die zwar zu keiner Zeit als geheim klassifiziert war, deren Existenz aber bisher in der Tat nicht offiziell zugegeben wurde. Infolgedessen hatte auch Pressesprecher Hans-Rudolf Häberli keine Kenntnisse über die hier gesammelten Berichte und mußte offizielle Anfragen zwangsläufig falsch beantworten. »Bis in die achtziger Jahre herrschte bekanntlich noch der kalte Krieg, wir wußten also nicht, was sich tatsächlich hinter dem UFO-Phänomen verbarg«, versuchte Divisionär Fehrlin das umstrittene Vorgehen der Schweizer Militärs gegenüber dem Fernsehreporter zu rechtfertigen.

Wenngleich die gesammelten Berichte auch weiterhin nicht an Journalisten ausgehändigt werden sollen, durfte Munz das fragliche Dossier dennoch kurz in Augenschein nehmen. »Es enthält ungefähr ein Dutzend Augenzeugenberichte sowie eine Kopie des Nachrichtenbulletins 248-0, das 1975 über UFOs informierte«, hielt er mir gegenüber fest. »Einige der Schilderungen stammen von Militärpiloten, andere von Zivilpersonen, darunter auch zwei Polizisten. Da aber laut Fehrlin keine offizielle Meldepflicht für Piloten besteht, mag ich nicht ausschließen, daß einige der betroffenen militärischen Flugzeugführer ihre Erlebnisse gar nicht weitergemeldet haben.«

Andere Aussagen als Fehrlin machte mir gegenüber Pressesprecher Oberst Hans-Rudolf Häberli, als er in einem Schreiben vom 13. August 1987 festhielt, daß »für alle Piloten ein Meldesystem existiert, das besondere Vorkommnisse oder Feststellungen während des Fluges erfaßt«. Ob sich die folgenden, hier erstmals in Teilen veröffentlichten Ereignisse im fraglichen Dossier befinden, kann ich deshalb nicht mit letzter Gewißheit beurteilen. Kenntnis von ihnen erhielt ich über einen gut unterrichteten Informanten, der anonym bleiben möchte, für dessen Integrität ich mich aber verbürgen kann.

- *Um 1967:*

Piloten des Schweizerischen Überwachungsgeschwaders melden ein großes kugelartiges Objekt, das in allen Farben zu glänzen scheint und unbeweglich in der Luft hängt. Wegen beschränkter Leistungsfähigkeit der Maschinen kann der auf rund 10 000 Meter Höhe geschätzte Flugkörper aber nicht erreicht werden.

● *Ende der siebziger Jahre:*

Auf den Radarschirmen wird über der Zentralschweiz auf einer Höhe von 10 000 Metern ein unidentifizierbares Flugobjekt registriert, das sich gegen den Wind bewegt. Ein Kampfflugzeug wird auf das UFO angesetzt. Der Pilot kreist längere Zeit an der Position des Radarechos. Deutlich sind beide Ziele auf den Bildschirmen sichtbar. Seltsamerweise kann der Pilot an der Stelle des Echos aber keinen Flugkörper ausmachen. Dies ist um so unverständlicher, als Falschziele zuvor eindeutig ausgeschlossen werden konnten.

● *Um 1980:*

Ein Kampfflugzeug startet zu einem Sichtflug in Richtung Tessin. Es herrschen gute Wetterverhältnisse, und der Pilot kann die Alpenkette deutlich sehen. Plötzlich aber meldet er über den Notrufkanal, er flöge inmitten einer dicken geschlossenen Wolkenschicht auf 8000 Meter Höhe, sein Kompaß spiele verrückt, und er wisse nicht mehr, wo er sich befinde. Man versucht seine Lage zu peilen. Die Überraschung ist groß, als festgestellt wird, daß sich die Maschine im Raum Stuttgart (!) befindet. Über Funk und Radar wird er in die Schweiz zurückgeführt.

Gemäß einer internen »Erklärung« hätte der Pilot damals seinen Kompaß um 180 Grad verkehrt eingestellt, so daß er von Anfang an in den falschen Raum geflogen sei. Dem widersprach aber die Diskrepanz von Flugzeit und Treibstoffverbrauch, die überhaupt nicht in Beziehung zur Flugstrecke gebracht werden konnte. Außerdem teilte die deutsche Flugsicherung auf Anfrage mit, das Echo sei urplötzlich auf ihren Radars erschienen.

Seltsamerweise deckt sich dieser Fall frappierend mit Ereignissen, die sich unbestätigten Funksprüchen zufolge am 4. Februar 1993 im Raum Nürnberg/München abgespielt haben sollen. Dort waren anscheinend mehrere Male Kampfflugzeuge im Luftraum innerhalb weniger Sekunden um Kilometer versetzt worden, seitlich und in der Höhe. Die betroffenen Piloten mußten sich an der neuen Position erst wieder zurechtfinden, denn ihre Bordinstrumente zeigten nichts Außergewöhnliches an. Am selben Tag meldete ein amerikanisches Kampfflugzeug außerdem einen Fastzusammenstoß mit einem satelliten- oder raumkapselartigen Gefährt, das offensichtlich die unmöglichsten Flugmanöver ausführte.

• *Um 1980:*

Im Raum Innerschweiz wird ein auf 12 000 Metern stehender Flugkörper festgestellt. Mehrmals wird das ungewöhnlich große Echo als Standziel oder Falschziel angesehen und aus dem System entfernt. Das Zeichen bleibt aber stehen. Ein Kampfflugzeug wird mit Überschallgeschwindigkeit auf das Objekt angesetzt. Der Pilot hat visuellen Kontakt, sein Bordradar erfaßt das UFO ebenfalls. Bei der Annäherung des Flugzeuges entschwindet das Objekt mit massiver Beschleunigung Richtung Osten nach Österreich. Der Pilot muß die Verfolgung schließlich erfolglos abbrechen. Interne »Erklärung«: Wetterballon (!).

- *November 1992:*

Verschiedene Radarstellen lokalisieren stark reflektierende, unbekannte Objekte, die sich im Gebiet Zentralschweiz und Alpen mehrmals mit unheimlichen Steig- und Sinkgeschwindigkeiten auf- und abbewegen. Ihre Bewegungen sind überaus schnell: In wenigen Sekunden legen die UFOs Höhendifferenzen von Kilometern zurück!
Die geheimnisvollen Flugkörper tauchen auf den Radarbildschirmen immer schlagartig auf und verschwinden ebenso plötzlich wieder. Gleichzeitig melden Militärpiloten, die in derselben Region Manövereinsätze fliegen, leuchtende Kugeln, welche sich den Maschinen vorübergehend annähern und dabei fadenartige Substanzen abzusondern scheinen. Die Piloten können sich ihrerseits keinen Reim auf die seltsamen Objekte machen, da sich diese manchmal regelrecht zu teilen scheinen, um dann wieder zu einem Festkörper zu verschmelzen!
Seltsamerweise kreuzt ausgerechnet während der aktivsten Phase der UFO-Aktivitäten ganz zufällig ein Flugzeug der US-Navy am Ort des Geschehens auf.

- *Juli 1993:*

Es ist circa 14:20 Uhr, als von einem Flugplatzradar unvermutet verschiedene unidentifizierbare Echos gemeldet werden: Die Objekte – sie haben sich zu sieben bis acht Gruppen formiert – durchqueren wie an einer Perlenschnur aufgereiht den schweizerischen Luftraum. Verschiedene Male verharren die fremden Eindringlinge für einige Zeit am selben Platz, um ihren Formationsflug anschließend wieder aufzunehmen. Flugsicherungsexperten haben keine Erklärung für die UFOs, um so mehr, als sich die unbekannten Flugkörper quer zur Windrichtung fortbewegen.

Über verschiedene Quellen habe ich mittlerweile auch Kenntnis von einigen anderen unerklärlichen Vorfällen im Schweizer Luftraum erhalten. Ein Fall betrifft etwa die UFO-Sichtung eines Westschweizers, der in den achtziger Jahren infolge seiner Erlebnisse vom EMD persönlich kontaktiert, zur Unterredung auf den Militärflugplatz Payerne eingeladen und schließlich sogar nach Bern gebeten wurde. Bei dieser Gelegenheit deuteten ihm die verantwortlichen Militärvertreter interessanterweise die Existenz von UFO-Filmmaterial in ihren Beständen an.

Im weiteren ist inzwischen bekannt geworden, daß Schweizer Militärradars bei ihren sporadischen Nachteinsätzen in den letzten Jahren verschiedentlich regelrechte Reihen unkonventioneller Rohechos empfingen, die oft minuten- oder stundenlang mit bester Qualität registriert wurden: Objekte, die spitze Winkel flogen, plötzlich verschwanden und an anderer Stelle wieder auftauchten oder mit Geschwindigkeiten beschleunigten, die jenseits aller konventionellen Erklärungsmöglichkeiten lagen. Über den Ursprung dieser Ziele wird von verantwortlicher Seite bis heute gerätselt. Der Zusammenhang mit dem UFO-Phänomen scheint allerdings offensichtlich.

Wie heißt es doch in dem 1975 vom EMD verbreiteten Nachrichtenbulletin 248-0: »Wenn auch zahlreiche seriöse Wissenschaftler der Ansicht sind, bei sämtlichen sogenannten UFOs handle es sich um andere, normale und erklärbare Phänomene, wäre es falsch, einen selbstherrlichen Standpunkt einzunehmen und alles, was man nicht erklären kann, als Phantasiegebilde oder Aberglauben abzutun.«

6 ETs im deutschsprachigen Raum: Der aktuelle Fallkatalog

> »Es gibt viele Fälle, in denen entweder die
> Erscheinung oder das Verhalten des Objektes
> so völlig von allem Bekannten abweicht, daß
> wir davon ausgehen müssen, daß der
> Beobachter entweder lügt oder sich täuscht.
> Möglicherweise hat er aber auch etwas
> gesehen, das wir mit unserem Kenntnisstand
> nicht erklären können.«

(HILARY EVANS, UFO-Forscher)

Die folgende Fallsammlung gibt einen aktuellen Überblick über weitere UFO-Sichtungen im deutschsprachigen Raum. Alle hier aufgeführten Vorfälle konnten trotz intensiver Untersuchungen bis heute nicht identifiziert werden.

- *September 1983: Hofstetten (Schweiz)*

»Wissen Sie, getäuscht habe ich mich nicht. Wirklich nicht. Das Objekt war einfach da ...«
Herr M. aus Hofstetten schaut mich nachdenklich an. Soeben hat er mir sein UFO-Erlebnis in allen Einzelheiten geschildert, ein Erlebnis, das ihn bis heute nicht losläßt. Gesprochen hat er bisher nur mit wenigen darüber. Zu groß war die Angst, ausgelacht zu werden. Dabei war die Erscheinung wirklich ausgeprochen unkonventionell.
Es hatte leicht geregnet, als der Schweizer an jenem Freitagabend gegen 23:00 Uhr mit seinem Auto nach Hause fuhr und dabei plötzlich rechts von sich ein scheibenähnliches Flugobjekt bemerkte, das unbeweglich neben einer

Hochspannungsleitung schwebte, um dort mit einem Lichtstrahl den Boden eines Feldes abzutasten.

Der Zeuge glaubte seinen Augen nicht zu trauen und kurbelte fassungslos das Autofenster herunter. Das Feld schimmerte infolge der Lichteinwirkung matt, während am Objekt selbst verschieden starke Lichter rot und grün leuchteten.

Dem Schweizer lief beim Anblick des fremden Flugkörpers ein gewaltiger Schauer über den Rücken. Schon wenige Sekunden später riß er das Steuerrad herum und brauste in wilder Panik davon. Das seltsame Ding folgte ihm beharrlich bis nach Hause, wo es seine Lichtemissionen einstellte und nun wie eine dunkle, undefinierbare Masse über den Häusern hing.

Plötzlich durchzuckte ein dumpfer Knall die Wolkendecke. Das UFO war verschwunden. Zurück blieb ein verängstigter Augenzeuge, der sich auf die Geschehnisse keinen Reim machen konnte. Wer würde ihm schon glauben? Und so zog es Herr M. vor, über sein Erlebnis zu schweigen. Bis er über Umwege meine Telephonnummer erhielt.

Noch immer schaut er mich nachdenklich an. »Die Gefühle zu beschreiben, die man beim Anblick eines derart fremdartigen Dinges hat, ist eine schwierige Sache«, unterbricht er schließlich stockend die Stille. »Ich weiß nur, daß das, was ich gesehen habe, real war. Erschreckend real!«

• *2. Dezember 1983: Dorsten (Deutschland)*

Herr G. aus Hamm berichtete mir folgendes: »Am Freitag, den 2. Dezember 1983, um 21:00 Uhr, befand ich mich mit meinem Schiff auf der Fahrt im Wesel-Dattel-Kanal in Fahrtrichtung Hünxe-Wesel. Es war sternenklar.

Fünf Kilometer vor der Stadt Dorsten bemerkte ich plötzlich rund 400 Meter landeinwärts, in ungefähr 150 Meter Höhe, etwas, das aussah, als ob dort oben auf dem Ende eines Fabrikschornsteins mit Flutlichtern gebaut würde. Ich überlegte mir, daß hier doch nur Wiesen seien und sonst gar nichts. Mehr aus Spaß sagte ich so zum Schiffseigner des hinter mir fahrenden Schiffes: ›Norbert, ich glaube, da fliegt ein UFO!‹ Dann überkam mich allerdings ein seltsames Gefühl: Die Sache wurde mir unheimlich.

Nachdem ich die Fahrt meines Schiffes heruntergesetzt hatte, nahm ich das Fernglas zur Hand und schaute nach dem Objekt. Es bestand aus einer verwirrenden Anzahl von Flutlichtern, die orange strahlten. Ich beobachtete das Objekt bereits fünf Minuten, als dieses unvermutet senkrecht in die Höhe stieg, schätzungsweise 2000 Meter hoch, und sich in nordwestlicher Richtung fortbewegte. Dabei flog es über mich hinweg. Was ich bei dieser Gelegenheit sah, paßt in kein Schema: Der Flugkörper bestand aus vier hell leuchtenden Quadraten, die ihrerseits ebenfalls zu einem Rechteck angeordnet waren. Jedes der vier Quadrate war in kleine Felder unterteilt, und die beiden Objekte in Fahrtrichtung (vorne und hinten) leuchteten intensiv. Der ganze Vorgang spielte sich völlig lautlos ab.«

Berichte über derartige Strukturen sind eher selten. Um so interessanter scheint es mir deshalb festzuhalten, daß nach Informationen der UFO-Forschungsgruppe MUFON-CES in der Nacht vom 19. auf den 20. September 1977 ein ähnliches Objekt auch über Rußland ausgemacht worden war.

Ebenfalls aus den siebziger Jahren datiert eine Beobachtung, die ich über einen Leser aus Annaberg erhielt. Er schreibt: »Ein sehr glaubwürdiger Bekannter erzählte mir einmal folgendes. Anfang der siebziger Jahre war er mit einem Freund in der Nähe des Städtchens Elterlein im sächsischen Erzgebirge unterwegs. (Die beiden Jungen waren damals vielleicht zwölf bis 14 Jahre alt.) Als sie eine Wiese überquerten, bemerkten sie ein durch die Luft fliegendes Objekt, das in einer Höhe von zehn bis 20 Metern schräg von hinten auf sie zuschoß und mit einer Geschwindigkeit von rund 30 bis 40 Kilometer pro Stunde geradlinig über sie hinwegzog, um schließlich hinter einer nahen Anhöhe zu verschwinden.

Beim Objekt handelte es sich um ein rechteckiges ›Gitter‹ aus einem nicht näher erkennbaren, dunklen Material, das in gleichmäßig große Rechtecke unterteilt war. Anmerken sollte man vielleicht noch, daß sich das Objekt vollkommen geräuschlos fortbewegte. Seine Flughöhe paßte sich konsequent den jeweiligen Bodenunebenheiten an.«

• *Januar 1991: Wetzlar (Deutschland)*

Lichtpunktsichtungen sind ebenso häufig wie umstritten. Schließlich bietet der Nachthimmel mit all seinen Sternen und sonstigen Lichtern ein faszinierendes Beobachtungsfeld, das mit vielen erklärbaren Erscheinungen aufwarten kann, die vom Beobachter oft nicht sofort als solche erkannt werden.

Dennoch tragen sich dort oben manchmal merkwürdige Dinge zu. Ich könnte viele Seiten füllen mit Sichtungsrapporten, die von fliegenden Lichtpünktchen berichten, die ihre Richtung oft innerhalb von Sekunden um 180 Grad änderten. Wirklich beweisen können solche Vorfälle allerdings kaum etwas, zu groß sind hier immer noch die möglichen Verwechslungskomponenten. Flugzeuglichter oder orange leuchtende Partyballone sorgten schon so manches Mal für Verwirrung. Gelegentlich wird es aber dennoch recht unkonventionell, wie folgendes Beispiel verdeutlicht:

Der Augenzeuge, ein 16 Jahre alter Junge aus Wetzlar, schaute sich gerade einen Spielfilm an, als er um 23:00 Uhr zufällig aus dem Fenster blickte. Zu seiner großen Verblüffung sah er dort am Nachthimmel ein strahlendes Licht, das seltsame, ruckartige Manöver nach oben und unten ausführte und sich allmählich rötlich verfärbte.

Was sich nun ereignete, schilderte mir der Augenzeuge persönlich: »Nach einiger Zeit geschah das für mich so Unglaubliche, denn das Objekt schien sich plötzlich zu teilen, und nun leuchteten auf einmal zwei dieser roten ›Sterne‹ am Firmament.«

Jetzt konnte den Jungen nichts mehr halten, und er rannte auf die Straße hinaus, um den Vorgang besser beobachten zu können: »Ganz plötzlich aber stellten die beiden Objekte ihre Bewegungen ein und fügten sich wieder zusammen. Nach wenigen Sekunden schien es mir, als ob ein Licht ausgeknipst wird, denn von einem Augenblick auf den anderen war der ›Stern‹ verschwunden. Ich will hier nicht behaupten, daß diese Erscheinung nicht natürlich erklärt werden könnte, doch bisher konnte mir noch niemand eine genaue Auskunft geben, was nun dieses Ding wirklich gewesen war.«

- *2. Mai 1992: zwischen Aurich und Bagband (Deutschland)*

Am 2. Mai beobachteten verschiedene Leute, unter ihnen auch einige Polizisten, seltsame Lichter, die nach Mitternacht am Firmament von Großefehn ihre Kreise zogen, um dann plötzlich in Richtung Leer wegzuschießen.

Thomas Haupt aus Aurich führte mit einigen der Augenzeugen ausführliche Gespräche und kontaktierte auch die zuständigen Polizeibeamten. Die hatten zuerst eine Lasershow beziehungsweise rotierende Scheinwerfer (sogenannte »Sky Tracker«) in Betracht gezogen, mußten diese Erklärung aber schon bald wieder fallenlassen, da zur besagten Zeit kein derartiges Gerät in Betrieb war. Der Beamte gegenüber Herrn Haupt: »Wir wissen heute noch nicht, um was es sich damals gehandelt hat.« Eine interessante Aussage, um so mehr, als die Scheinwerferhypothese mit den Aussagen einiger Augenzeugen nicht in Übereinstimmung gebracht werden kann. Da ist zum Beispiel das Ehepaar E., mit dem Herr Haupt ein ausführliches Interview über ihr Erlebnis führte. Mit seiner freundlichen Genehmigung gebe ich hier erstmals überarbeitete Auszüge aus diesem Gespräch wieder:

FRAGE: »Erzählen Sie mir bitte, was genau Sie in der Nacht vom 2. Mai 1992 erlebt haben.«

FRAU E.: »Wir fuhren so gegen 1:00 Uhr, zusammen mit einem anderen Ehepaar, in unserem PKW von Aurich nach Bagband. In der Nähe der Mülldeponie Großefehn hielten wir dann für einen Moment an.«

HERR E.: »Als ich dort beim Aussteigen zufällig nach oben schaute, sah ich vier große Lichter am Himmel kreisen. Sofort rief ich meinen Mitfahrern zu, sie sollten mal aussteigen, um sich das anzusehen. Wir schauten nun alle den vier Lichtern zu, die sich da im Uhrzeigersinn drehten. Erst kreisten sie über der Mülldeponie, dann aber bemerkten wir, wie sie sich uns näherten. Schließlich schwebten sie über uns und eine unangenehme Kälte breitete sich aus. Die Frauen wurden ängstlich, und als die Lichterscheinung gleichmäßig an Höhe verlor und sich über uns herabsenkte, ergriffen wir alle die Flucht. Wir hatten eben erhebliche

Angst, denn die Erscheinung war riesig. Die Lichter schwebten ungefähr in Baumwipfelhöhe über uns. Währenddessen hielten andere Autofahrer an, um sich das Schauspiel ebenfalls anzusehen. Schließlich fuhren wir weiter Richtung Westgroßefehn, bemerkten aber, daß wir von diesem Ding verfolgt wurden. Währenddessen fragten wir uns, was das wohl sein könnte. Plötzlich sahen wir, wie aus den vier Lichtern sechs wurden, sie waren kreisförmig angeordnet. Zusätzlich erschien in der Mitte des Objekts ein weiteres Licht, welches größer als die anderen war.«

FRAGE: »Welche Farbe hatten denn diese Lichter?«

HERR E.: »Die Lichter waren sehr hell, neonweiß. Das mittlere Licht leuchtete dann übrigens in unser Auto hinein, so daß es taghell wurde.«

FRAU E.: »Es wurde so hell, daß ich die Fusseln auf der Kleidung unserer Mitfahrer erkennen konnte. Ich spürte ein Kribbeln, aber das war vermutlich die Angst.«

HERR E.: »Ich beschleunigte mein Auto auf etwas über 100 Kilometer pro Stunde, aber die Lichter blieben über uns. Wir bemerkten, daß deren Rotationsgeschwindigkeit bei zunehmender Geschwindigkeit zunahm. Außerdem flog das Ding in Schräglage zur Flugrichtung. (...) Als wir in der Nähe der Spetzer-Mühle vor einer Ampel halten mußten, sahen wir, wie die mittlere Lichtquelle erlosch. Dann verschwanden auch die zwei zusätzlichen Lichter, somit bestand das Objekt also wieder aus den ursprünglichen vier Lichtern. Die schwebten jetzt kurz neben uns, danach flogen sie – wie eine riesige Frisbeescheibe im Kurvenflug – Richtung Großefehn davon. Wir fuhren unsererseits weiter in Richtung Strackholt.«

FRAGE: »War zwischen diesen ›Lichtern‹ so etwas wie feste Materie zu erkennen?«

FRAU E.: »Mein Mann mußte ja auf die Straße achten, aber

ich sah so etwas wie eine braun-weiße Masse in dem Dunst. Ich konnte runde Umrisse erkennen.«

FRAGE: »Haben Sie irgendwelche Geräusche wahrnehmen können?«

FRAU E.: »Nein, wir haben nichts Außergewöhnliches hören können, es war auch kein Luftzug zu spüren.«

- 4. Mai 1992: Wildeshausen (Deutschland)

Einen seltsamen, bumerangförmigen Flugkörper, dessen Vorderseite eine weiße, gerillte Struktur aufwies, beobachtete Peter W. aus Wildeshausen. Sein Erlebnis schilderte er gegenüber UFO-Forscher Hans-Werner Peiniger aus Lüdenscheid folgendermaßen:

»Am Sichtungstag hatte ich eine kurze Fahrradtour unternommen. An besagtem Montag fuhr ich zum Abschluß meiner Rundfahrt durch das Gewerbegebiet. Wie schon öfter in der Vergangenheit machte ich eine kleine Ruhepause. Ich stellte mein Fahrrad ab und blickte rein zufällig auf den schmalen Rasenstreifen, der sich zwischen zwei hier befindlichen Firmengrundstücken erstreckt. Da sah ich über einer Birkenreihe ein seltsames, silbergraues Flugobjekt schweben. Ich dachte zuerst an einen funkgesteuerten Modellflugkörper, der von Kindern oder Jugendlichen gestartet worden war. (...) Nach rund 40 Sekunden schwebte das Ding langsam auf die Büsche vor der Halle zu. Ich wollte gerade langsam in die Knie gehen, um mich dem Objekt besser nähern zu können, da verharrte der fremdartige Flugkörper in der Luft und schwebte zurück in seine Ausgangsposition. Er muß meine Bewegung bemerkt haben. Ich richtete mich also wieder auf, das UFO flog nun direkt auf mich zu. Ungefähr zehn bis 15 Meter über mir blieb es lautlos in der Luft stehen. Bei dieser Gelegenheit konnte ich mir die Umrisse des Flugkörpers genau einprägen. Nach rund einer Minute stieg dieser dann mit einer beachtlichen Geschwindigkeit bis in die unterste Wolkenregion auf. Ich konnte ihn danach noch einige Minuten beobachten, bevor er stecknadelkopfgroß in großer Höhe hinter den weißen Wolken verschwand.«

- *Zwischen dem 21. und dem 25. September 1992: Mainholzen (Deutschland)*

Frau L. befand sich nachts in ihrem VW-»Golf« auf einer Landstraße ganz in der Nähe von Mainholzen, als sie sich mitsamt ihrem Auto plötzlich in einer auffällig hellen, transparenten Kugel wiederfand. Und obwohl deren Helligkeit sehr intensiv ausfiel, fühlte sich die Zeugin nicht im geringsten geblendet. Gleichzeitig stellte sie aber erschreckt fest, daß ihr Wagen gute 40 Zentimeter über dem Erdboden schwebte!
Seltsamerweise war die Erscheinung bereits knappe zehn Sekunden später wieder verschwunden, genauso plötzlich wie sie zuvor aufgetaucht war. Ein Vorgang, den sich die betroffene Frau verständlicherweise überhaupt nicht erklären kann: »Ich empfand keinen Stoß oder Ruck beim Aufsetzen auf den Erdboden. Ich sah auch nicht, daß sich die immerhin recht große Kugel entfernte. Die war einfach weg! Dann überkam mich eine wahnsinnige Angst, und ich fuhr so schnell ich konnte nach Hause.«
Interessanterweise liegt uns zu diesem Vorfall eine ganze Reihe gut dokumentierter Parallelfälle vor:
– C. Acevedos und M. Moya befanden sich am 23. September 1970 auf einer im August in Buenos Aires (Argen-

tinien) gestarteten Auto-Rallye. Plötzlich erschien ein helles Flugobjekt, das ihren Wagen für kurze Zeit in die Lüfte hob.

– 14. Mai 1971: W. Raw-Eater durchquerte zusammen mit seiner Frau das Gebiet der »Blackfoot«-Indianer bei Gleichen, Alberta (Kanada), als oberhalb seines Autodaches unvermutet ein hell leuchtendes Objekt auftauchte, den Wagen kurzerhand in die Lüfte riß und ihn dann wieder fallen ließ.

– Auch Catherine Burk berichtete Journalisten Ähnliches: Sie befand sich am Abend des 15. Oktober 1983 auf einer Landstraße in Altoona, Pennsylvania (USA), als sich von rechts plötzlich ein hell leuchtender Diskus näherte, ihr Auto emporhob, um es kurz darauf wieder freizugeben. Frau Burk zog sich dabei derart gravierende Verletzungen zu, daß sie noch einen Monat nach dem Vorfall eine Halskrause tragen mußte.

– Für weltweite Schlagzeilen sorgte außerdem der »Mundrabilla-Fall«: Damals, am 20. Januar 1989, hatte das unbekannte Kraftfeld eines eiförmigen Flugobjekts den Wagen der australischen Familie Knowles für einige Zeit vom Boden gehievt und ihn erst nach einiger Zeit wieder unsanft freigegeben. Zwar sprach Glen Moore, Physik-Professor an der Universität Woolongong, bald einmal von einem »kohlenstoffhaltigen Meteoriten«, der über die Köpfe der Knowles hinweggezischt sein soll, Mutter Fay Knowles ließ diese »Erklärung« allerdings ziemlich kalt: »Wir hätten eben alle den Mund halten sollen. Jetzt sieht es halt so aus, als ob wir alle Lügner oder Spinner wären.«

Nebenbei bemerkt ereigneten sich alle fünf hier beschriebenen Vorfälle entweder bei einbrechender Dunkelheit oder im Morgengrauen, außerdem wiesen alle Zeugen ausdrücklich auf die extreme Helligkeit der Objekte hin.

- *13. Dezember 1992: Muttenz (Schweiz)*

Am 13. Dezember 1992 konnte der Journalist Ronald Goldberger zusammen mit mehreren anderen Personen gegen 0:35 Uhr von einer Landstraße aus staunend eine Erscheinung beobachten, die sich am Himmel über Muttenz bei Basel (Schweiz) abspielte. Völlig lautlos zogen dort alle paar Sekunden seltsam leuchtende Gebilde in Wellenbewegungen übers Firmament Richtung Schwarzwald. Jedes dieser Objekte schien aus einer starren Formation von vier bis fünf kugelartigen Flugkörpern zu bestehen. Die Kugeln leuchteten in einem warmen Gelb, ihre Unterseite schimmerte dunkelrot. Wie Herr Goldberger dem Autor erläuterte, schienen sich von jeder dieser Kugelformationen seltsam leuchtende, tropfenförmige Gebilde zu lösen, die sich jeweils nach einigen Sekunden wieder auflösten.

Und um allen enthusiastisch gestikulierenden Zweiflern den Wind gleich aus den Segeln zu nehmen: Ein Satelliten-Re-Entry beziehungsweise ein Meteorit scheidet als Verursacher aufgrund der Beobachtungsdauer von rund fünf Minuten eindeutig aus. Und so müssen wir auch diese Erscheinung aller gesunden Skepsis zum Trotz als UFO klassifizieren, um so mehr, als an der Integrität der Beobachter nicht zu rütteln ist. (Kommt dazu, daß einer der involvierten Augenzeugen sich bis heute nie so recht mit seiner Beobachtung anfreunden konnte und allem Unerklärlichen nach wie vor mißtrauisch gegenübersteht.)

- *1. Januar 1994: Autobahn, Nähe Önsingen (Schweiz)*

»Ich weiß, es ist wirklich die ›blödeste‹ Nacht für einen solchen Vorfall. Immerhin war es 1:30 Uhr in der Früh, und wir hatten einige Stunden zuvor natürlich mit einem Glas Champagner auf das neue Jahr angestoßen. Aber betrunken waren wir deshalb noch lange nicht.«

Monika Rötheli war noch ziemlich aufgewühlt, als sie mir von der seltsamen Erscheinung berichtete, die sie zusammen mit drei anderen Insassen auf der Autobahnfahrt durch die Frontscheibe ihres Wagens deutlich wahrgenommen hatte: Eine regelrechte UFO-Staffel, bestehend aus sechs bis zehn sehr großen, metallischen Flugobjekten scheibenähnlicher Gestalt, schoß damals innerhalb weniger Sekunden knapp über ihr Auto hinweg. Erschreckt wanderte ihr Blick sofort zum Rückfenster, aber da waren die Objekte bereits verschwunden.

»Wolken, Blitze oder irgendwelche Lichtspiegelungen waren das sicherlich nicht«, zeigte sich Frau Rötheli mir gegenüber hundertprozentig sicher. »Das Ganze wirkte vielmehr ziemlich unkonventionell, um so mehr, als die Luft rund um die Objekte seltsam hell schimmerte.«

Eine ähnliche Erscheinung hatte mir im Juni 1993 bereits Frau G. aus Gelterkinden bei Basel beschrieben. Sie hatte am 25. April 1993 gegen 22:30 Uhr soeben einige Fensterflügel ihres Hauses geöffnet, als sie am Firmament unvermutet eine Staffel seltsamer Objekte ausmachen konnte, die ihr von dort allmählich entgegenschwebten. »Die sieben bis neun Flugkörper sahen aus wie eine Serie Seifenblasen und leuchteten matt wie Milchglas«, stellte sie mir gegenüber fest und konnte sich dabei noch gut daran erinnern, in deren Mitte jeweils einen dunklen Ring wahrgenommen zu haben. »Nacheinander ›erloschen‹ die Scheiben schließlich. Das begann vorne links. Es besteht daher die Möglichkeit, daß sie nur von einer Wolke oder dem Dach meines Hauses verdeckt wurden. Motorengeräusch war übrigens keines zu hören.«

7   Zensierte Information –
Die seltsame UFO-Politik der USA

> »Der Weltöffentlichkeit werden Informationen
> vorenthalten, die für sinnvolle
> Entscheidungen wesentlich sind. Oft ist
> sie in Fragen lebenswichtiger Bedeutung
> fehlinformiert.«
>
> (RAMSEY CLARK, Ex-US-Verteidigungsminister)

Michael Hesemann, Journalist aus Deutschland und UFO-
Experte, bezeichnet die Aussagen von Major Ed Dames als
Sensation. Er interviewte den früheren Geheimdienstoffi-
zier der USA im Juni 1993 für seine Zeitschrift »Magazin
2000«. Und sollten sich die Aussagen des Amerikaners bewahrheiten, dann steht uns fürwahr Verrücktes bevor.
Dames ist Vorsteher von PSI TECH, einer privaten Firma,
bestehend aus militärischen Offizieren (meist aus den Be-
reichen »Nachrichtendienst« und »Sonderaufträge«), die
ursprünglich im Dienste der US-Militärs parapsychologi-
sche Techniken wie Fernwahrnehmung erfolgreich in der
nachrichtendienstlichen Aufklärung einsetzten. (Zu PSI
TECH zählen heute außer Clinton-Berater Lt. Col. John
Alexander selbst so ranghohe Haudegen wie Generalmajor
Albert Stubblebine, der während seiner Aktivzeit Tausende
von Spionen im US-Nachrichtendienst unter seinen Fitti-
chen hatte!)
»Unser Team wurde in den frühen Achtzigern zusammen-
gestellt, direkt nach dem Durchbruch der Fernwahrneh-
mungsmethode durch Ingo Swann«, erklärte der PSI
TECH-Chef dem deutschen Journalisten damals. »Ingo
Swann lehrte mich die Fernwahrnehmung. Ich brachte das
anderen Offizieren bei. Wir blieben ein militärisches Team

von 1982 bis 1988/89, als wir schließlich aufgrund der veränderten politischen Situation beschlossen, unsere Dienste der Öffentlichkeit anzubieten und eine eigenständige Firma zu gründen.«

Schlagzeilen machte PSI TECH 1991, als man auf Bitte von US-Major Karen Jansen die Vereinten Nationen in der Auffindung von B- und C-Waffen-Arsenalen Saddam Husseins im Irak unterstützte. Nach intensiver Vertiefung und Konzentration fertigte das medial begabte Personal rund um Dames damals Lageskizzen unterirdischer Arsenale im Irak an, die den verantwortlichen Befehlshabern übergeben wurden.

Dames wußte aber auch von UFOs eine ganze Menge zu berichten. So habe er während seiner Dienstzeit von mehreren Fällen erfahren, in welchen UFOs direkt über Atomwaffenarsenalen herummanövriert seien. Und in einem Fall zeigte der Code der atomaren Fernlenkraketen plötzlich nur noch Nullen an. »Ein Vorfall, der in den höchsten Rängen des Pentagons für stärkste Beunruhigung sorgte«, erinnerte sich Dames noch gut. »Denn Fernlenkraketen lassen sich nur durch diesen speziellen siebenstelligen Code starten.«

Den Hauptgrund für das nachhaltige Schweigen der US-Behörden über derartige Vorfälle sieht der Amerikaner grundsätzlich darin, daß sich die amerikanischen Militärs das Phänomen nicht erklären können. Also werden Erscheinungen, die man nicht erklären kann, auch nicht öffentlich diskutiert. Eine unsägliche Politik. Aber die amerikanische Regierung praktiziert sie seit Jahrzehnten erfolgreich.

»Ach, dieser NICAP-Bericht, das ist doch der größte Quatsch, den ich je gelesen habe!«

Der Mann schüttelte demonstrativ seinen Kopf und warf seinem Gegenüber ein höhnisches Lächeln zu.

Major Keyhoe blieb gelassen. Es war ihm klar, daß der Vertreter der Luftwaffe, der ihm da gegenübersaß, nur seinen undankbaren Job tat.

Streitpunkt der TV-Debatte war eine sorgfältig erarbeitete UFO-Studie, welche die private UFO-Organisation NICAP und ihr Leiter Donald Keyhoe Anfang der sechziger Jahre dem amerikanischen Kongreß vorgelegt hatten. Eine Studie, in welcher die Schlußfolgerung erwogen wurde, daß es sich bei den überall beobachteten unidentifizierbaren Flugkörpern möglicherweise um extraterrestrische Konstruktionen handeln könnte. Daran hatte die US-Luftwaffe natürlich keine große Freude. Nicht zuletzt auch, weil Major Keyhoe bereits in den frühen fünfziger Jahren für verschiedene Bücher verantwortlich zeichnete, in denen er die amerikanische Luftwaffe der wissentlichen Geheimhaltung verschiedener UFO-Vorfälle bezichtigte. Schwere Vorwürfe, die damals für beträchtlichen Wirbel sorgten.

Und nun saß Keyhoe an diesem 15. Dezember 1960 in einem Fernsehstudio Lawrence J. Tacker gegenüber, und auch der hatte ein Buch über UFOs zu verantworten, wenn auch ein ungleich skeptischeres. Es zog all die Beobachtungen ins Lächerliche und kam zu dem Schluß, daß sämtliche Beobachtungen auf Verwechslungen und Mißverständnissen beruhten. Die Luftwaffe gab ihren Segen dazu und stellte sich bedingungslos hinter die Äußerungen ihres Sprechers, denn die Herren hofften damit wohl, die UFO-Thematik ein für allemal aus den öffentlichen Schlagzeilen verbannen zu können. Für Keyhoe eine unhaltbare Situation: »Dieser Quatsch, wie Sie sich ausdrücken, ist immerhin vom früheren Leiter des staatlichen Geheimdienstes, Vizeadmiral Hillenkoetter, unterschrieben worden, im weiteren unterzeichneten ihn auch Admiral Knowles, Oberst Emerson und rund 200 weitere Personen, darunter auch viele Wissenschaftler und Ingenieure. Das sind nun wirklich keine Verrückten. Sie sind über die alles abstreitende UFO-Politik der Air Force ganz einfach besorgt.«

»Ich muß hier unterbrechen, um zu sagen, daß es keine solche Politik gibt«, unterbricht Tacker eifernd.

Keyhoe kann ein Lächeln nur schwer unterdrücken: »Die Politik wird doch selbst in Ihrem – UFOs gegenüber äußerst kritischen – Buch ganz klar geschildert. Verordnung 200-2 der Luftwaffe führt aus, daß sich ›die Bemühungen der Luftwaffe darauf zu richten haben, die ungeklärten Rapporte auf ein Minimum herabzudrücken‹!«

»Paragraph 18 aber sagt, daß alle Informationen der Öffentlichkeit übergeben werden und nicht als geheim klassifiziert werden ...«, fährt Tacker erneut dazwischen, und jetzt greift auch TV-Moderator Dave Garroway ins Gespräch ein:

»Nun, das mag ja stimmen, aber die Informationen, die herausgegeben werden, sind doch wohl eben genau diese auf ein Minimum reduzierten.«

Keyhoe nickt: »Nehmen wir einmal das Jahr 1957. Da erbaten wir eine Anzahl Fälle, und man hat uns nicht einmal geantwortet!«

Tackers Miene bleibt unbeweglich: »Ich habe Ihnen jeden Fall ausgehändigt, den Sie verlangten.«

»Ich verlangte den Fall von Hauptmann Ryan, in welchem die Luftwaffe ein Kursflugzeug auf UFO-Jagd beorderte ...«

»Wir haben nie ein Kursflugzeug angewiesen, eines dieser Objekte zu verfolgen.«

»Ach was!« Nun war es der Major, der ärgerlich den Kopf schüttelte: »Wir haben doch das Band und die Niederschrift. Beides befindet sich im Büro von Senator Monroney.«

Tackers Züge werden etwas unruhig: »Sie sagten, daß Sie das Stahlband hätten. Ich habe es nie gesehen, geschweige denn abgehört.«

»Sie können es sich jederzeit gerne anhören, außerdem habe ich die betreffende Niederschrift dabei.«

Das Gespräch nahm seinen Verlauf, und Tacker begann sich in immer neuen Widersprüchen zu verfangen, was Keyhoe ständig neue Gelegenheiten gab, den Luftwaffensprecher direkt mit den ihm vorliegenden Informationen zu konfrontieren: »Im Jahre 1948 – und Sie haben das Bestehen des Dokuments dementiert – gab es eine streng geheime Einschätzung, wonach diese Dinge interplanetarischen Ursprungs sind. Es wurde dies erstmals von Hauptmann Ruppelt bekannt gemacht.«

»Ich habe nie davon gehört!«

Keyhoe gibt nicht auf: »(...) Ich möchte Sie bitten, mir hier einen Fall zu erklären.«

»Meinetwegen, schießen Sie los.«

»Letzten August sahen zwei Polizisten bei Red Bluff ein Objekt, das in einem bestimmten Moment 150 Meter über ihrem Streifenwagen schwebte und dessen Radio außer Betrieb setzte. Es suchte den Boden mit einem roten Licht ab. Die Polizisten richteten ihre Scheinwerfer auf es, und das Objekt stieg augenblicklich mit hoher Geschwindigkeit in die Höhe. (...) Wir befragten Sie in dieser Sache, und Sie behaupteten, diese Leute seien durch den Planeten Mars und die Sterne Aldebaran und Beteigeuze getäuscht worden.«

»Stimmt!« frohlockt Tacker.

»Wir ließen aber durch das Hayden-Planetarium in Boston sowie durch andere Astronomen eine Prüfung anstellen, mit dem Ergebnis, daß Mars erst eine Stunde später aufstieg, Aldebaran zwei und Beteigeuze sogar volle drei Stunden später!«

Nun war es wieder der Luftwaffensprecher, der unsicher wurde. Er zögerte etwas: »Es gab eine Temperaturinversion. Das gibt eine Refraktion und eine Spiegelung über dem Horizont ...«

»Nicht für drei Stunden!« Langsam wurde Keyhoe der Argumentation seines Gegenübers überdrüssig: »Ein Stern, der erst drei Stunden später aufgeht, kann nicht hinaufgespiegelt werden!«

Tacker murrte leise: »Ich gebe ja auch nur wieder, was mir unser wissenschaftliches Team gesagt hat. Das ist alles.«

In der Tat ist es inzwischen ein offenes Geheimnis, daß die Air Force in Zusammenarbeit mit amerikanischen Geheimdiensten dem UFO-Problem jahrelang mit gezielten Desinformationskampagnen zu Leibe rückte, um Fragen und Interesse innerhalb der Bevölkerung möglichst gering zu halten. Augenzeugen wurden eingeschüchtert, Photos beschlagnahmt, Fälle geheimgehalten. Die ganze UFO-Literatur wimmelt von derartigen Beispielen, und auch nach Abzug einiger unglaubwürdiger Mitläufer bleibt bis heute ein ganzes Bündel verrücktester Meldungen übrig, die das UFO-Interesse der Militärs eindrücklich belegen.

Nachrichtendienstliche Geheimnisse sind selten unsterblich, und so kam 1978 die vorübergehende Wende, als die »Ground Saucer Watch«, eine amerikanische UFO-Forschungsgruppe, der CIA nach einem monatelangen juristischen Streit unzählige Dokumente abnehmen konnte, die zuvor als geheim klassifiziert waren. Ein sauber dokumentierter UFO-Vorfall folgt dort dem nächsten. Im großen und ganzen zeigen die freigegebenen Dokumente, daß die CIA in früheren Jahren der Öffentlichkeit gegenüber wissentlich mehrmals falsche, verharmlosende Auskünfte über die UFO-Problematik abgegeben hatte, in Wirklichkeit aber der Sache interessiert nachging, »da zumindest die entfernte Möglichkeit besteht, daß es sich bei UFOs um interplanetarische oder ausländische Flugobjekte handelt«, wie es in einem CIA-Memorandum vom 31. März 1949 heißt. In einem anderen Dokument vom 14. April 1976 liest man sogar von »UFO-Experten der CIA«, ein weiterer Hinweis für die Verwicklung der amerikanischen Geheimdienste in die UFO-Frage.

Auch der ehemalige Schwadronskommandeur William Coleman meint, daß in Amerika schon sehr früh streng geheime UFO-Untersuchungsausschüsse eingerichtet worden sein müssen. Coleman hatte in seiner Funktion als Bomberpilot 1955 deutlich einen fliegenden Diskus beobachtet, der lautlos über Alabama hinwegschoß. Ende der achtziger Jahre berichtete er im amerikanischen Fernsehen über sein Erlebnis: »Als wir dieses silbrige Ding ausmachten, flog es in gleicher Richtung wie wir. Wir überholten es und befanden uns schließlich innerhalb einer Achtelmeile Entfernung, buchstäblich auf dem Kopf des Dinges. Die ganze Crew war Zeuge. Es war flügellos, eine Scheibe, etwa 70 Fuß im Durchmesser, 15 Fuß hoch, wirklich eine typische fliegende Untertasse. Und sie vollführte erstaunliche Manöver: In einer Sekunde war sie da, in der nächsten weg. Wir jagten sie, verloren sie dann aber später aus den Augen.«

Interessanterweise konnte Coleman als späterer Pressesprecher der Air Force und Mitarbeiter im »Project Bluebook« – dem damals einzigen offiziellen UFO-Untersuchungsausschuß der Vereinigten Staaten – seinen eigenen Bericht nirgendwo in den betreffenden Files finden. Irgend jemand hatte ihn offensichtlich entfernt und an höhere Stellen weitergeleitet.

Viele derartige, von involvierten Geheimdienstkreisen lange Zeit zurückgehaltene Informationen dokumentierte 1987 der britische Autor Timothy Good, als er die mittlerweile offiziell freigegebenen Dokumente dem Anhang seines brillanten Werkes »Above Top Secret« beifügte. Good spricht dort auch die potentielle Verwicklung der NASA in UFO-Belange an und gibt zu bedenken, daß diese »grundsätzlich zwar eine zivile Einrichtung ist, gleichzeitig aber eng zusammenarbeitet mit der CIA, dem Verteidigungsministerium, dem National Reconnaissance Office, der National Security Agency und anderen Behörden«.

Für den Briten ist deshalb längst klar, daß auch die amerikanische Weltraumbehörde UFO-Beweismaterial zurückhält. Er verweist in diesem Zusammenhang auf ihre unrühmliche Verwicklung in die Analyse von Metallteilen, welche im April 1964 bei einer UFO-Landestelle in Socorro, New Mexico, geborgen wurden.

Ray Stanford und andere Mitglieder der NICAP kontaktierten damals das Goddard-Raumflugzentrum der NASA in Greenbelt und übergaben ihr zur genaueren Analyse die mit Metallsplittern übersäte Socorro-Gesteinsprobe.

Dr. Frankel, der zuständige NASA-Mitarbeiter, legte den mitgebrachten Stein auch gleich unter sein Mikroskop und äußerte danach die Vermutung, die Partikel sähen aus, »als könnten sie in geschmolzenem Zustand auf den Stein gelangt sein«. Man müsse sie für eine genauere Untersuchung vom Brocken lösen. Die NICAP-Mitarbeiter stimmten diesem Vorhaben unter der Bedingung zu, einen Teil der Partikel für eigene Untersuchungen zurückzuerhalten, und wurden unterdessen zum Mittagessen gebeten, während NASA-Spezialisten sogleich mit der Arbeit begannen.

Groß war die Überraschung, als man den verdutzten UFO-Forschern den gesäuberten Stein nach dem Essen wieder in die Hände drückte: Von den Metallpartikeln war nicht die kleinste Spur mehr zu entdecken!

Stanford war empört und blickte Dr. Frankel zornig an: »Sie hatten uns doch versprochen, einen Teil der Metallsplitter für eigene Untersuchungen übrigzulassen!«

Frankel wand sich hin und her: »Wir haben ja versucht, Ihnen etwas übrigzulassen, aber wir mußten auch genug für uns abzweigen, um eine genaue Analyse durchführen zu können.« Die Metallproben würden dafür nun genauestens auf ihre Elemente hin untersucht, und nach Abschluß all dieser Untersuchungen könne er in einigen Tagen sicherlich genauere Auskünfte geben.

Als Stanford die ganze Sache etwas später mit einem Angestellten der US-Navy in Washington besprach, hätte er sich grün und blau ärgern können, denn der lachte nur laut los: »Wenn das Metall in irgendeiner Weise ungewöhnlich ist, wird man Ihnen niemals Unterlagen zur Verfügung stellen, aus denen das hervorgeht. Die Leute in Goddard wissen ganz genau, daß sie alle wichtigen Funde, gerade auch seltsame Legierungen von UFOs, an die höchsten NASA-Stellen melden müssen. Diese Stellen informieren dann sofort den Präsidenten, weil die Angelegenheit die nationale Sicherheit und Stabilität betrifft. Eine Direktive der Sicherheitsbehörden wird diesen selbsternannten Autoritäten in Goddard dann schon sagen, in wessen Zuständigkeit die ganze Sache fällt.«

Stanford rechnete also bereits mit dem Schlimmsten, als er Dr. Frankel am 5. August 1963 erneut anrief. Doch der schien sich ehrlich über den Anruf zu freuen und hatte auch gleich eine spannende Neuigkeit auf Lager: »Die fraglichen Partikel bestehen tatsächlich aus einer Metallkombination, die nicht auf natürlichem Wege zustande kommen konnte. Im einzelnen bestehen sie vorwiegend aus zwei metallischen Elementen. Die Zink-Eisen-Legierung, aus der die Partikel bestehen, weist eine recht interessante Besonderheit auf: Unsere Listen aller bekannten Legierungen, die auf der Erde, einschließlich der UdSSR, hergestellt werden, enthalten keine Legierung mit dieser spezifischen Kombination oder diesem Verhältnis der beiden hier hauptsächlich vertretenen Elemente. Das Ergebnis spricht unserer Meinung nach entschieden für die These, daß es sich bei dem Socorro-Objekt um Metall außerirdischen Ursprungs handeln könnte.« Erst müßten allerdings noch weitere Untersuchungen abgewartet werden, ergänzte Frankel und schlug Stanford vor, ihn in den nächsten Tagen doch einfach noch einmal anzurufen.

Und nun ändert die Story plötzlich ihre Richtung. Denn trotz mehrmaligem Anrufen von Stanford bei den NASA-Behörden war Dr. Frankel plötzlich nicht mehr verfügbar. Entweder war er gerade in einer Konferenz, dann wieder war er einfach »nicht zu erreichen«. Schließlich meldete sich am 20. August ein gewisser Thomas P. Sciacca von der NASA bei dem amerikanischen UFO-Forscher: Dr. Frankel sei nicht mehr mit der Angelegenheit betraut, erklärte er dem verdutzten Stanford. »Daher möchte ich Ihnen auf Ihre wiederholten Nachfragen die Ergebnisse der Analysen mitteilen. Alles, was Dr. Frankel Ihnen zuvor gesagt hat, beruht auf einem Irrtum. Bei der Probe handelt es sich ganz einfach um schlichte Kieselerde.«

Die Sache war vom Tisch. Für Timothy Good Grund genug, sich Gedanken über die NASA und ihre Verwicklung in das UFO-Problem zu machen. Um so mehr, als angebliche UFO-Photos, welche »X-15«-Raketenflugzeuge der NASA bereits Anfang der sechziger Jahre schießen konnten, kurz nach ihrer Untersuchung plötzlich »nicht mehr verfügbar« waren.

Ob nun die »X-15«-Politik der NASA tatsächlich auf mögliche Vertuschungen hindeutet, darüber mag man streiten. Tatsache ist jedenfalls, daß zu viele gute UFO-Informationen, die der NASA im Laufe der Zeit in die Hände gerieten, unter Zuhilfenahme der verschiedensten Ausreden plötzlich verschwunden waren und bis heute nicht mehr aufgetaucht sind. Selbst die Bilder, die dem amerikanischen Astronauten James McDivitt gelangen, blieben bis heute unauffindbar.

McDivitts Schreiben über diese merkwürdige Angelegenheit liegt mir in einer Originalkopie vor, die über verschiedene Umwege in meine Hände geriet. Der Brief an Scott Carpenter datiert vom 27. November 1972:

»Während der ›Gemini-4‹-Mission, wir befanden uns gerade im Treibflug, bemerkte ich durch das Fenster unserer Kapsel ein Objekt. Es schien mir zylinderförmig (...) zu sein. (...) Ich konnte weder die Größe noch die Entfernung abschätzen. Es hätte sehr klein und damit sehr nahe, oder aber auch sehr groß und damit weit entfernt gewesen sein können. Ich versuchte mit den beiden Photoapparaten, die wir an Bord hatten, das Objekt zu photographieren. Da ich es aber nur kurze Zeit sah, mußte ich die Aufnahmen aufs Geratewohl machen.

Nach der Landung wurden die Filmaufnahmen von ›Gemini-4‹ unverzüglich nach Houston gebracht, währenddessen Ed White und ich die nächsten drei Tage in der ›Aircraft-Barrier‹ verbringen mußten. Zu dieser Zeit entwickelte ein NASA-Filmtechniker die Negative und suchte die Aufnahmen heraus, von denen er glaubte, sie zeigten den geheimnisvollen Flugkörper. Unglücklicherweise war die Aufnahme, die er heraussuchte, diejenige einer Sonnenspiegelung im Fensterglas der Kapsel, und die hatte nun wirklich gar nichts zu tun mit dem Objekt, das ich gesehen hatte. Die Aufnahme wurde freigegeben, bevor ich zurückkehren konnte und die Chance hatte, den Irrtum in der Auswahl aufzuzeigen. Ich schaute die Photos später selbst durch, war jedoch unfähig, eine Aufnahme zu finden, auf der das von mir beobachtete Flugobjekt abgebildet war.«

Interessanterweise spricht auch Major Dames von PSI TECH von UFO-Aktivitäten im Weltraum, ja er glaubt sogar zu wissen, daß die fliegenden Phantome Basen auf dem Mond unterhalten. »Wir hatten einige Jahre lang ganz normale nachrichtendienstliche Aufklärungsarbeit betrieben, als uns ein nationaler Nachrichtendienst eine Reihe von Photographien vorlegte, die von unseren Weltraumaufklärungssatelliten aufgenommen worden waren«, hielt er gegenüber Michael Hesemann fest. »Diese Satelliten waren Frühwarnsysteme, etwa 800 Kilometer weit draußen im Erdorbit stationiert, die uns vor Raketenstarts potentieller Gegner in der ganzen Welt warnen sollten. Doch statt dessen photographierten sie Objekte, die quasi über ihre Schulter, von hinten, aus dem Weltraum, einflogen und offenbar künstlichen Ursprungs waren.«
Die Vorfälle hatten zu einigem Kopfzerbrechen unter den Verantwortlichen geführt: »Wir wußten, daß diese Dinger aus keinem anderen Land der Erde kamen, woher also stammten sie?«
Weitere mediale Abklärungen sollen in der Folge die Sache mit den lunaren Zwischenstops enthüllt haben. Eine ziemlich unglaubliche Geschichte, spräche da nicht gleichzeitig auch ein derzeit in Rußland laufendes UFO-Untersuchungsprojekt explizit von UFO-Begegnungen einiger

Astronauten: eine Studie, für die angeblich das russische Verteidigungsministerium verantwortlich zeichnet und die nach wie vor strengster Geheimhaltung unterliegt.

Von ihrer Existenz erfuhren wir erstmals über die beiden amerikanischen UFO-Experten Bryan Gresh und George Knapp, denen es nach monatelangen und oft sehr mühseligen Vorbereitungen gelang, in Rußland mit Militärs und hochdotierten Wissenschaftlern in Verbindung zu treten, die in solche Untersuchungen involviert waren beziehungsweise direkte Kenntnis davon hatten.

Wie Dames listen auch Gresh und Knapp einen Vorfall auf, in welchem ein UFO offensichtlich den Abschußcode einer Rakete manipuliert hat. Die Sache trug sich nach Angaben ihres Informanten Boris Sokolov, einem ehemaligen Oberst, am 5. Oktober 1983 in der Ukraine zu. Sokolov selbst war damals in die Untersuchung der Geschehnisse verwickelt.

Den Namen ihres anderen Gewährsmannes, er leitet das geheime UFO-Projekt im russischen Verteidigungsministerium, wollen die beiden Amerikaner aus verständlichen Gründen noch nicht nennen. Die Bezeichnung der fraglichen Studie legten sie 1993 allerdings offen. Sie trägt den Titel »Thread-3« und beschäftigt sich unter anderem mit UFO-Sichtungen der sowjetischen Kosmonauten.

Auch der berüchtigte russische Geheimdienst KGB hat mittlerweile 124 Seiten UFO-Dokumente entklassifiziert. Bereits 1992 waren aufsehenerregende Gerüchte durch die sowjetische UFO-Szene gegeistert, die von der baldigen Freigabe brisanter UFO-Papiere sprachen. Die Gerüchte sollten sich schon kurze Zeit später bewahrheiten, als der Redaktion der Zeitschrift »Aviatsionnye i Raketnye Dvigateli« (»Flugzeugmotoren und Raketenantriebe«) ein dicker Briefumschlag ins Haus flatterte, der eine ganze Reihe brisanter UFO-Schilderungen aus Geheimdienstarchiven enthielt. In minutiöser Arbeit hatten die Behörden dort offenbar unzählige spektakuläre Augenzeugenberichte einschließlich Datum, Rang und Namen verewigt.

Im März 1993 legten die russischen Forscher ihren Kollegen im Westen erstmals einige dieser besonders erwähnenswerten Vorfälle vor. Einer davon hatte am 23. Mai 1985 in der Region von Khabarovsk stattgefunden: Nachdem dort gerade ein Bomberregiment zum Übungsflug aufgestiegen war, machte der Kontrollturm gegen 22:35 Uhr ein schwach orange leuchtendes, ellipsoides Flugobjekt unbekannten Ursprungs aus, das in einer Höhe von 2000 bis 3000 Metern seltsame Flugmanöver vollführte. Manchmal sank es plötzlich ab oder verharrte auch mal an Ort und Stelle. Nach 13 Minuten entschwand es endgültig. Nur zwei Stunden später konnte aber bereits ein ähnliches Objekt für weitere zehn Minuten beobachtet werden. Grelle Lichtstrahlen sollen von seiner Oberfläche nach oben und nach unten weggeschossen sein.

Ein anderer, ebenso spektakulärer Vorfall spielte sich am 28. Juli 1989 in der Nähe von Kapustin Yar (Astrahan-Region) ab. Militärangehörige hatten dort gegen Mitternacht während der Dauer von rund zwei Stunden einen grünlich schimmernden Diskus mit einem geschätzten Durchmesser von vier bis fünf Metern beobachtet, der über den örtlichen Raketendepots herummanövrierte. Innerhalb der KGB-Dokumente wird dabei von regelmäßig auftretenden Lichtemissionen an der Unterseite des Flugkörpers berichtet. Später sei an besagter Stelle gar ein regelrechter Lichtstrahl ausgefahren worden, der die Umgebung vorsichtig abzutasten schien.

Die größte Überraschung bargen aber die »Thread-3«-Dokumente, die Gresh und Knapp vor Ort durchsehen durften, denn sie beinhalten laut Aussagen der beiden Amerikaner klare Hinweise auf unerklärbare Erlebnisse westlicher Astronauten wie auch Verweise auf seltsame Dinge, die auf dem Mond beobachtet worden sein sollen. Ebenso führen die Papiere aus, daß die NASA diese Berichte der Öffentlichkeit bisher vorenthält.

»Unmöglich!« werden unsere Kritiker jetzt entrüstet ausrufen. Derart weltbewegende Ereignisse könnten schließlich nicht ständig geheimgehalten werden.

Wirklich nicht? Erst im Dezember 1993, gute 50 Jahre danach, erfuhr die entsetzte Öffentlichkeit von über 800 »Strahlentests«, die in den vierziger Jahren von US-Behörden an nichtsahnenden Menschen vorgenommen wurden. Hochradioaktives Plutonium war ihnen damals injiziert worden, um dessen Wirkung auf den menschlichen Organismus zu studieren. Die meisten der Testpersonen überlebten die Versuche nicht. Sie starben an Leukämie oder anderen Krebskrankheiten.

Ebenfalls zur Zeit des Zweiten Weltkriegs führte die US-Marine geheime Senfgastests durch. Soldaten wurden, teilweise unter Zwang, in neu entwickelte Giftgasanzüge gesteckt und zur Überprüfung in Gaskammern verfrachtet. Das bittere Ergebnis: Die Anzüge waren nicht dicht, die Soldaten erlitten schreckliche Verätzungen.

Entschädigungen erhielten die Opfer nicht. Statt dessen wurden sie mit übelsten Mafiamethoden und unter Androhung schwerwiegender Maßnahmen eingeschüchtert beziehungsweise mundtot gemacht. Derart wirkungsvoll offensichtlich, daß manche der Betroffenen nicht einmal ihre Ehefrauen über die genauen Gründe ihrer ständig auftretenden Krebsgeschwüre aufzuklären wagten und erst im Januar 1994 zögerlich Aussagen zu den damaligen Vorfällen machten.

16

16 und 17 Neu entdeckte Ritzzeichnungen in der mittelalterlichen Ruine
Neuburg bei Chur (Schweiz) sorgten unlängst für Unruhe in der Fachwelt:
Wurde hier vor Hunderten von Jahren ein gelandetes UFO dargestellt?

17

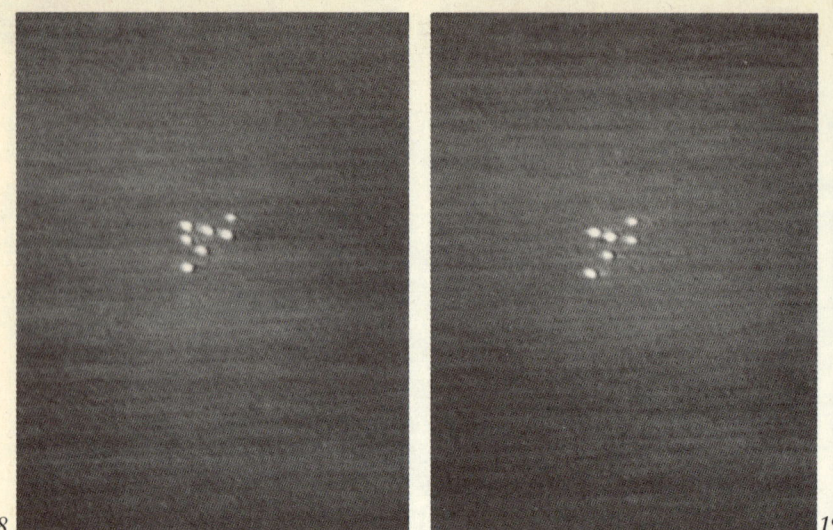

18

19

18–22 *Der Paradefall der deutschen UFO-Forschung macht weiterhin von sich reden: Mittlerweile ist ein vierter Amateurstreifen aufgetaucht, der das plötzliche Verschwinden der leuchtenden Kugeln dokumentiert, die am 24. August 1990 über Greifswald aufgetaucht waren.*

23 *Ein kugelförmiger Flugkörper fliegt die obere Formation an.*

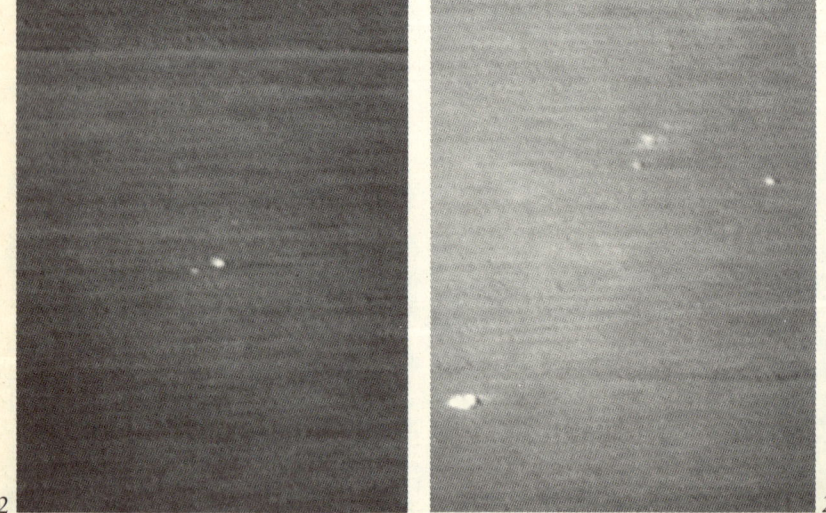

22

2

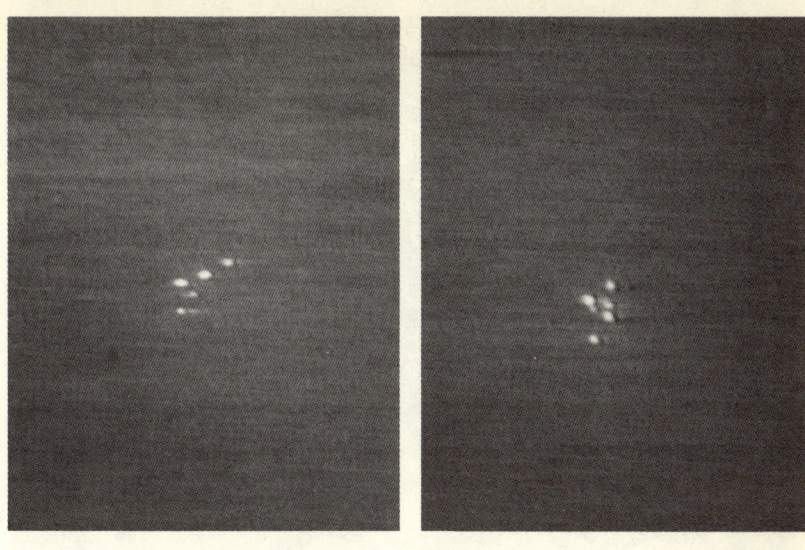

20 21

24 Von diesem Hochhaus aus beobachteten Dutzende von Menschen das spektakuläre Schauspiel.

24

25

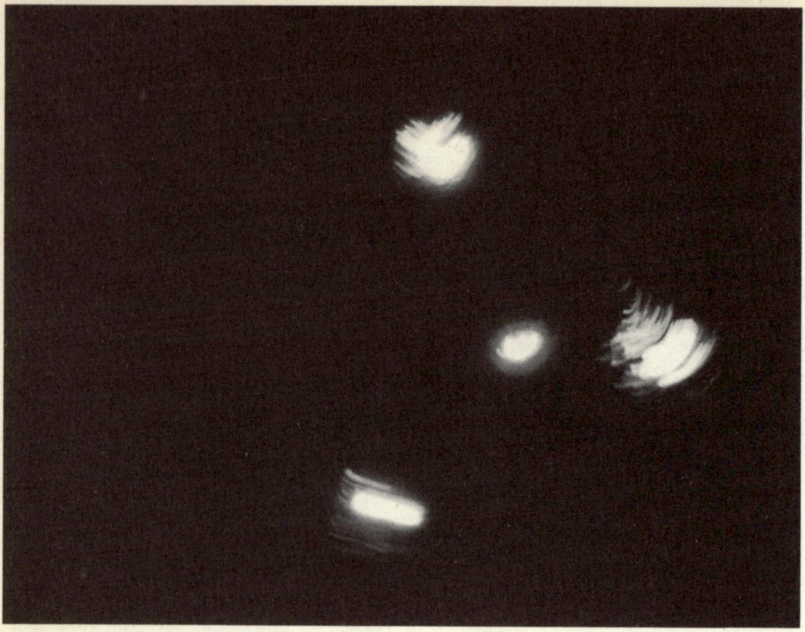

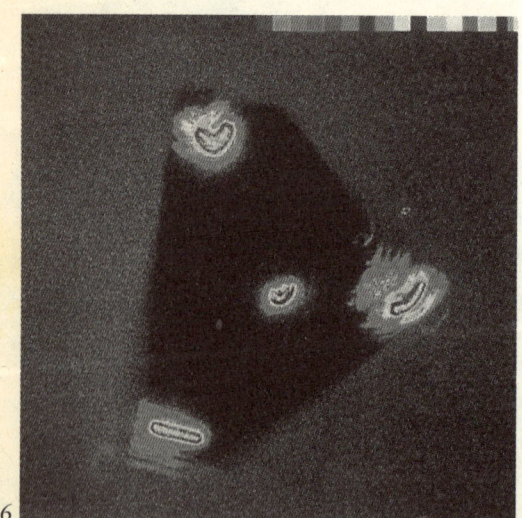

25 und 26 Dieses mysteriöse Flugobjekt wurde im April 1990 am Himmel von Belgien auf Film gebannt. Die Computeraufbereitung verdeutlicht eindrucksvoll seine dreieckige Gestalt.

26

Da klingt es dann fast schon ironisch, wenn wir im Februar 1994 auch noch vernehmen müssen, daß Forscher des kalifornischen Lawrence Livermore National Laboratory kürzlich von den beiden Geheimdienstorganisationen CIA und NSA das »Intelligence Community Seal Medallion« verliehen bekamen, und zwar für ein Projekt, das nach wie vor strengsten Sicherheitsmaßnahmen unterworfen ist. Anläßlich der Preisübergabe klang lediglich sehr vorsichtig an, daß die Auszeichnung aufgrund der Lösung »einer Reihe technischer Probleme von enormer Komplexität« erfolgt sei, welche zu einer »extrem leistungsstarken operationellen Fähigkeit im Sammeln von Erkenntnissen« geführt hätte.

Auch Michael Hesemann hatte während seines Gesprächs mit Ed Dames mehrmals das Gefühl, daß der US-Major mehr wußte, »viel mehr, als er uns sagen konnte oder durfte«. Immerhin kündigte der Amerikaner an, bald mehr über das UFO-Wissen seiner Gruppe zu veröffentlichen. Und er bestätigte hinter vorgehaltener Hand ein brisantes Gerücht, das in der UFO-Szene seit kurzem die Runde macht. Die angebliche Tatsache nämlich, daß Starregisseur Steven Spielberg in einem noch geheim gehaltenen Deal für einen Spielfilm zum UFO-Thema verpflichtet wurde, in dessen Verlauf bislang zurückgehaltene Originalfilme der amerikanischen Behörden über ein abgestürztes UFO und dessen Insassen eingebaut werden sollen. Die Sache werde noch in den neunziger Jahren steigen.
Ein faszinierender Gedanke, wenn auch leider nicht viel mehr. Denn definitive Beweise für ein derartiges Vorgehen der US-Militärs konnte auch Dames (noch?) nicht liefern.
Immerhin weiß der amerikanische Dokumentarfilmer Robert Emenegger über ein ähnliches Angebot zu berichten.

Ihm hatten Geheimdienstkreise bereits 1972 Originalmaterial einer angeblich gefilmten UFO-Landung zwecks Einarbeitung in einen Dokumentarfilm zur UFO-Problematik angeboten. Mehrere Male reiste Emenegger in der Folge hin und her, traf sich mit hohen Militärs zur geheimen Besprechung der Details. Doch ebenso plötzlich, wie sie ihr Angebot lanciert hatten, zuckten die Verantwortlichen im Pentagon auch wieder zurück. Watergate hatte ihnen einen dicken Strich durch die Rechnung gemacht. Die Nation sei bereits »zu stark beunruhigt«, die Zeit vorerst noch nicht reif genug.

8 Verwandlungskünstler

> »Warum ›fliegende Untertassen‹? Warum nicht
> fliegende Würfel oder fliegende Pyramiden?
> Oder warum nicht auch fliegende rosarote
> Elephanten oder gar fliegende Gebäude,
> gemeldet aus hundert verschiedenen Ländern?«
>
> (ALLEN HYNEK, Astrophysiker)

1973. Irgendwo an der Ostküste der Vereinigten Staaten. Es ist bereits später Abend, als das amerikanische Pärchen gutgelaunt ein örtliches Restaurant verläßt und sich auf die Suche nach seinem Wagen macht. Doch Sekunden später wird die Gegend in ein seltsames Licht gehüllt, und die beiden bemerken zu ihrem großen Entsetzen, daß die Lichtemissionen offensichtlich von einem Flugkörper ausgehen, der oberhalb ihrer Häupter langsam um die Häuser kurvt. Plötzlich scheinen sich an einem der Gebäude wie von Geisterhand zwei gewaltige Klappen zu öffnen. Lautlos gleitet der fremde Flugkörper in die so entstehende Öffnung hinein.

Den beiden Amerikanern fährt der Schrecken in sämtliche Glieder. Verängstigt stolpern sie in ihr Auto und brausen eiligst davon. Jahrelang sprechen sie mit niemandem über ihr aufwühlendes Erlebnis, bis sie eines Abends während einer Party einen lokalen UFO-Untersucher kennenlernen. Der nimmt ihre Schilderung interessiert zur Kenntnis und leitet sie später weiter an den Journalisten Perry Collins.

Collins ist vom fraglichen Report derart fasziniert, daß er sich unverzüglich auf die Suche macht nach weiteren Berichten, die den allgemein akzeptierten UFO-Rahmen sprengen. John Keel und Jacques Vallée, beides renommierte UFO-Insider, überlassen ihm dabei Protokolle aus ihren privaten Untersuchungsfiles, und wieder andere Forscher bringen ihn direkt in Verbindung mit Augenzeugen, denen ähnlich kuriose Dinge widerfahren waren.

Einer der faszinierendsten Fälle, von dem Collins auf diese Weise Kenntnis erhielt, spielte sich im März 1967 ab: Eine Familie durchquert in ihrem Auto gerade Long Island im Bundesstaat New York, als sie in einiger Entfernung einen scheibenförmigen Flugkörper bemerkt, der in einem Feld zur Landung ansetzt. Dem Objekt nähert sich eine dunkle Limousine. Als der Wagen kurz vor dem UFO stoppt, öffnet sich dort eine Art Tür, und zwei äußerst irdisch aussehende Männer springen aus dem scheibenähnlichen Gebilde, das sich alsbald wieder erhebt und lautlos davonzischt. Der Wagen nimmt die Männer auf, fährt Richtung Straße und braust davon.

Ein Reporter des »Miami Herald« berichtete Collins von einem ähnlichen Vorfall in Miami (Florida). Dort konnte der Besitzer eines örtlichen Supermarkts zusammen mit zwei herbeigerufenen Polizisten ebenfalls die Landung eines UFOs verfolgen: Vom Hauptkörper lösten sich zwei zylinderförmige Gegenstände und schwebten gen Boden. Die Container öffneten sich: Während die eine Box eine Limousine freigab, entstiegen der anderen mehrere gut gekleidete, mit Aktenkoffern ausgerüstete Herren. Augenblicklich stiegen sie ins bereitgestellte Auto um, Räder quietschten, der Motor heulte auf, und einige Sekunden später jagte auch dieser Wagen weg.

Ebenso deutlich ging es in vielen anderen Schilderungen zu: Männer stiegen in wartende Objekte um, andere ließen sich irgendwo absetzen: Collins glaubte angesichts der gesammelten, bizarren Augenzeugenschilderungen kaum noch seinen Ohren zu trauen.

Auch ich selbst stieß im Verlaufe meiner Recherchen auf eine ganze Reihe exotischer Schilderungen. So interviewten französische UFO-Experten für ihre Fachzeitschrift »Lumières dans la nuit« einst eine Zeugin, die am 22. August 1956 auf ihrem Moped von Le Boulu nach Céret fuhr. Auch ihr widerfuhr nicht gerade Alltägliches. Sie wußte den französischen Kollegen von zwei riesigen nickelbeschlagenen Motorrädern zu berichten, die sie einzeln überholt hatten. Über das Aussehen von Fahrer und Beifahrer mochte sie sich nur wundern: Die steckten nämlich in seltsamen, enganliegenden Anzügen und trugen metallene Helme, die nicht den geringsten Blick auf Hals oder Kinn freigaben. Schließlich stellten sie ihre Fahrt ein und blokkierten der Frau durch ihr brüskes Verhalten die Weiterfahrt. Mühsam zirkelte sie an ihnen vorbei. Als sie Sekunden später verstört zurückblickte, blieb ihr der Atem weg. Die Straße war wie leergefegt. Die mysteriösen Motorradfahrer hatten sich in Luft aufgelöst!

Einen weiteren Fall entdeckte ich 1988 in der englischen Insider-Zeitschrift »Flying Saucer Review«, diesmal sogar mitsamt der Anschrift von Claude Devismes, dem verantwortlichen kanadischen Untersucher. Devismes schilderte dort das Erlebnis eines Freundes, der am 14. Oktober 1987 auf der Autobahn von Baden-Baden nach Frankfurt Zeuge wurde, wie sich ein vor ihm dahinjagendes Auto, ebenfalls vom Typ Limousine, plötzlich in dichte Flammen und grünweißen Rauch hüllte, um dann augenblicklich zu verschwinden.

Derartige Schilderungen offenbaren eindrücklich, daß mehr hinter dem UFO-Phänomen stecken muß, als heute gelegentlich vermutet wird, zeigen sie doch nur zu deutlich, daß wir von irgendwem manipuliert, womöglich auch gezielt beeinflußt werden. Möglich, daß amerikanische Geheimdienste und NASA über derlei Aktivitäten im Bild sind. Einige Punkte in der bestehenden UFO-Politik der Vereinigten Staaten ließen sich so zumindest kurzfristig einer Klärung zuführen. Das restliche Fragenbündel aber schwebt derzeit immer noch unbeantwortet im Raum. Wirklich gelöst hat das große Rätsel bis heute niemand, und irgendwie zweifle ich auch ein bißchen daran, ob uns derartiges in den kommenden Jahren überhaupt gelingen mag.

Vielleicht ist es aber auch nur an der Zeit, sich neue, ausgefallene Gedanken über die Natur und den Hintergrund des UFO-Problems zu machen und Abschied zu nehmen von einigen überholten Vorstellungen. Hier gilt es allerdings zu bedenken, daß wir bei derlei Überlegungen immer eingeengt werden durch zeitgenössische Denkfaktoren, ein Punkt, dem wir zwar Rechnung tragen sollten, den wir aber nie definitiv ausschalten können.

Auch das übliche Vorgehen, die Eigenschaften, das Aussehen und das Verhalten zukünftiger technischer Entwicklungen zumindest in Ansätzen vorauszuahnen, um dies dann für die Gewinnung neuer Erkenntnisse rückwirkend auf das UFO-Phänomen anzuwenden, bietet ähnliche Probleme. Wer sich etwa Science-fiction-Filme oder -Serien aus den Anfängen des Fernsehens zu Gemüte führt, bemerkt bald, wie schwierig es ist, sich auch nur die technischen Entwicklungen unserer eigenen Kultur klarzumachen.

Blicken wir zurück, so stellen wir schnell fest, daß einige Drehbuchautoren recht weit über das Ziel hinausschossen. Ihre Visionen über unsere heutige Zeit waren bei weitem zu kühn. Andere Gedanken, die damals verlockend und realisierbar erschienen, würden heute nie mehr in der damaligen Art und Weise auf derlei Überlegungen angewandt. Dann wieder stellen wir aber fest, daß die Zukunft ebenso oft schon beträchtlich unterschätzt wurde. Auf gewisse Gedankenexperimente konnten sich die damaligen Buchschreiber allein schon deshalb nicht einlassen, weil sie noch gar keine Kenntnisse von bestimmten technischen Entwicklungen hatten, die uns heutzutage auf Schritt und Tritt begleiten, oder aber deren Weiterentwicklung beträchtlich unterschätzten. Das beginnt etwa bei der Innenausstattung des legendären Raumschiffs »Enterprise«, dessen technische Konsolen in den sechziger Jahren aus nicht viel mehr als einer beträchtlichen Anzahl unförmiger Kippschalter und farbiger Lämpchen bestanden. Computer waren dort in der Art und Weise repräsentiert, wie man sich damals ihre weiterentwickelten Nachläufer vorstellte. Vergleicht man heute – gerade ein paar Jahrzehnte später – die damaligen Vorstellungen mit handelsüblichen Rechnern, wird man sich ein Schmunzeln nicht verkneifen können.

Solche Überlegungen stoßen bei der Interpretation des UFO-Phänomens gewöhnlich auf wenig Gegenliebe. Nach wie vor liegen sich dort Vertreter der gängigen Erklärungsansätze in den Haaren und streiten in hitzigen Debatten über den unidentifizierbaren Rest an unkonventionellen UFO-Beobachtungen. Ihrer Meinung nach handelt es sich dabei je nachdem um

a) bewußten Schwindel und schlampige Untersuchungs-methoden bei der Datenerfassung,
b) zeitgenössische Projektionen unserer Psyche,
c) ein bisher ungeklärtes atmosphärisches Phänomen,
d) außerirdische Phänomene,
e) Besucher aus der Zukunft.

Mittlerweile konstituieren sich neue Schulen. Ihre Vertreter sehen die Lösung des UFO-Phänomens nicht mehr isoliert, sondern in einer Verquickung verschiedener Hypothesen. Und sie sind wohl auf dem richtigen Weg, um so mehr, als sich nach Auswertung aller bekannten UFO-Fälle mittler-weile acht Hauptpunkte herauszukristallisieren scheinen, die bisher durch keinen der vorgebrachten Erklärungsvor-schläge einer befriedigenden Lösung zugeführt werden konnten:

1. Die fremden Besucher meiden seltsamerweise jeden of-fiziellen Kontakt zu uns.

2. Immer wieder tauchen sie an Orten und zu Zeiten auf, wo sie kurzfristig außerordentlich gut beobachtet werden können.

3. Die UFOs spielen mit unseren Flugzeugbesatzungen re-gelrechte Katz- und Mausspiele, die eigentlich keinerlei tie-feren Sinn erfüllen. Im Gegenteil scheinen diese Manöver nur das einzige Ziel zu verfolgen, überlegene Technologien während einer gewissen Zeitspanne demonstrativ vor ge-schultem Personal auszuspielen. UFOs umgebende elektro-magnetische Kraftfelder, die bereits vielfach registriert wurden, erfüllen offensichtlich denselben Zweck. Jeden-falls scheinen die fremden Besucher sich der störenden

Auswirkung auf unsere Technik durchaus bewußt zu sein, ja nutzen diese in manchen Fällen ganz bewußt aus. Es bleibt außerdem festzuhalten, daß sich ebendiese Störungen interessanterweise immer im Rahmen des Erträglichen halten, somit nie wirklich den ernsthaften Schaden anrichten, den sie ebensogut verursachen könnten.

4. Sehen wir von einigen wenigen Ausnahmen einmal ab, so liegen uns kaum je zwei Berichte über denselben UFO-Typ vor. Die Grundformen sind zwar immer dieselben, nicht aber deren Ausgestaltung.

5. Das Design der beobachteten Fluggeräte, sowohl was Außen- als auch – wenn wir den verschiedenen Zeugenaussagen Glauben schenken wollen – Innenausstattung angeht, entspricht mit unangenehmer Konsequenz den jeweils vorherrschenden menschlichen Vorstellungen.

6. Ganz generell gehen eindeutig zu viele gute UFO-Berichte ein. Zu viele in bezug auf die mögliche Anwesenheit forschender ETs. (Vorsichtige Schätzungen sprechen dabei von weltweit über zehn unidentifizierbaren Sichtungen pro Tag!) Die geschichtliche Verteilung der registrierten Sichtungen – sie ziehen sich quer durch alle Jahrhunderte – gibt ebenfalls zu denken.

7. Die geographische Verteilung der Beobachtungen (inklusive gelegentlich stattfindender regionaler Sichtungs-»Wellen«) erfolgt rein zufällig, ohne erkennbares Muster. Tatsächlich läßt die Auswertung der Sichtungsdaten diesbezüglich kaum sinnvolle statistische Korrelationen zu, die irgendeinem logisch erscheinenden Schema folgen würden.

8. Die beobachteten ETs scheinen sich in unseren Schwerkraftverhältnissen auffällig wohl zu fühlen. Ihr Verhalten entspricht fast bis ins Detail den Vorstellungen, wie wir sie uns selbst über derartige Vorgänge machen. Selbst potentielle Botschaften oder Mitteilungen, die ausgewählte Zeu-

gen verschiedentlich von derartigen Wesen erhalten haben wollen, sind meist ausgesprochen naiv abgefaßt und erfüllen inhaltlich in keiner Weise eine größere intellektuelle Absicht. Jedenfalls nicht in der Art und Weise, wie wir sie von derart überlegenen Besuchern eigentlich erwarten dürften.

Neuartige Überlegungen führen nicht selten auch zu neuartigen Erkenntnissen. Und so wird im deutschsprachigen Raum seit geraumer Zeit eine Verknüpfung außerirdischer wie soziopsychologischer Erklärungsansätze favorisiert. Argumente dafür liefert den Forschern vor allem die Beobachtung, daß die ganzen UFO-Geschichten eigentlich wunderbar soziologisch oder psychologisch aufgelöst werden könnten, dahingehend nämlich, daß wir nur alten Mythen und Sagengeschichten gegenüberstehen, die sich im zeitgemäßen Kleid präsentieren: Wurden Menschen früher von Kobolden oder Feen entführt, sind es heute eben UFOs. Das geht allerdings nur so lange gut, bis wir uns die physikalischen Aspekte des UFO-Phänomens vor Augen führen, als da sind Landespuren, Auswirkungen elektromagnetischer Kraftfelder oder die Tatsache, daß die beobachteten Objekte gelegentlich auch auf Radarschirmen auftauchen. Hier versagen die psychologischen Erklärungsraster, wie bereits erwähnt, kläglich.
Immer klarer wird deshalb, daß uns irgend etwas Unbekanntes seit langer Zeit mehr oder weniger erfolgreich zu manipulieren sucht, manchmal gar aktiv lenken mag. Ganz augenscheinlich scheint dieses Etwas mit unseren intimsten Ängsten und Erwartungen zu spielen. Und es tut dies derart geschickt, daß wir uns ernsthaft fragen müssen, was hinter einer derartigen Vorgehensweise stecken mag. Unbestreitbar ist doch, daß es für eine uns in Aussehen

und Form abstoßende oder gegebenenfalls gar nicht erkennbare außerirdische Lebensform keine bessere Möglichkeit zur vorsichtig abtastenden Kontaktaufnahme gäbe, als uns zuerst einmal über lange Zeit hinweg mit den hier vorgefundenen Erwartungen und Vorstellungen über fremde Besucher zu konfrontieren. Bezug zu nehmen auf kulturelle Vorstellungen und klischeehafte Projektionen zu kreieren, um uns ihre potentielle Existenz schonend vor Augen zu führen. Nicht auszudenken, wie wir auf eine stinkende, unförmige Gallertmasse reagieren würden, die sich uns höflich als hochentwickelte, außerirdische Intelligenz offenbart! Die Maske humanoider Lebewesen hingegen ist uns von Geburt an bestens vertraut, für ein derartiges Vorgehen also geradezu prädestiniert.

Wie diese überlegene Intelligenz im Detail vorgehen mag, ist schwierig abzuschätzen. Aber sie wird vermutlich von einem bestimmten geographischen Punkt aus operieren. Ein Ort, den sie sich sorgfältig ausgesucht hat, um ihre Aktivitäten von dort aus zu koordinieren. Ein Ort auch, der sie vor allzu neugierigen Augen schützt. Zumindest so lange, bis sich der Mensch vom wissenschaftlichen, technischen und ethischen Standpunkt aus überhaupt sinnvolle Gedanken über extraterrestrische Lebensformen machen kann. Diesen Zeitpunkt dürfte er erreicht haben, als er Mitte dieses Jahrhunderts zum Mond aufbrach. Und so ist es wohl kaum ein Zufall, daß russische Wissenschaftler während eines internationalen SETI-Symposiums, das die University of California vom 16.–20. August 1993 in Santa Cruz durchführte, die Möglichkeit außerirdischer Artefakte auf dem Mond durchaus für diskussionswürdig hielten, ja ihren verblüfften Fachkollegen sogar spezielle Forschungsprogramme zur Auffindung und Untersuchung solcher Spuren präsentierten.

»Die verehrten Leser werden gebeten, helle
rote Lichter, die sich auf dem Mond von
einem Platz zum anderen bewegen, nicht etwa
als Anzeichen für Leben dort anzusehen. Denn
offiziell sind sie nichts anderes als das
seltenste aller Phänomene: galoppierende
Vulkane!«

(FRANK EDWARDS, Journalist)

Eigentlich müßten wir dem Mond dankbar sein. Seit jeher
wirkt unser lunarer Begleiter auf die Gezeiten ein und
sorgt mit seiner Anziehungskraft zuverlässig für Ebbe und
Flut. Ohne seine Anwesenheit würde das Wetter auf der
Erde verrückt spielen. Das behaupten die beiden Astrophysiker Jacques Laskar und Philippe Robutel vom Pariser Bu-
reau des Longitudes. Die zwei Franzosen sind sich sicher,
in unserem Trabanten und dessen Anziehungskraft das
mögliche Geheimnis dafür gefunden zu haben, weshalb
unsere Erdachse nicht denselben ständigen Schwankungen
unterworfen ist, wie wir sie bei vielen Planeten feststellen
und messen können. Ohne diese lunare Stabilisierung wären wir ihrer Meinung nach ständigen klimatischen
Schwankungen und Turbulenzen hilflos ausgeliefert, wäre
Leben wohl kaum in der Weise auf unserem Planeten entstanden, daß wir uns heute in dieser Art darüber Gedanken machen können.
So mancher Leser wird sich nun wahrscheinlich wünschen,
daß der Mond unserer Erde nie begegnet wäre, dann müßte er sich jetzt nämlich nicht mit der unangenehmen Vorstellung herumquälen, daß dort oben – entgegen allen Erwartungen – vielleicht doch Leben existieren könnte.

Tatsächlich wurden im Laufe der letzten Jahrhunderte immer wieder seltsame Lichter auf unserem Trabanten beobachtet. Diese Erscheinungen – die Wissenschaft spricht vorsichtig von »Moonblinks« – geben den Experten seit jeher stark zu denken. Nach wie vor herrscht kein Konsens über Natur und Ursprung solcher Mondblitze, wenngleich die meisten der Gelehrten über potentielle vulkanische Aktivitäten oder Lichtreflexe in Staubschichten spekulieren, die ihrerseits wiederum durch Gaseruptionen verursacht würden. Und so ist ein eigentliches astronomisches Standardwerk zum Mondblitz-Thema bezeichnenderweise längst überfällig: Bis auf den heutigen Tag muß sich der Interessierte die unorthodoxen Berichte in mühevoller Kleinarbeit aus wissenschaftlichen Publikationen und anderen Fachjournalen zusammensuchen. Das lohnt sich aber allemal, denn einige der gut dokumentierten Berichte über mysteriöse lunare Lichterscheinungen scheinen in der Tat darauf hinzudeuten, daß wir vermutlich doch nicht so allein sind, wie wir gelegentlich zu wissen glauben:

• N. J. Giddings berichtete 1946 in Ausgabe 104 der Zeitschrift »Science« über massive Lichtblitze, die er am 17. Juni 1931 mit bloßem Auge auf der Mondoberfläche wahrnehmen konnte.

• Frederick Vreeland schrieb 1949 in »Popular Astronomy«, Nr. 57, über eine helle Lichterscheinung, die er während einer Mondfinsternis auf dem verdunkelten Teil des lunaren Körpers bemerkt hatte.

• Daniel Logue schilderte 1955 im »Strolling Astronomer«, Ausgabe Nr. 8, wie er am 5. Januar 1955 während einer halben Stunde ein helles blaues Licht auf der Mondoberfläche beobachten konnte.

• Ebenfalls im »Strolling Astronomer« berichtete Robert Adams 1956 in Ausgabe Nr. 10 über die Beobachtung seines Namensvetters Robert Miles. Der hatte am 16. Januar 1956 ein weißes Licht auf unserem Trabanten entdeckt, das dort über eine Stunde lang auf- und abblinkte und sich dabei allmählich blau verfärbte.

• Am 28. Dezember 1963 bemerkte Y. Yamada zusammen mit sechs anderen Zeugen für eine gute halbe Stunde einen pinkfarbenen Sektor im Krater Aristarchus. Seine Beobachtung wurde 1964 in Ausgabe Nr. 22 des »New Scientist« veröffentlicht.

• Und am 25. April 1972 gelang es Rainer Klemm aus Passau, eine mehrere Minuten andauernde »Lichtfontäne« im Aristarchgebiet photographisch festzuhalten. Ein detaillierter Bericht über seine Beobachtung erschien 1972 in Ausgabe 8/9 der Fachzeitschrift »Sterne und Weltraum«.

Wie der »Orlando Sentinel« am 19. Juni 1966 zu vermelden wußte, war es Jaylee Burley (NASA) und Barbara Middlehurst (University of Arizona) außerdem bereits in den sechziger Jahren gelungen, über 200 Mondblitz-Schilderungen aus verschiedenen Jahrhunderten zusammenzutragen: Zumindest 159 der damaligen Beobachtungen waren nach Angaben der beiden Damen durchaus glaubwürdig.

Knappe zwei Jahre später publizierte die NASA höchstpersönlich eine offizielle Zusammenstellung lunarer Phänomene. Autorin war erneut Barbara Middlehurst, und der Katalog enthielt jetzt bereits über 500 ähnlich lautende Aufzeichnungen. (Eine erweiterte Fassung legte 1978 Winifred Sawtell Cameron vor. Interne NASA-Kennzeichnung: TM-79399 – NSSDC/WDC-A-R/S-78-03.)

Ein anderer Forschungsbericht über ungeklärte Leuchterscheinungen auf unserem Trabanten stammt von der Sternwarte Pulsnitz in Sachsen und datiert aus dem Jahre 1969. Dort wird ebenfalls von weit über 500 derartigen

Beobachtungen gesprochen. So wurden alleine zwischen Juli 1963 und Oktober 1966 in 27 Fällen Leuchterscheinungen (»Flares«) registriert, die in der näheren Umgebung des Kraters Aristarchus aufgetreten waren. Im Januar 1968 waren es bereits 140 Erscheinungen. »Kein anderes Gebiet des Mondes hat auch nur annähernd so viele Flare-Beobachtungen geliefert«, halten die ostdeutschen Sternbeobachter in ihrem Bericht fest und weisen auf zusätzliche 42 Flares hin, die in der Nähe des Kraters Plato aufgetreten seien. Danach folgen Alphonsus, Gassendi und Tycho mit je 13 Leuchterscheinungen.

Auch der bekannte britische Astronom Patrick Moore erwähnt die mysteriösen Lichter gelegentlich. Fachleute wie Moore sprechen in diesem Zusammenhang von »Transient Lunar Phenomena« (TLP), was soviel bedeutet wie »kurzlebige lunare Phänomene«. Moore wörtlich: »Es gibt sehr deutliche Anzeichen für ihre Realität (ganz abgesehen von Kozyrevs klassischer Beobachtung eines roten Leuchtens in Alphonsus im Jahre 1958), wir wissen aber sehr wenig über sie. Trotz vieler Theorien verstehen wir Ursache und Verteilung der TLP noch nicht richtig. (...) Es gibt einige Formationen, wie Aristarchus, Alphonsus und Gassendi, die man für besonders anfällig für TLP hält, und diese sollten soviel wie möglich überwacht werden.«

Moore weist darauf hin, daß die Existenz der TLP von einigen Akademikern nach wie vor angezweifelt wird, denn die NASA höchstpersönlich schließt seit Abschluß ihrer »Apollo«-Missionen jegliche vulkanischen Aktivitäten auf unserem Erdtrabanten als Erklärungsmöglichkeit aus. Das hinderte ihn aber nicht daran, selbst einen TLP-Katalog über rund 700 Beobachtungen zusammenzustellen.

Die lunaren Irrlichter scheint die Kontroverse rund um ihre Existenz sowieso recht wenig zu kümmern: Sie pflegen sich jedenfalls weiterhin mit konstanter Regelmäßigkeit zu manifestieren. Einer der neuesten Fälle wurde 1988 in der astronomischen Fachzeitschrift »Sterne und Weltraum« detailliert dokumentiert. Dem dort erschienenen Bericht zufolge war es einem griechischen Amateurastronomen am 23. Mai 1985 gelungen, einen rund 0,8 Sekunden dauernden Blitz auf dem Mond photographisch festzuhalten. Mondspezialist Gerhard Hirth: »Zunächst dachten wir an einen Filmfehler. Unter dem Mikroskop zeigte sich jedoch, daß die Filmemulsion tatsächlich belichtet wurde. Folglich ließ uns das Ereignis keine Ruhe: Kam der helle Fleck von der Mondoberfläche, oder lag die Quelle zwischen Erde und Mond?«

Umfangreiche Vergleiche und Berechnungen führten den Fachmann zur Schlußfolgerung, daß das Ereignis lunaren Ursprungs gewesen sein mußte. Seine Untersuchung schloß Hirth nach gründlicher Überprüfung des Sachverhalts recht nüchtern: »Eine Erklärung des beobachteten Phänomens muß demnach folgende Gegebenheiten berücksichtigen: die kurze Dauer des Geschehens (maximal 15 Sekunden), die große Intensität, die unmittelbare Nähe zur Mondoberfläche und die Abwesenheit einer Staubwolke auf den folgenden Aufnahmen.«

Die Erscheinung verblieb also ungeklärt, wenngleich auch übereifrige amerikanische Experten trotzdem eine Erklärung für den von Hirth dokumentierten Vorfall gefunden haben wollen. Sie vermuten, daß besagte Erscheinung auf eine Sonnenlichtreflexion an einem künstlichen Satelliten zurückzuführen ist. Ein Vorschlag, den Harry Varvoglis und John Seiradakis von der Universität in Thessaloniki (Griechenland) allerdings entschieden ablehnen, wie sie 1990 in einem Leserbrief gegenüber der Fachzeitschrift »Sky and Telescope« klarstellten.

Ich fragte Gerhard Hirth im Februar 1994, wie weit er denn selbst davon überzeugt sei, daß außerhalb der Erde noch anderes Leben existieren mag. Hirth, hauptberuflich ist er Diplomphysiker am Max-Planck-Institut für Astronomie in Heidelberg, antwortete mir folgendermaßen: »Leben, wie wir es kennen, setzt eine ungeheure Menge an Idealbedingungen voraus (zum Beispiel physikalische und chemische Beschaffenheit des in Frage kommenden Planeten oder den Abstand des Planeten vom energiespendenden Stern). Daß diese Bedingungen rein zufällig vorliegen sollen – wie es heute die Evolutionstheorie ansieht –, ist sehr unwahrscheinlich, wenn nicht sogar unmöglich. Um korrekt zu sein, müßte man auch die Möglichkeit in Betracht ziehen, nach der es Leben auf einer ganz anderen Grundlage als unserer geben kann. Ob wir so ein Leben mit unserem Wissen, unseren Sinnen und technologischen Nachweismöglichkeiten erkennen können, ist allerdings ein anderes Problem.«

Auch Guido Wemans, Wissenschaftsjournalist und Mondexperte aus der Schweiz, möchte außerirdische Aktivitäten als mögliche Erklärungsmöglichkeit für Mondblitze nicht gänzlich ausschließen, wenngleich er – ähnlich wie Hirth – auf den spekulativen Charakter derartiger Gedankenzüge verweist. »Im Gegensatz zu früher bin ich solchen Überlegungen gegenüber tatsächlich etwas offener geworden, weil ich mittlerweile der Meinung bin, daß wir nicht allein sind im Universum«, gestand er mir im Rahmen eines Telephongespräches am 2. April 1994. »Ausschlaggebend waren hier wohl weltanschauliche Gründe. Ich bin einfach zur Überzeugung gelangt, daß wir viele Dinge heute noch nicht verstehen. Und nur, weil wir etwas nicht verstehen, sollten wir es nicht gleich a priori verwerfen.«

Eindeutig für überrissen hält Wemans dagegen Vorstellungen, daß die NASA Fakten zurückhält: »Ich kann mir einfach nicht vorstellen, daß es heute nach wie vor möglich sein soll, solche Dinge, wie sie Ihren Informationen zufolge Conrad einst beschrieben hat, jahrzehntelang unter Verschluß zu halten.«

Hier mag ich Wemans nicht zustimmen, und auch der englische UFO-Experte Timothy Good ist da wohl anderer Meinung. Der Brite kann sich heute nämlich noch gut an ein Leuchtphänomen während der Fernsehübertragung der Mondlandung von »Apollo-11« erinnern: »Ich weiß noch genau, wie einer der Astronauten während der Fernsehübertragung auf ein ›Licht‹ in oder auf einem Krater hinwies. Es folgte die Bitte von der Bodenstation um weitere Informationen. Dann war nichts mehr zu hören.«

Auch Astronauten wie Harrison Schmitt (»Apollo-17«) wußten von mysteriösen Lichtblitzen zu berichten. Das behauptet der amerikanische Journalist Joseph Goodavage, der sich auf Originaltranskriptionen der Funkgespräche von »Apollo-16« und »Apollo-17« stützt, die verschiedentlich Bemerkungen über helle, blitzlichtähnliche Erscheinungen beinhalten (»Hey, ich habe gerade einen starken Blitz auf der Mondoberfläche gesehen. Irgendwo dort draußen, nördlich von Grimaldi!« oder: »Weißt du, du wirst es nicht glauben. Ich bin genau am Rand von Mare Orientale. Ich habe gerade hinabgeschaut und selber einen Lichtblitz gesehen.«) Die angesehene Fachzeitschrift »Sky and Telescope« bestätigte die fragliche Story 1991.

Ein anderer, der sich intensiv mit der Mondblitz-Materie beschäftigt hat, ist der mittlerweile verstorbene Journalist Hellmuth Hoffmann. In einem 1974 in der grenzwissenschaftlichen Fachzeitschrift »Esotera« erschienenen Beitrag listet er einen unerklärlichen Vorfall auf, den er seinerzeit dem Brief eines leitenden Beamten der NASA entnahm.

Dieser Beamte war zwar interessiert daran, daß ein bestimmter Vorfall, welcher sich während des »Apollo-15«-Fluges zutrug, der Öffentlichkeit bekannt wurde, wollte aber nicht namentlich genannt werden. Da auch mir inzwischen eine blasse Kopie dieses Schreibens vorliegt, möchte ich Ihnen die Sache natürlich nicht vorenthalten. Aufgrund der Tatsache aber, daß seit dem Vorfall bereits über 20 Jahre vergangen sind, werde ich die Identität des fraglichen NASA-Mitarbeiters, er arbeitete damals im Goddard-Space-Center, hier erstmals lüften. Seine Name lautet James R. Booth, und das fragliche Schreiben wurde im November 1973 abgefaßt.

Booth schreibt: »Tatsächlich geschah während dieser Mission wirklich etwas, das man gleichzeitig als seltsam und unerklärlich bezeichnen könnte: Die gesamte Kassette ALSEP, ein Komplex von Instrumenten, der stets funktionierend bei jeder ›Apollo‹-Fahrt auf dem Mond zurückgelassen wird, hörte nämlich plötzlich auf, Daten nach Houston zu senden. Zu unserer größten Überraschung gab die Kassette SIM, nachdem sie von den Astronauten wieder zur Erde zurückgebracht worden war, klare Zeichen eines Leuchtphänomens wieder, nicht weit entfernt vom Territorium von Hadley, und zwar zu genau der gleichen Zeit, als der ›Blackout‹ der telemetrischen Daten stattfand!«

Seltsamerweise tauchen ausgerechnet in denjenigen »Apollo«-Funkgesprächen, welche Hinweise bezüglich Anomalien auf der Mondoberfläche enthalten, auffällig oft codierte Mitteilungen auf. Der Journalist Joseph Goodavage setzte sich deshalb in Verbindung mit dem Geologen und NASA-Ausbilder Dr. Farouk El Baz, der damals viele der Astronauten auf ihre Mission vorbereitet hatte, und führte mit ihm in den siebziger Jahren ein ausführliches Interview:

GOODAVAGE: »Was meinte denn beispielsweise Young, als er plötzlich den Namen ›Barbara‹ erwähnte?«

EL BAZ: »Ich weiß es auch nicht. Vermutlich irgendein Code.«

GOODAVAGE: »Könnte ›Barbara‹ etwas zu tun haben mit etwaigen geologischen Anomalien dort oben?«

EL BAZ: »Alles was ich Ihnen sagen kann, ist, daß nicht alle Entdeckungen bekannt gemacht wurden. Man vermutet beispielsweise Eis und verschiedene Hohlräume unter der Mondoberfläche, und es wurden verschiedene Experimente durchgeführt, um dieser Sache auf den Grund zu gehen.«

GOODAVAGE: »Aber ›Barbara‹ ist doch nun wirklich ein ziemlich seltsamer Ausdruck, oder?«

EL BAZ: »Ja, für mich ein Rätsel. Wie ich bereits gesagt habe, vielleicht ein Code. Die Bedingungen auf dem Mond sind halt doch sehr außergewöhnlich. Wir erforschen manches. Es gibt da so einige Dinge, beispielsweise Hinweise auf unterirdisches Wasser oder Berichte über eine große, brückenähnliche Struktur in Mare Crisium. Falls sich etwa tatsächlich Wasser unterhalb der Mondoberfläche befinden sollte, hätten wir heute wohl genau Hinweise in der Art, wie sie uns jetzt vorliegen. Das ist alles, was ich Ihnen darüber sagen kann.«

GOODAVAGE: »Sie bestätigen also Berichte über eine Brükke? Sie bestätigen, daß man auf dem Mond tatsächlich auf künstliche Strukturen oder andere Dinge gestoßen ist, die eigentlich gar nicht dorthin gehören?«

EL BAZ: »Nein. Soweit möchte ich nicht gehen. Aber wenn man beginnt, über die ganze Sache nachzudenken, ist einfach beinahe alles möglich. Den Spekulationen über all die Dinge, die die Astronomen im Verlauf der letzten Jahrhunderte meldeten, sind keine Grenzen gesetzt. Und die Astronauten sind jetzt einfach viel näher an allen diesen Dingen dran.«

GOODAVAGE: »Welche der beobachteten Anomalien können denn tatsächlich nicht konventionell erklärt werden?«

EL BAZ: »Etwas, was ich nun wirklich nicht erklären kann, wovon ich überhaupt nicht weiß, was es sein könnte, sind diese enormen Lichtblitze. Es steht außer Zweifel, daß es sich um ungeheure Dinge handeln muß. Keine Kometen, nichts Natürliches! Drei der Blitze wurden über dem westlichen Mondteil gesehen, die Beobachter waren Ken Mattingly von ›Apollo-16‹ sowie Ron Evans und Jack Schmitt von ›Apollo-17‹.«

10   Gibt es Leben auf dem Mond?

»Der Mond wurde in der Vergangenheit durch zahlreiche Kometen bombardiert, die zum überwiegenden Teil aus Wasser bestehen, und eine Theorie besagt, daß die Wassermoleküle sich zu den kältesten und dunkelsten Zonen hin bewegen. Deshalb wäre die Bestätigung von Eisvorkommen eine sehr bedeutende Entdeckung.«

(PAUL SPUDIS, wissenschaftlicher Mitarbeiter des 1994 lancierten »Clementine-1«-Projekts)

NASA-Mitarbeiter Dr. Farouk El Baz höchstpersönlich sprach von umstrittenen Hinweisen auf Mondwasser. Eine seltsame Sache, denn Wasser dürfte es dort oben eigentlich gar nicht geben. So besagt es zumindest die allgemein akzeptierte, schulwissenschaftliche Lehrmeinung. Andererseits ereignete sich einst ein Vorfall, der ebendiese Lehrmeinung beträchtlich in Frage stellt. So ließen »Apollo-12« und »Apollo-14« je ein Exemplar des Meßinstrumentes SIDE auf dem Mond zurück. Diese Geräte hatten den Auftrag, die Mondatmosphäre, so schwach sie auch immer sei, zu analysieren und die Ergebnisse regelmäßig zur Erde zu übermitteln.

Groß war die Überraschung, als die beiden Konstruktionen – sie waren in einem Abstand von rund 200 Kilometern aufgestellt worden – am 7. März 1971 unvermutet die sporadische Existenz von Wasserdampf anzeigten, und dies während guten zwölf Stunden! Die spektakuläre Entdeckung wurde im Oktober 1971 von John Freeman von der Rice University auf einer Pressekonferenz in Houston bekanntgegeben.

Die NASA dementierte bald und verschanzte sich hartnäckig hinter der Erklärung, es habe sich bei den registrierten Substanzen vermutlich um Rest-Urin amerikanischer Astronauten gehandelt, der in dieser Gegend immer noch durch den Weltraum kurven soll. (Ähnlich verhielt es sich mit einem kuriosen Parallelfall, auf den der Autor Holger Heuseler hinweist: »So wurde auch auf einer Tübinger Tagung die Entdeckung von Goethit – ein Eisenrostmaterial – in Mondproben, über die Mineralogen der Universität Cambridge berichteten, drastisch angezweifelt: ›You have pissed on the probes‹, kommentierte ein amerikanischer Mineraloge die Situation.«)

Rosemary Ellen Guiley widmet diesem kontroversen Thema in ihrem »Mond-Almanach« 1991 einen ganzen Abschnitt. Sie führt darin unter anderem den Bericht eines Astronomen aus dem Jahre 1932 an. Der notierte sich damals folgendes: »Ein weißer Fleck erschien und breitete sich in weniger als einer Minute in nordöstlicher Richtung aus, bis er fast den Rand des Kraters erreicht hatte. Diese

Beobachtung wurde durch meinen Freund verifiziert, da ich meinen Augen nicht traute. Der Fleck bildete und bewegte sich wie eine Dampfwolke, wenngleich mir diese Vorstellung ziemlich unhaltbar erscheint.«

Im weiteren liegt der Amerikanerin auch ein Bericht von zwei Amateurastronomen vor, die 1958 eine ähnliche Erscheinung beobachten konnten: »Als wir die Mondoberfläche betrachteten, waren wir erstaunt über das, was wir innerhalb des Kraters Alphonsus zu sehen bekamen«, erklärten die beiden. »Eine große, undeutliche Wolke verdeckte den Zentralkegel des Kraters und den kleinen Kraterschlund vollständig. Die Wolke hatte einen Durchmesser von ungefähr zwanzig Meilen und unregelmäßige Umrisse. Zwei wesentliche Merkmale erweckten unsere Aufmerksamkeit: Die Wolke war sehr groß im Vergleich zu der Bergspitze, die sie verdeckte, und von ihr ging ein seltsam diffuses Leuchten aus.«

Geologe El Baz sprach aber nicht nur von Wasser, er verwies auch auf ungeklärte tektonische Anomalien und bezog sich dabei auf Berichte über eine »brückenähnliche Struktur in Mare Crisium«.

Der erste Hinweis auf ein derartiges Bauwerk auf dem Mond stammt vom berühmten Mond-Fachmann Dr. Percy Wilkins. Er war von John O'Neill, einem früheren Wissenschaftsjournalisten der »New York Herald Tribune«, bereits 1953 auf eine gigantische, brückenähnliche Felsstruktur aufmerksam gemacht worden, die sich in einer Länge von zwölf Meilen zwischen Lavinium und Olivium über die Mondoberfläche erstreckte.

Wilkins zögerte keinen Augenblick und zückte bei der nächstgünstigen Gelegenheit sein Teleskop, um die Sache selbst zu begutachten. Und er staunte nicht schlecht: Die riesenhafte Konstruktion existierte tatsächlich, er konnte selbst deren Schatten deutlich auf der Oberfläche erkennen: »Es stellen sich nun natürlich zwei Fragen«, hielt er damals im Anschluß an seine Beobachtung fest. »Wenn diese Struktur schon seit langer Zeit existieren sollte, warum wurde sie dann bis heute noch nie bemerkt, und wie widersetzte sie sich erfolgreich Meteoriteneinschlägen und ähnlichen Einflüssen? Falls die ›Brücke‹ aber erst kürzlich entstand, wird die Sache noch verzwickter, denn wie soll das Ding dann überhaupt entstanden sein? Und falls es allen vernünftigen Erwartungen zum Trotz auch noch künstlichen Ursprungs sein sollte, dann öffnet sich das Feld natürlich für Spekulationen. Aber soweit sind wir noch nicht. Immerhin ist die Konstruktion, ob nun natürlich oder künstlich, wohl eine der interessantesten Strukturen überhaupt, die je mit Hilfe eines Teleskops entdeckt wurden.« (Bliebe eigentlich nur noch nachzuprüfen, ob die »Brücke« auch heute noch steht?)

Es wird noch spannender: Denn auch Axel Ertelt aus Halver berichtet über seltsame tektonische Strukturen auf der Mondoberfläche. Gemäß seinen Aussagen sahen die »Apollo«-Astronauten im Fra-Mauro-Sektor eine Anzahl kleiner Pyramiden, die in geometrischer Form angeordnet waren: »Ein natürlicher Ursprung dieser Gebilde scheint völlig ausgeschlossen«, ist er sich sicher. »Leider wird diese Tatsache heute von der NASA dementiert. Ihr Wahrheitsgehalt ist deshalb zwar umstritten, aber dennoch zweifelsfrei echt. Bei einer Liveübertragung im Deutschen Fernsehen konnten aufmerksame Zuschauer die Existenz dieser kleinen Pyramiden direkt dem Funkverkehr zwischen den Astronauten und der Bodenstation entnehmen. Sie riefen daraufhin beim Fernsehen an und wollten Näheres erfahren. Die Sendeleitung erkundigte sich daraufhin bei der

NASA, von der sie allerdings keinen Kommentar erhielt. Dies wurde dann auch den Fernsehzuschauern daheim an den Bildschirmen mitgeteilt.«

Wie mir Ertelt 1993 persönlich bestätigte, war er damals selbst Zeuge der fraglichen Passagen: »Leider liegt das Ganze nun schon so lange zurück, daß ich Ihnen darüber leider auch nichts Genaueres mehr sagen kann. Fest steht lediglich, daß es sich um eine Übertragung von ARD oder ZDF gehandelt haben muß und man – soweit ich das heute noch beurteilen kann – gerade den Flug von ›Apollo-12‹ kommentierte. Moderator war, wenn ich mich recht entsinne, ein gewisser ›Schiemann‹ oder so ähnlich, der seinerzeit diese Raumfahrtsendungen kommentierte. Mehr kann ich dazu aber beim besten Willen nicht sagen.«

Noch mysteriöser erscheint die Struktur, die Felix A. Bach auf dem Mond aufgestöbert haben will (Bach publizierte seine Entdeckung seinerzeit in der amerikanischen Zeitschrift »The Gate«): Der Amerikaner hatte während seiner Mondbeobachtungen im Jahre 1985 in der Nähe des Kraters Rost eine seltsame Apparatur entdeckt, die aus einer Art Mast bestand, um welchen sieben sack- bzw. zwiebelähnliche Objekte befestigt waren. Bach schätzte die Höhe dieses »Dings« auf gute 20 Meilen!

Ein Jahr später versuchte er, dieselbe Struktur erneut mit seinem Teleskop zu erfassen, und er staunte nicht schlecht: Der »Mast« war in der Zwischenzeit offensichtlich in eine ganz andere Position gedreht worden, und die daran festgemachten »Säcke« hingen jetzt über dem Krater Schiller! »Sie sahen aus wie an einer Wäscheleine befestigte Kleidungsstücke«, meinte der Amerikaner ziemlich verwirrt.

Verwirrt war auch ich allmählich, allerdings mehr über die offensichtliche Tatsache, daß – außer einigen wenigen, doch recht umstrittenen NASA-Bildern – nur so wenig öffentlich zugängliches Photomaterial über derartige Strukturen vorliegt. Immerhin behauptet die NASA, sämtliche Photomaterialien der »Apollo«-Mission seien offiziell zugänglich und abrufbar. Eines Besseren belehrte mich dann allerdings Michael Appel aus Essen. Er hatte in dieser Sache bereits vor vielen Jahren ein Interview mit Martin Rebensburg, einem ehemaligen NASA-Mitarbeiter geführt, und in einem 1993 mit mir geführten Telephongespräch unterstrich er die Authentizität folgender Aussagen noch einmal deutlich:

APPEL: »Herr Rebensburg, arbeiteten Sie als direkter Mitarbeiter bei der NASA?«

REBENSBURG: »Ich bin freier Mitarbeiter der NASA gewesen.«

APPEL: »Wäre es möglich, daß Außerirdische auf dem Mond schon Basen eingerichtet haben?«

REBENSBURG: »Die Astronauten sind an mehreren Stellen auf der Mondoberfläche gelandet und haben als größte Strecke sieben Kilometer zurückgelegt. Wir wissen vom Mond also so gut wie nichts. Daß dort eine Station Außerirdischer sein könnte, ist durchaus möglich.«

APPEL: »Sie erwähnten in unserem ersten Gespräch, daß bei der NASA Filme existieren, ›bei denen die Leute vom Stuhl fallen würden‹, zeigte man sie in der Öffentlichkeit?!«

REBENSBURG: »Diese Filme wurden überhaupt noch nicht öffentlich gezeigt. Der Chefreporter der NASA wurde damals beauftragt, Filme zu drehen, über alles, was mit Raumfahrt zu tun hat. Er sagte mir, ihm seien Filme bekannt, von denen man nicht glauben würde, daß solche existieren, ehe man sie gesehen hätte!«

APPEL: »Haben die Astronauten auf ihren Raumflügen UFO-Beobachtungen gemacht?«

REBENSBURG: »Ja, viele Astronauten und auch Flugzeugführer haben bestätigt, UFOs beobachtet zu haben. Nicht nur die amerikanischen Raumfahrer, sondern auch die sowjetischen bestätigten, von UFOs verfolgt worden zu sein.«

Unterstützung fand Rebensburg 1990 in der Fachzeitschrift »Mufon UFO Journal« durch den amerikanischen UFO-Experten Bob Gribble, der dort auf den anerkannten Weltallexperten Dr. Garry Henderson verwies. Henderson zeigt sich nicht nur davon überzeugt, daß die amerikanischen Astronauten bei ihren Weltallerkundungen bereits mehrmals verrückte Dinge sahen und photographierten, sondern auch davon, daß diese Aufnahmen noch heute von der NASA unter Verschluß gehalten würden. Der Amerikaner will persönlich mit einem direkt betroffenen Astronauten gesprochen haben, der ihm unter vorgehaltener Hand von strengen Anweisungen zu berichten wußte, jegliche Bemerkungen darüber in der Öffentlichkeit zu unterlassen.

Ergänzt werden diese Informationen im weiteren durch zwei mir vorliegende NASA-Filmstreifen, auf denen Erstaunliches dokumentiert ist:

Sequenz A basiert auf einem Ausschnitt aus dem NASA-Filmzusammenschnitt »For All Mankind«. Kurz vor dem Aufsetzen des Landemoduls auf der Mondoberfläche ist dort während einiger Sekunden deutlich ein rundes Objekt zu sehen, das von rechts kommend über die Mondoberfläche zieht, sich dem Landemodul bedrohlich schnell annähert und erst durch ein abruptes Wendemanöver der Fähre aus dem Fensterausschnitt verschwindet!

Sequenz B beinhaltet eine ähnliche Szene. Diesmal sind es Filmaufnahmen von »Apollo-12«, die ein fliegendes Objekt zeigen, welches quer zur startenden Landefähre über die Mondoberfläche jagt. Während dieses Vorganges blitzt für Sekundenbruchteile ein Licht in einem der überflogenen Krater auf.

UFO-Sichtungen, Lichtblitze und geheimnisvolle Bauten: Unerklärliches geht auf unserem Trabanten vor sich. Die genauen Hintergründe können wir nur erahnen: Wurde auf dem Mond etwa eine Operationsbasis für UFOs eingerichtet? Gibt es dort oben biologische Lebensformen oder benutzt eine uns unbekannte Lebensform den lunaren Körper nur, um von hier die Fäden in einem gigantischen kosmischen Verwirrspiel zu ziehen? Fragen über Fragen. Wie weit die amerikanischen Militärs besser über die Natur all dieser Erscheinungen informiert sind, läßt sich nur schwer abschätzen – daß man aber von all diesen Dingen zumindest Kenntnis hat, steht außer Zweifel.

Symptomatischerweise war es kürzlich auch gar nicht die NASA, sondern das US-Verteidigungsministerium, das am 25. Januar 1994 erstmals nach über 20 Jahren wieder einen unbemannten Flugkörper zum Mond entsandte. »Clementine-1«, so der Name der neuen Sonde, wurde mittels einer Trägerrakete vom Typ »Titan-2« hochkatapultiert und ist seit ihrer Ankunft am 20. Februar eifrig daran, die gesamte lunare Oberfläche mit neu entwickelten Multispektralkameras zu kartographieren. Bis Ende April 1994 sollte die tektonische Bestandsaufnahme abgeschlossen sein. Dann gedenkt man »Clementine-1« in Richtung des bisher noch vollkommen unerforschten Kleinplaneten Geographos weiterzuschicken.

Wie Missionsmanager Oberstleutnant Pedro Rustan von der Air Force ergänzend mitteilen ließ, bestehe der Sinn der Mission hauptsächlich in der Erprobung neuer Weltraumtechnologien. So wurde der Sonde ein ganzes Arsenal hochempfindlicher Meßgeräte mitgegeben, um die zu erwartenden Bilder in bisher nicht gekannter Präzision und Detailgenauigkeit auf die Bildschirme im Rechenzentrum zu zaubern. Man darf also gespannt sein.

Zu hoffen bleibt jetzt eigentlich nur noch, daß »Clementine-1« nicht irgendwann dasselbe Schicksal ereilt, wie 1993 die »Mars-Observer«-Sonde. Kurz bevor sie damals den Mars erreicht hatte, war der Funkkontakt zur Bodenkontrolle aus bislang ungeklärten Gründen abgebrochen.

IV Paradigmenriß:

Unterdrückte Schwächen im Wissenschaftsgefüge

»Die Welt strotzt vor Fachleuten, die nichts zustande bringen, aber das auf Tausenden von Druckseiten«, polterte einst der Wissenschaftler Erwin Chargaff über die Entwicklung seiner Zunft.

Mit Chargaff einig gehen die beiden Autoren Christopher Cerf und Victor Navasky. Für ihr Werk »The Experts Speak«, einer »definitiven Zusammenstellung autoritativer Mißinformation«, haben sie in unermüdlichem Fleiß Zitate berühmter Wissenschaftler und Persönlichkeiten zusammengetragen. Die dort aufgeführten Expertenmeinungen verbindet ein gemeinsamer Nenner: Alle haben sich rückblickend als falsch erwiesen!

Tatsächlich werden Aussagen anerkannter Kapazitäten generell viel zu stark gewichtet, und so wurden häufig Schäden angerichtet, die bereits mit einer sorgfältigen Berurteilung der Sachlage einfach hätten verhindert werden können. Besonders vorschnelle, negative Expertenmeinungen in bezug auf die Verwirklichung neuartiger Ideen warfen dem menschlichen Aufstieg seit jeher Steine in den Weg. Eisenbahn, Autos oder Flugzeuge: Jede neue Entdeckung wurde erst einmal als utopisch und jeglicher Grundlage entbehrend verschrien, bevor sie sich nach zähem Ringen um eine objektive Beurteilung doch noch durchsetzen konnte.

Allen Erfahrungen zum Trotz werden Entdeckungen und Überlegungen aus dem Bereich parawissenschaftlicher For-

schungszweige von konservativen Kreisen auch heute nach wie vor mißmutig ins Reich der Phantasie verwiesen.

Woher diese Aversion gegenüber den Randgebieten und ihren oft sehr unkonventionellen Aussagen rührt, ist schwer ersichtlich, dürfte man doch eigentlich annehmen, daß neue Forschungsgebiete von etablierter Seite als willkommene Ergänzung bestehender Fachrichtungen aufgefaßt würden. Dadurch daß letztere aber statt dessen regelrechte Widerstände mobilisieren, offenbaren sich die Schwachpunkte im akademischen Gebäude hier besonders deutlich. Denn vor menschlichen Schwächen wie Eitelkeit, Vorurteilen oder Unehrlichkeit sind offensichtlich auch Wissenschaftler nicht gefeit.

1 Koryphäen im Zwielicht

>»Der Philosoph und Psychologe William James
schlug einmal Sport als Ersatz für den
Krieg vor; er hätte ebensogut Natur- und
Geisteswissenschaften dafür hernehmen
können. Auch wissenschaftliche Schlachten
haben ihre Armeen, Regeln, Taktik,
unerwarteten Wendungen, gezügelten und
ungezügelten Leidenschaften, Niederlagen,
Rückzüge und Verlustlisten.«
>
> (ALFRED DE GRAZIA, Soziologe)

»Muß das sein?«
Christel Lauterbach, Pressereferentin der Universität Gie-
ßen, seufzte laut auf, als sie im März 1993 von Journalisten wieder einmal telephonisch über den neuesten Stand
der Lohmann-Affäre befragt wurde.
Wolfgang Lohmann, zuständiger Professor für Biophysik,
stand damals gerade unter Verdacht, bewußt wissenschaftliche Daten manipuliert zu haben. Behauptet hatte dies im
Mai 1990 zumindest Harald Neubacher, ein ehemaliger
Mitarbeiter Lohmanns. Die Diskrepanzen zwischen For-
schungsdaten und veröffentlichten Ergebnissen seien ekla-
tant, erklärte Neubacher der Gießener Professorenschaft
verdrossen. Die entschloß sich, den vermeintlichen Skandal
intern zu regeln. Man fürchtete um das wissenschaftliche
Renommee.

Nach langem Zögern einigten sich die zuständigen Herren schließlich darauf, einen »Appell an das wissenschaftliche Gewissen der Beteiligten« zu richten. Lohmann wurde empfohlen, »etwaige Äußerungen über eine diagnostische Verwendbarkeit seiner fraglichen Methode in Wort und Schrift zu unterlassen«. Der ließ sich das nicht gefallen und zog seinerseits mit der Begründung vor Gericht, die Forderung der Expertenkommission greife unmittelbar in seine Forschungsfreiheit ein. Die Richter entschieden schließlich zu Gunsten des Gießener Professors: »Die Universitätskommission hat sich eine Zuständigkeit angemaßt, die ihr nicht zukommt.«

Lohmann prozessierte. Professor Gerhard Uhlenbruck, renommierter Direktor des Instituts für Immunbiologie der Universität Köln, wählte einen anderen Weg. Er entzog sich dem Zugriff, indem er seine Datenmanipulationen aus eigenen Stücken offenlegte. Zur Zeit des Vorfalls hatte er eine Stelle als Abteilungsleiter an einer medizinischen Klinik inne. Eines schönen Tages reichte einer seiner Assistenten ein Forschungsprojekt ein. Der dazu nötige Apparat, ein technisches Wunderwerk im Wert von 250 000 Mark, war mit Hilfe von Staatsgeldern bald angeschafft. Die Sache lief problemlos an, wenn auch nur für eine Woche. »Dann nämlich wurde der Assistent auf die Privatstation abgerufen und hatte fürderhin keine Zeit mehr fürs Labor. Es blieb nun ingesamt sieben Jahre verschlossen.«

Da der Assistent – er hatte sich unterdessen mit einem anderen Thema habilitiert und daraufhin prompt an eine andere Klinik gewechselt – den Schlüssel bei seinem Wechsel mitgenommen hatte, mußte die Tür zum Versuchsraum aufgebrochen werden. Und, o Schreck: Der kostbare Apparat war aufgrund seiner jahrelangen Nichtbenützung arg vergammelt, schimmlig geworden und von unappetitli-

27

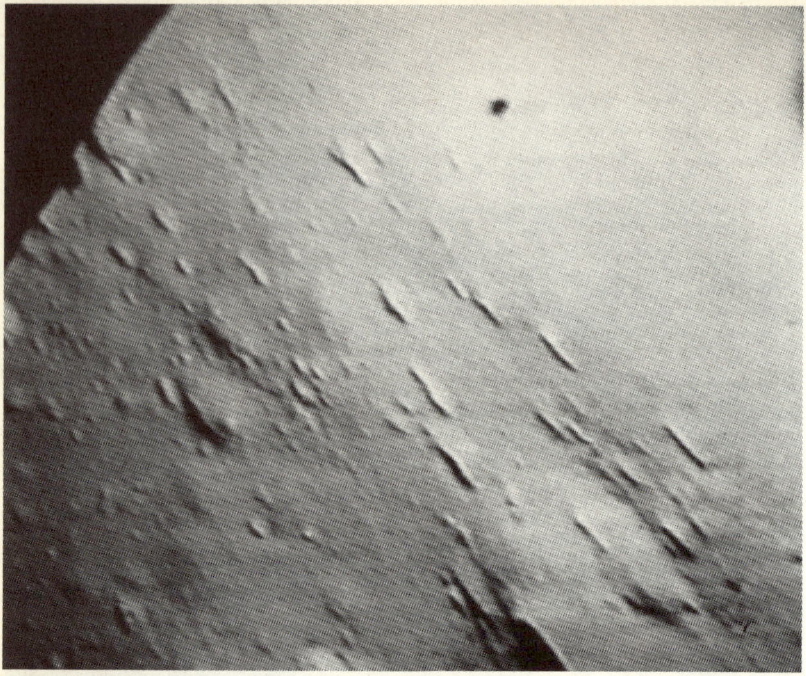

28

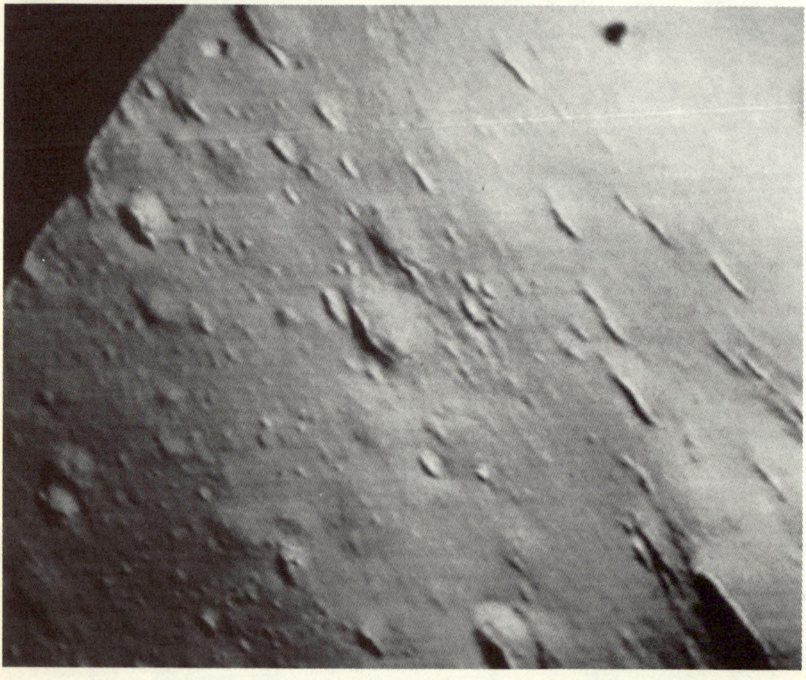

29

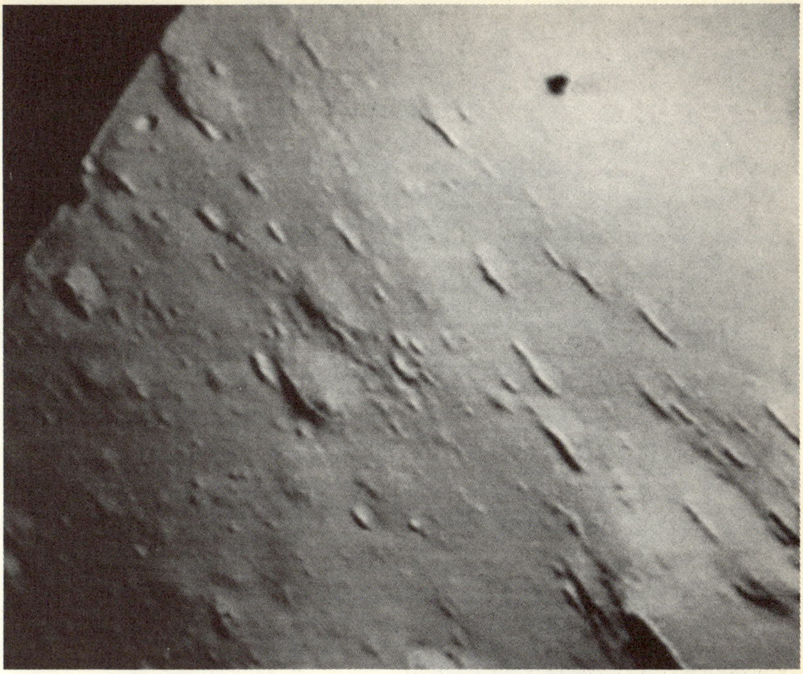

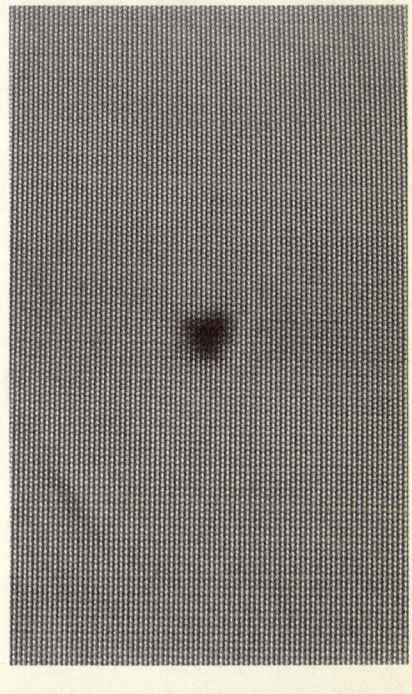

30

27 Eine ganze Staffel fliegender Untertassen will die Schweizerin Monika Rötheli am 1. Januar 1994 in der Nähe von Önsingen beobachtet haben.

28–31 Kurz vor der Landung auf der Mondoberfläche ist in dieser NASA-Filmsequenz deutlich ein unbekannter Flugkörper sichtbar, der für die Dauer einiger Sekunden im Fensterausschnitt der »Apollo«-Kapsel auftaucht. Ein UFO?

32 und 33 Ein anderer unbekannter Flugkörper, der nach dem Start der »Apollo-12«-Fähre über der Mondoberfläche jagt.

34 Seltsame Spuren auf dem Mond, hier auf einer offiziellen NASA-Aufnahme: Schlichtes »Auswurfmaterial«, wie uns die Fachleute versichern, oder doch ein künstliches Objekt?

31

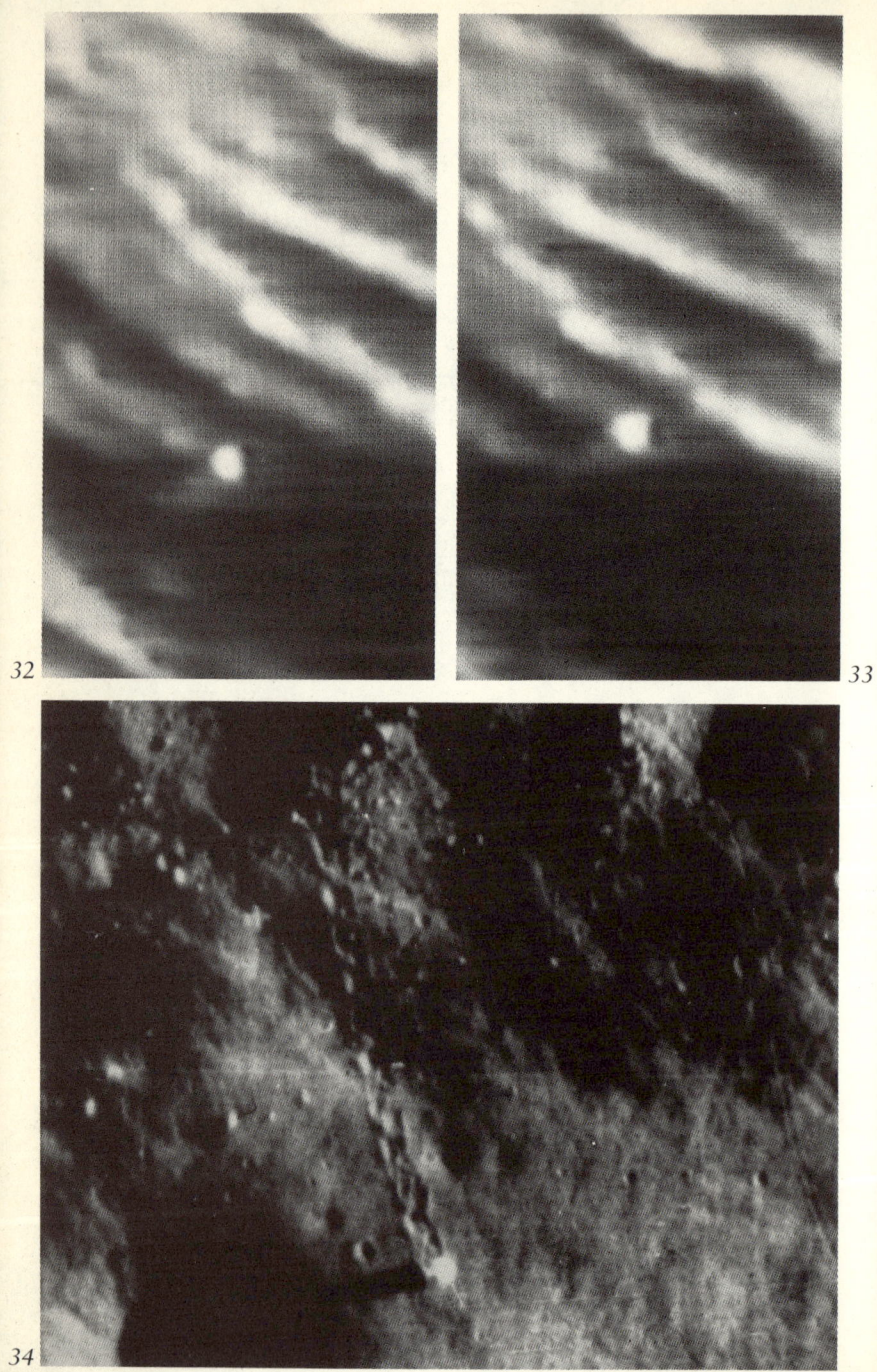

32

33

34

chen Salzkrusten überzogen! Das Labor wurde gereinigt, die noch brauchbaren Teile der Apparatur an einen Schrotthändler verschachert.

Uhlenbruck machte die Rechnung allerdings ohne die zuständige Klinikleitung. Die verlangte nach einem halben Jahr einen detaillierten Rechenschaftsbericht über die mit dem Apparat erzielten Ergebnisse. »Man bedrängte mich zuhälterisch, Ergebnisse ›nachzuproduzieren‹, denn die Stiftung, aus welcher der Analysator bezahlt worden war, verlange dringend einen Bericht«, erinnert sich der Professor mit leichtem Unbehagen. »Man sei ›total in Verlegenheit‹, ich solle da heraushelfen und bekäme dafür auch mehr Mittel und eine Planstelle.«

Um es kurz zu machen, nach einiger Zeit wanderte tatsächlich ein von Uhlenbruck fingierter und von »oben« abgesegneter »Abschlußbericht« an die zuständige Stiftung. »Die hat sich später denn auch tatsächlich noch einmal gemeldet mit dem Hinweis, man wäre mit den Ergebnissen zufrieden, das Projekt sei damit abgeschlossen und vor allem sei den Gutachtern aufgefallen, wie gut die von der Klinik gewonnenen Daten mit denen aus der Literatur übereinstimmten.«

In Amerika gibt es längst regelrechte Wissenschaftsdetektive, die in ähnlich gelagerten Fällen aktiv werden. Man mag sich über derartige Methoden streiten. Tatsache aber ist, daß eine 1993 publizierte Umfrage solche Vorgehensweisen durchaus rechtfertigt. Es handelte sich dabei um die größte Befragung, die bis dahin in den USA zum Thema Wissenschaftskriminalität erhoben wurde, und sie besagte, daß von rund 2600 anonym befragten Studenten und Dozenten in beiden Fällen gut die Hälfte erklärte, aus eigener Erfahrung direkte Kenntnis von mindestens einem

Fall bewußter Datenmanipulation beziehungsweise -fälschung zu haben! Die fraglichen Erhebungen waren vom Acadia Institute in Maine vorgenommen und von Mitgliedern der berühmten American Association for the Advancement of Science (AAAS) inzwischen als äußerst wichtig bezeichnet worden.

Manchmal wird bei in sich nicht immer ganz schlüssigen Argumentationsketten oder Versuchen aber auch auf subtilere Art und Weise nachgeholfen. Die Fachsprache macht's möglich.

2 Der Trick mit der Fachsprache

> »Viele sind der Auffassung, möglichst viele Fremdwörter und ein komplizierter Stil würden den wissenschaftlichen Wert und die wissenschaftliche Glaubwürdigkeit ihrer Arbeiten erhöhen. Dabei entstehen dann aufgeblähte, hohle Texte von zweifelhaftem wissenschaftlichen Wert, die oft das Papier nicht wert sind, auf dem sie geschrieben sind.«
>
> (CHRISTA HAENICKE in einem Leserbrief an den »Tages-Anzeiger« vom 16. Dezember 1993)

»Die Sprache der Wissenschaft muß verständlich werden!« Dies fordert Hubertus Tschopp, seines Zeichens Präsident der schweizerischen Gesellschaft für Hochschule und Forschung (GfH). Seit Ende der achtziger Jahre hat seine Vereinigung alljährlich Diplomarbeiten und Dissertationen mit Preisgeldern bedacht. Ziel der regelmäßigen Aktionen war und ist – so Tschopp – die »Förderung der sprachlichen Qualität wissenschaftlicher Arbeiten«. Es ist eben längst ein offenes Geheimnis, daß selbst komplizierte wissenschaftliche Sachverhalte auch verständlich formuliert werden können.

Unserer Meinung, nach der die Begrenzung der Sprache ausschließlich im Punkt liegt, wird wohl auch Werner Hauck von der Bundeskanzlei zustimmen können. Auf der 1993 zum vierten Mal durchgeführten Preisverleihung präsentierte er interessante Vorschläge, wie sich die oft sehr langatmigen, ungelenk verschachtelten Sprachmonster geschickt bändigen ließen. Mit Erfolg: Am Ende seiner Ausführungen waren die von ihm vorgeschlagenen Neuformulierungen der Gesetze halb so lang, aber doppelt so elegant und klar.

Preisträger Christoph Frei von der Hochschule in St. Gallen wurde seinerseits für seine Doktorarbeit, eine 250seitige Biographie über den Politikwissenschaftler Hans Joachim Morgenthau, geehrt. Die Arbeit liegt inzwischen bereits in Buchform vor, was kaum verwunderlich ist, »denn ich wollte«, so Frei damals, »keine Dissertation für Insider verfassen, sondern ein Buch, das viele interessieren kann. Zudem sollte es so geschrieben sein, daß auch meine Mutter es gerne liest.«

Beträchtlichen Anteil am Erfolg des Schweizers haben nicht zuletzt auch seine beiden »Doktorväter«, die Professoren Alois Riklin und Jürg Martin Gabriel. Sie unterstützten spontan den »unwissenschaftlichen« Stil ihres Schützlings, der seine Arbeit nicht in Unter- und Unteruntertitel zergliedert sehen wollte, sondern vielmehr Gefallen daran fand, sprachliche Akzente und inhaltliche Spannungsbögen zu setzen: »Viele, die sogenannt wissenschaftlich schreiben und die Texte mit Fremdwörtern spicken, entziehen sich letztlich der Verantwortung. Sie bleiben unklar, damit man sie nicht attackieren kann«, zeigte sich Frei anläßlich der Preisverleihung gegenüber Marlies Strech, einer Journalistin vom Zürcher »Tages-Anzeiger«, überzeugt.

Dr. Heinz Kretzenbacher, Lehrbeauftragter für Deutsch als Fremdsprache an der Universität München, geht noch einen Schritt weiter. Er stieß während seiner linguistischen Forschungen auf drei Eigenheiten, die beinahe jeden wissenschaftlichen Text durchziehen. Kretzenbacher spricht dabei vom Ich-Tabu, vom Metapher-Tabu und vom Erzähl-Tabu und bezeichnet diese Strukturen als die wichtigsten literarischen Strategien, um das Medium Sprache in wissenschaftlichen Texten durchsichtig erscheinen zu lassen. Diese »Durchsichtigkeit« sei es, die uns als Leser oder Hörer eines Wissenschaftstextes die Einsicht erschwere, »daß wir es nicht unmittelbar mit Fakten zu tun haben, sondern zunächst mit Texten, und daß Texte auch in der Wissenschaft eben nicht nur Vehikel zur Übermittlung von Erkenntnissen sind, sondern in sich selbst Formen, Ausprägungen dieser Erkenntnisse«.

Die wissenschaftliche Sprache werde dominiert von der dritten Person des Verbes (»es war zu beobachten«, »die Beobachtung ergab«), weil die Wissenschaft erwartet, daß ihre Vertreter »berichten und nicht erzählen«, hält Kretzenbacher fest und ist mit diesem Vorgehen ganz und gar nicht einverstanden: »Das Ich-Tabu suggeriert, daß Wissen unabhängig von einem menschlichen Subjekt existiere und daß eine wissenschaftliche Äußerung unabhängig von den spezifischen Kommunikationspartnern übermittelt werden könne. Das Metapher-Tabu suggeriert, daß ein wissenschaftliches Faktum nur in einer ganz bestimmten Weise dargestellt werden könne (...), und das Erzähl-Tabu suggeriert ähnlich wie das Ich-Tabu, daß in wissenschaftlichen

Texten die Fakten selbst sprächen, ohne ein menschliches Subjekt als Übermittlungsinstanz.«

Wieviel Unfug mit Sprache innerhalb wissenschaftlicher Publikationen tatsächlich getrieben werden kann, mögen folgende Beispiele verdeutlichen. Ich entnehme sie dem lesenswerten Werk »The Scientist Speculates« des Autors I. J. Good:

- »Es ist klar, daß noch viel Arbeit nötig ist, um die erzielten Resultate in ihrer letzten Konsequenz zu deuten.« (Eigentlich: Ich verstehe sie derzeit vermutlich noch nicht so recht.)
- »Es ist seit langem bekannt, daß ...« (Eigentlich: Ich habe mir nicht die Mühe gemacht, die ursprünglichen Quellen ausfindig zu machen und zu überprüfen.)
- »Die Resultate sind von größter theoretischer und praktischer Bedeutung.« (Eigentlich: Ich halte sie für sehr interessant.)
- »Es wird vermutet ...«, »Es könnte sein ...« (Eigentlich: Ich denke, daß ...)
- »Es wird allgemein angenommen, daß ...« (Eigentlich: Auch einige andere Forscher denken so wie ich.)
- »Man könnte nun einwenden, daß ...« (Eigentlich: Ich habe auf diesen Einwand eine derart gute Antwort, daß ich darauf eingehen werde.)

Solche rhetorischen Kniffe, mit denen jede Spur menschlicher Schwäche aus der Wissenschaftssprache getilgt wird, sollten uns zu denken geben: Müssen denn wissenschaftliche Texte immer derart trocken abgefaßt sein? Müssen sie immer mit ganzen Bündeln künstlich geschaffener Fremdwörter durchdrungen sein? Die regelrechten Fremdwörterorgien machen ja schon dann keinen Sinn mehr, wenn man den größten Teil der fraglichen Begriffe auch deutsch ausdrücken könnte.

Da lesen wir in einem Fachartikel von einer »signifikanten positiven Korrelation zwischen dem effektiven Lernzuwachs (LZ) und der Bearbeitungszeit (t)«, was schlicht und einfach heißen soll, daß der, der länger lernt, gleichzeitig auch mehr lernt. Dieses stellvertretende Beispiel für »Sätze und Setzungen von unnachahmlicher Trivialität, welchen durch eine aufgeblasene Terminologie der Anschein von Wissenschaftlichkeit gegeben wird«, stammt von Dr. Wolfgang Frühwald, er war Professor für neuere Deutsche Literaturgeschichte an der Universität München.

Die unverständlichsten Beispiele erreichen uns aber regelmäßig aus dem Bereich der Soziologie. So entleihe ich mir das nun folgende sprachliche Monstrum einem 1991 erschienenen, 750seitigen soziologischen »Grundkurs«. Allen Ernstes las ich dort folgenden Satz: »Diese tradierte soziologische Argumentationsfigur ist insoweit affirmativ, als sie ihren Begriff subjektiver Kompetenz als systeminduzierte Nutzungsmöglichkeit definiert und somit in der Weise systemimmanent verbleibt, als sie in Ermangelung einer kategorialen Entfaltung der gesellschaftlichen Formbestimmtheit von sozialem Handeln und Verhalten den objektiven Konstitutionszusammenhang subjektiver Strukturen nicht als Begründungszusammenhang auch potentiell nonkonformer, aus der Widerspruchs- oder Ambivalenzdimension gespeister Identität ausweisen kann – dann als Initiationsmoment der Aufhebung der eigenen Voraussetzungen.«

Liegt nicht gerade hier, in dieser künstlichen Sprachkomplexität, der Grund, weshalb wissenschaftlichen Veröffentlichungen außerhalb der akademischen Fachkreise nur derart geringe Beachtung zuteil wird? Stellen wir uns nur einmal vor, wie erfrischend Texte wären, die auch einmal mit sprachlich kreativeren Passagen aufwarten könnten.

Passagen jenseits stereotyper Floskeln, jenseits stumpfer Nüchternheit. Passagen vielleicht, die auch einmal mit dem einen oder anderen sprachlichen Witz gepfeffert wären.

Der Wissenschaftler wird abwinken und auf mögliche Verzerrungen oder Verfälschung aufmerksam machen, die den Texten nur schaden würden. Aber Hand aufs Herz: Ist es umgekehrt nicht genauso? Wird eine Veröffentlichung durch eine auffällig emotionslose, unpersönliche Sprache nicht ebenso »verfälscht«? Wenn wir schon für eine der beiden Methoden stimmen müßten, dann würden wir uns doch wohl viel eher für jene entscheiden, die auch einmal Platz läßt für sprachliche oder erzählerische Farbtupfer. Die Welt ist schließlich grau genug.

3 Die Ketzer der Neuzeit

> »Manche sehen mit dem rechten und
> mit dem linken Auge genau dasselbe.
> Und glauben, dies sei Objektivität.«
>
> (STANISLAW JERZY LEC, Schriftsteller)

1993. Ein Mann verzaubert Deutschland. David Copperfield, der Welt bekanntester Magier, bereist erstmals Europa, füllt spielend eine Halle nach der anderen und löst unter den deutschen Zuschauern regelrechte Begeisterungsstürme aus. Ein ganzes Land liegt im Copperfield-Fieber. Und das mit gutem Grund. Denn die Tricks des Amerikaners sind einzigartig, seit Jahren unerreicht: Von der Hallendecke herab schwebt – umhüllt von Trockeneisschwaden und untermalt von packenden Rhythmen – ein altertümlicher Kasten. Die ihn umhüllenden dünnen Leinwän-

215

de öffnen sich, die Konstruktion ist leer. Innerhalb weniger Sekunden schließen und öffnen sie sich neuerlich, und ein Aufschrei geht durch die Menge: Dort, wo vor einigen Sekunden noch gähnende Leere herrschte, steht jetzt er, der legendäre Magier. Das Publikum rast.

Und dies ist erst der Auftakt zu einer Bühnenshow, die alle Grenzen der Phantasie sprengt. Denn seine Tricks wechselt Copperfield alle paar Gelegenheiten, immer unglaublichere Dinge präsentierte er seinem Publikum im Verlauf der letzten Jahre. Einen Düsenjäger ließ er ebenso verschwinden wie einen massiven Eisenbahnwagen: Über letzteren wurde eine einfache Plane gespannt. Wie von Geisterhand schwebte der so »verpackte« Wagen anschließend in die Höhe, das Tuch fiel in sich zusammen, und dort, wo das massive Ding zuvor gerade noch gestanden hatte, drängte sich jetzt das begeisterte Publikum, das gar nicht begreifen konnte, was es soeben gesehen haben sollte.

Der Trick mit dem Eisenbahnwagen genügte dem amerikanischen Magier aber immer noch nicht, ebensowenig wie ein ganzes Schiff, das er später auf ähnliche Art und Weise erscheinen ließ. Im Gegenteil: Nächste Station war die Freiheitsstatue. Via vier Stahlträgern wurde eine riesige Leinwand um den Koloß hochgefahren. Die Leinwand fiel, die Statue war verschwunden.

In Deutschland wußte Copperfield seine Fans hauptsächlich mit Showeinlagen zu begeistern, die es ihm erlaubten, wie von Geisterhand geführt durch die Halle zu fliegen. Anschließend lud er sich jeweils eine Frau aus dem Publikum auf die Bühne und drehte mit ihr über den Köpfen der Zuschauer eine letzte Ehrenrunde. Deutschland war hingerissen, und so mancher Pressevertreter zermarterte sich zerknirscht das Hirn darüber, wie solche Wunder überhaupt zu bewerkstelligen sind.

Zürich, einige Monate zuvor. James Randi, Berufskollege Copperfields, wird von einem Zürcher Universitätsinstitut als erster Preisträger einer Stiftung für Hirnforschung vorgestellt. Sein Verdienst: »die konsequente Bekämpfung modernen Aberglaubens«.

Vom Bekanntheitsgrad eines Copperfield hatte der Zauberer Randi früher nur träumen können. Also besann er sich auf andere Dinge und begann im Dienste der Wissenschaft angeblich paranormale Erscheinungen aufzudecken. Aufsehen erregte dabei vor allem seine berühmt-berüchtigte »Entlarvung« homöopathischer Heilmethoden in der Fachzeitschrift »Nature«, wenngleich seine damalige Argumentation in Fachkreisen nicht überall Zustimmung fand.

Wenigstens mag man Randi das Verdienst zusprechen, in einigen Fällen überzeugend dargelegt zu haben, wie nahe die Grenzen zwischen Zaubertricks und effektiv unerklärlichen Kräften gelegentlich liegen mögen. Ebenso offensichtlich ist allerdings, daß seine »Entlarvungen« nur gerade einen kleinen Teil parawissenschaftlicher Vorkommnisse erklären können. Das hinderte den Amerikaner freilich nicht daran, sämtlichen grenzwissenschaftlichen Erklärungsansätzen und -ideen mittlerweile den Kampf anzusagen.

Der deutsche Soziologe Gerhard Eberlein von der Technischen Universität München differenziert hier feiner. Unter Schulwissenschaften versteht er ein innerhalb universitärer Kreise akzeptiertes Konglomerat aus bewährten Fragestellungen, Theorien, Methoden und Ergebnissen, während der Begriff »Parawissenschaft« seiner Meinung nach eher den soziologischen Bereich berührt: »Sie macht neben den Schulwissenschaften strukturell und prozessual ähnliche Bereiche aus, die ebenfalls Wissenschaftsanspruch anmelden, mit zum Teil (...) nach ihrem Wert unentschiedenen bis unentscheidbaren Forschungsprogrammen. Jedoch erweisen sich parawissenschaftliche Aussagen teilweise als anwendbar.«

Den Begriff »Pseudowissenschaft« meidet Eberlein bewußt. Er hält ihn für unglücklich gewählt. Wer für den Dialog zwischen Schul- und Parawissenschaften plädiert, so der Professor eindringlich, könne nicht nur am bloßen »Entlarven« interessiert sein. Er müsse dem Parawissenschaftler vielmehr zuhören, womöglich bei dessen Tätigkeit zusehen, um zunächst zu ermitteln, welchen Kriterien und Normen wissenschaftlichen Verhaltens er folgt. Dazu gehöre – so der Soziologie-Professor weiter – auch die Überzeugung, als akademischer Forscher nicht die Wahrheit gepachtet zu haben. Ebenso das Zugeständnis, daß Wissenschaft weder alle menschlichen Probleme lösen, noch überhaupt der einzige Erkenntniszustand sein kann.

An der nötigen Portion Toleranz Neuem gegenüber mangelt es heute ganz offensichtlich, und so nennt auch Professor Raimund Kaufmann, Leiter des Instituts für Lasermedizin der Heinrich-Heine-Universität in Düsseldorf, die sektiererischen, inquisitorischen Züge einiger Kollegen offen beim Namen: »Diese selbsternannten Tugendwächter betreiben oft kreuzzugartige Kampagnen mit einem Eiferertum, das einer besseren Sache wert wäre und das sich wohl zuweilen nur noch als fehlgeleitetes Kompensationsprinzip für die eigene kreative Unfähigkeit deuten läßt.«

Kaufmann stellt dabei vor allem die in Roßdorf angesiedelte GWUP (Gesellschaft zur wissenschaftlichen Untersuchung von Parawissenschaften) zur Diskussion, deren Mitglieder – hauptsächlich versierte Wissenschaftler – sich ganz im Sinne Randis zum Kampf gegen den »modernen Aberglauben« versammelt haben. Mit deren Vorgehen hat der Gelehrte wenig am Hut: »Nicht erst seit Popper wissen wir, daß real existierende Wissenschaft nicht immer das ist, was sie sein sollte, nämlich die Suche nach der Wahrheit anstelle der Bestätigung des vorhandenen Wissens. Wer nur an weiße Schwäne glaubt, wird sich leicht tun, noch mehr weiße Schwäne zu finden; den einen schwarzen Schwan in der Ecke des Teichs wird er übersehen.«

Auch der deutsche Astrophysiker Illobrand von Ludwiger machte mit den GWUP-Praktiken eingehend Bekanntschaft. Ludwiger gehört der internationalen Society for Scientific Exploration an, einer Gesellschaft, die sich ebenfalls aus etablierten Wissenschaftlern zusammensetzt, im Gegensatz zur GWUP aber sehr offen und unkonventionell neue Ansätze und Randerscheinungen diskutiert und untersucht.

Im August 1992 tagten die Forscher der Society auf Einladung von Professor Eberlein an der Technischen Universität München. Eine kritische Besprechung ihrer Konferenz im »Skeptiker«, dem Hausblatt der GWUP, war demnach nur eine Frage der Zeit, und prompt jammerten die Herren dort einige Monate später über die angeblich »unkritischen und pseudowissenschaftlichen« Referate. Dies allerdings in einer derart verfälschenden und unwissenschaftlichen Art, daß sich von Ludwiger – er referierte damals über den aktuellen Stand der wissenschaftlichen UFO-Forschung – gezwungen sah, eine ausführliche Richtigstellung zu verfassen, die er dem »Skeptiker« im Interesse einer ausgewogenen Berichterstattung zur Veröffentlichung überließ. Der Münchner Astrophysiker dazu: »Der Titel der GWUP-Zeitschrift erhebt den Anspruch strengster Einhaltung von Objektivität bei der Wiedergabe von Tatsachen. Eine derart verzerrte Wiedergabe von Äußerungen wie die im fraglichen Artikel aber muß zu der Feststellung führen, daß dieser Anspruch anscheinend nicht existiert.«

Tatsächlich ist von Ludwiger ein alter Kenner der GWUP-

Praktiken, und er hat sich im Laufe seiner Forschungstätigkeit auf grenzwissenschaftlichen Gebieten schon so manche Gedanken zur Akzeptanz parawissenschaftlicher Phänomene und den damit verbundenen Fragestellungen gemacht: Wer hat recht? Wer wird Recht bekommen? Wessen Methode sollte man folgen? Ludwigers Antwort auf derlei Fragen ist simpel: »Folge denen, die zweifeln, aber meide diejenigen, welche vorgeben, die Wahrheit zu besitzen. Dieser Ratschlag hat sich in allen ideologischen Zweifelsfragen bewährt.«

Der Münchner analysierte die Argumentationsmethoden seiner skeptischen Zeitgenossen im Laufe der Jahre eingehend und stieß dort auf drei, überall wiederkehrende Postulate:

Postulat 1: Alle Naturvorgänge sind mit den derzeit verfügbaren wissenschaftlichen Methoden erklärbar.

Postulat 2: Es gibt keine flüchtigen Phänomene, sondern nur Fehldeutungen, bewußte Irreführung und psychotische Halluzinationen.

Postulat 3: Wer anomale Phänomene für möglich hält, ist unkritisch, irrational und unwissenschaftlich.

Bestätigung fanden von Ludwigers Beobachtungen 1992 durch eine Umfrage, die der amerikanische Parapsychologe Robert McConnell von der Universität Pittsburgh unter den Mitgliedern der Nationalen Akademie der Wissenschaften (NAS) in den USA durchführte. Er fragte 491 NAS-Mitglieder nach ihrer Meinung zu parapsychologischen Manifestationen wie außersinnliche Wahrnehmung und Psychokinese. Von den 239, die antworteten, verwiesen drei Viertel die genannten Erscheinungen ins Reich der Phantasie. Lediglich vier Mitglieder hielten »derartige Anomalien für erwiesen«. Über zwei Drittel der Befragten begründeten ihre Zweifel außerdem damit, daß PSI-Erscheinungen nicht im herkömmlichen wissenschaftlichen Weltbild untergebracht werden könnten, während nur gerade jeder zwanzigste der Zweifler auf eigene Untersuchungen verweisen konnte.

McConnells erschütterndes Fazit: »Die meisten verwerfen die Evidenz für PSI-Phänomene, ohne sie überhaupt geprüft zu haben. Statt dessen stützen sie ihre Ansichten nahezu ausschließlich darauf, daß die fraglichen Erscheinungen durch die bis heute bekannten Naturgesetze nicht erklärbar sind, sowie auf die ablehnenden Standpunkte anderer Wissenschaftler.«

Positiv heben sich im Parabereich heute vor allem die Bemühungen des Freiburger Instituts für Parapsychologie ab, das als einziges universitäres Institut in Deutschland einen eigenen Lehrstuhl für Parapsychologie vorweisen kann. Etabliert hatte ihn der inzwischen verstorbene Professor und Nestor der Parapsychologie Dr. Hans Bender.

Heute führt Professor Johannes Mischo Benders Erbe fort. Unterstützt wird er dabei vom PSI-Experten Walter von Lucadou. Lucadou ist Doktor der Physik und Psychologie, und er gehört – wie ich mich persönlich überzeugen konnte – wirklich nicht zu den Leuten, die man als naiv oder leichtgläubig bezeichnen könnte. Im Freiburger Institut betreut er die telephonische Beratungsstelle und beschäftigt sich nebenbei mit der Weiterführung und Auswertung verschiedener Arbeiten aus dem Bereich der Psychokinese.

Als großer Pionier auf diesem Sektor gilt J. B. Rhine, der bereits in den dreißiger und vierziger Jahren erfolgreich mit der mentalen Beeinflussung von Würfeln experimentierte, welche er eine schiefe Ebene herunterrollen ließ. Ein unabhängiger Beobachter mußte sich dabei bestimmte Kombinationen wünschen. Das Interessante: Die akribisch festgehaltenen Ergebnisse übertrafen die statistisch zu erwartenden Durchschnittsergebnisse um ein vielfaches! Je länger ein einzelnes Experiment dauerte, um so schlechter wurde allerdings auch die auffällige Trefferquote, ein Umstand, den Rhine psychologisch, im Sinne einer Ermüdung der Versuchsperson, interpretierte. Seine Schlußfolgerung: »Der Geist besitzt eine Kraft, die auf die Materie einwirken kann.«

Die Kritiker ließen sich nicht lange lumpen und listeten ihrerseits eine ganze Reihe von Punkten auf, die sie für die seltsamen Ergebnisse verantwortlich machten: die Beschaffenheit der Würfel beispielsweise oder die jeweils vorherrschende Reibung. Erst die Einführung sogenannter »Schmidt-Maschinen« sollte dieser Diskussion vorerst ein Ende setzen.

Die neuen Apparaturen waren vom deutsch-amerikanischen Physiker Helmut Schmidt entwickelt worden, der damit eine Konstruktion vorstellte, mit der die Rhineschen Versuche unter weitaus besseren Voraussetzungen fortgesetzt werden konnten, denn die Schmidt-Maschine arbeitet auf der Basis des radioaktiven Zerfalls. Eine spezielle Konstruktion wandelt den Zerfallsprozeß in rote und grüne Lichtsignale um, die an der Außenseite der Apparatur aufblinken. Dort wiederum sitzt ein neutraler Beobachter, der eine dieser beiden Lampen mental zu beeinflussen sucht. Der Vorteil dieser Apparaturen besteht dabei in der Tatsache, daß der radioaktive Zerfall in der Wissenschaft als streng zufällig und unbeeinflußbar gilt.

Hochinteressant war, daß Schmidt – trotz des erheblich zuverlässigeren Geräts – ähnliche Resultate erhielt wie vor ihm Rhine. Trefferquoten, die weit über den zu erwartenden Mittelwerten lagen. Doch jetzt präsentierten die Kritiker ein neues Gegenargument: Bei diesen und späteren

Versuchen seien eben nur die »positiven« Versuchsreihen publik gemacht worden, die anderen Resultate wohl ganz einfach in den Papierkorb gewandert.

Psychokineseexperte Dr. von Lucadou kann über solche Vorwürfe nur den Kopf schütteln. Ginge man nämlich davon aus, daß der Psychokineseeffekt lediglich ein statistisches Artefakt darstellt, welches dadurch zustande kommt, daß nur »günstige« Resultate publiziert werden, dann – so Lucadou – müßten, »wenn man alle 332 publizierten Experimente aus dem Zeitraum 1970 bis 1985 berücksichtigt, mindestens 4500 solcher Experimente im Papierkorb gelandet sein«. Erst diese Zahl an erfolglosen Experimenten würde die anderen Resultate statistisch gesehen wieder ausgleichen. »Angesichts der Forschungssituation der Parapsychologie ist eine solche Annahme vollkommen unrealistisch, vor allem wenn man bedenkt, daß es mittlerweile geradezu zum ›guten Ton‹ in der Parapsychologie gehört, erfolglose Experimente zu publizieren«, ist der Freiburger Wissenschaftler überzeugt.

Ähnlich geartete Resultate erreichten uns Mitte der achtziger Jahre aus den USA. Dort haben wissenschaftliche Untersuchungen an Herzpatienten gezeigt, daß es Kranken, für die gebetet wurde, eindeutig besser ging als einer entsprechenden Kontrollgruppe von Patienten. Das jedenfalls meint Scott Rogo, ein angesehener und mittlerweile leider verstorbener PSI-Forscher.

Als Beweis präsentierte Rogo die Untersuchungen an Herzpatienten durch Dr. Randy Byrd, seines Zeichens Herzspezialist und Kardiologe am Allgemeinen Krankenhaus in San Francisco. Byrd ließ den Computer mittels Zufallsprinzip 192 Testpersonen bestimmen, für die während der Dauer eines Jahres ausführlich gebetet werden sollte, wobei auf jeden dieser Patienten rund sieben betende Protestanten, Katholiken oder Juden entfielen. Dieser Gruppe stellte er weitere, zufällig gewählte 201 Kontrollpatienten gegenüber, die zwar ebenso wie die erste Gruppe weiterhin nach bestem Wissen und Gewissen medizinisch versorgt, bei den täglichen Gebeten aber nicht berücksichtigt wurden. Und die Ergebnisse der ersten Gruppe zeigten – so Rogo in seinem Bericht – tatsächlich beträchtliche positive Signifikanzen.

Das Publikationsorgan der Schweizerischen Vereinigung für Parapsychologie vermerkt 1987 dazu: »Obwohl der Autor noch andere Untersuchungen beifügt (...), versteigt er sich nicht in die Behauptung, Gottes Wirken sei damit bewiesen. Ebenso sieht er die Möglichkeit einer Art paranormaler Kraft, die aus den Gebetsgruppen entstanden sein könnte. Zumal die Herkunft von außersinnlicher Wahrnehmung und Psychokinese ja noch längst nicht geklärt ist. Wichtiger als die Frage nach dem Wie nimmt Scott Rogo die Wirksamkeit von Gebeten. Diese bezeichnet er als epochemachende Entdeckung, ›der sowohl die Religion als auch die Medizin und die Parapsychologie nachgehen sollten‹.«

Machen wir uns nichts vor: Schulwissenschaftliche Kreise werden derartige Hinweise in der Regel ohne nähere Überprüfung schubladisieren, und selbst Parapsychologen dürften einige Mühe haben, allen grenzwissenschaftlichen Berichten und Fakten die Aufmerksamkeit zukommen zu lassen, die ihnen eigentlich gebühren müßte. Vor-Ort-Untersuchung oder experimentelle Überprüfung scheitern hier allzuoft an den fehlenden Mitteln. So hatten etwa Professor Dr. Hans Bender und Dr. Walter von Lucadou bei der Deutschen Forschungsgemeinschaft (DFG) bereits 1978 einen Antrag auf Sachbeihilfe zum Thema »Experimentelle Untersuchungen zum Problem der Psychokinese« eingereicht. Unterstützung fanden sie keine. (Immerhin stimmten die Gutachter damals in der Auffassung überein, daß »der auf naturwissenschaftlichen Methoden beruhende Nachweis der Existenz psychokinetischer Effekte von großem allgemeinen Interesse sei«.)

Man schrieb den 6. Juni 1980, als eine neuerlich revidierte Fassung des Projektantrages an die DFG eingereicht wurde, diesmal unter Mithilfe von Professor Dr. J. Mischo. Wieder nette Standardantworten, aber erneut keine Projektgelder.

Gute drei Jahre später wurde ein Memorandum an das Baden-Württembergische Ministerium für Wissenschaft und Kunst weitergeleitet, Titel: »Wie läßt sich die Zukunft der Parapsychologie in der BRD sichern?« Unterschrieben hatten das Papier 57 Personen, darunter 20 Professoren. Die Behörden aber stellten sich stur, und am 28. März 1984 wurde wieder betont, man sähe keine Möglichkeit, das Psychokineseprojekt in irgendeiner Art und Weise finanziell zu unterstützen.

Walter von Lucadou, Motor der ganzen Sache, ließ noch nicht locker. Im November 1986 schickte er mit Unterstützung der Wissenschaftlichen Gesellschaft zur Förderung der Parapsychologie e.V. eine Petition an den Landtag von Baden-Württemberg, in der er darum bat, zumindest eine »kleine Arbeitsgruppe mit etwa drei Wissenschaftlern errichten zu können«, die sich intensiv mit Psychokineseforschung beschäftigen sollten. Diesmal lagen die Unterschriften von beinahe 40 Hochschulprofessoren aus aller Welt dem Antrag bei. Doch auch dieses Gesuch blitzte in letzter Instanz ab. Da mag es kaum verwundern, daß der Bundesgerichtshof die Parapsychologie in einem Urteil vom 21. Februar 1978 zwar »nicht als wissenschaftsfeindlich« bezeichnet, die zur Frage stehenden Kräfte aber deutlich dem »Glauben, Aberglauben, der Vorstellung oder dem Wahn« zuordnet.

Der 15. Mai 1993 mag einen Wendepunkt markieren. Damals veröffentlichte das anerkannte britische Wissenschaftsjournal »New Scientist« einen fünfseitigen Bericht über die Versuche des Psychologen Chuck Honorton, dem es offensichtlich gelungen war, die Existenz telepathischer Fähigkeiten exakt nachzuweisen, und dies mittels Versuchsanordnungen, deren wissenschaftliche Unbestechlichkeit selbst extrem kritisch eingestellte Akademiker ratlos werden ließ. Die sauber publizierten Testergebnisse waren gar derart frappant, daß sie auf dem Jahrestreffen der berühmten American Association for the Advancement of Science (AAAS) offiziell vorgestellt wurden.

Susan Blackmore, Psychologin an der Universität Bristol und eigentlich eine erklärte Zweiflerin, nannte die Ergebnisse »eine Herausforderung für alle Skeptiker« und plädierte auf einer GWUP-Tagung energisch für eine vorurteilsfreie Untersuchung der Experimente. In der Begründung ihres Aufrufs wies Blackmore darauf hin, daß das Design der Experimente in hohem Maß den Forderungen entspräche, die von kritischen Gelehrten aufgestellt worden waren: »Die Resultate sind sicherlich nicht per Zufall zustande gekommen!« ist sie sich sicher, wenngleich sie mit dieser Aussage in den GWUP-Reihen nicht gerade euphorische Begeisterungsstürme entfachte. Dies war aber auch kaum verwunderlich, denn wie bereits die beiden Münchner Professoren Hans-Dieter Betz und Herbert L. König feststellen mußten, verlieren die GWUP-Zweifler öfter das erforderliche Augenmaß, wenn sie »in ihrem Bemühen um Rationalität das Kind mit dem Bade ausschütten«.

Ein gutes Beispiel hierfür bildet die im Frühjahr 1993 von der Universität Marburg verabschiedete »Marburger Erklärung«. Dieses Papier erklärt die Homöopathie in ihrer Form als alternative Ergänzung herkömmlicher Schulmedizin kurzerhand zur »Irrlehre«. Das Traurige daran ist nicht einmal die Ablehnung an sich, sondern vielmehr die Formulierung der Verabschiedung sowie die vorgelegte Begründung. Immerhin hatten über zehn Professoren – darunter auch der verantwortliche Dekan der Universität – das Papier damals mit ihren Unterschriften verziert. Ihr Tenor: »Der Fachbereich Humanmedizin der Philipps-Universität Marburg verwirft die ›Homöopathie‹ als Irrlehre. Nur als solche kann sie Gegenstand der Lehre sein. (...) Wir sehen jedoch die Gefahr, daß man von uns ›Neutralität‹ und ›Ausgewogenheit‹ in diesem Stoffgebiet fordern wird, und sind nicht bereit, unseren dem logischen Denken verpflichteten Standpunkt aufzugeben zugunsten der Unvernunft. Wir betrachten die Homöopathie nicht etwa als unkonventionelle Methode, die weiterer wissenschaftlicher Prüfung bedarf. Wir haben sie geprüft. Homöopathie hat nichts mit Naturheilkunde zu tun. (...) Wenn unsere Universität sich dazu zwingen ließe, den Lehrgegenstand ›Homöopathie‹ in neutralem Sinne anzubieten, würde sie ihren Auftrag verraten und ihre geistige Grundlage zerstören ...«

Leere Worte entstehen in leeren Köpfen: Man fühlt sich alleine schon durch den überaus überheblichen Ton dieser neuzeitlichen Bannbulle ins finsterste Mittelalter zurückkatapultiert. Um so mehr, wenn man durch Hans-Joachim Ehlers, Herausgeber der Zeitschrift »Raum und Zeit«, die näheren Umstände der Erklärung erfährt. Auf Ehlers Anfrage an den Dekan der Universität Marburg nach den verantwortlichen Unterzeichnern erging von dort die vorsichtige Antwort, man müsse erst einmal mit dem zuständigen Datenschutzbeauftragten abklären, ob die einzelnen Namen überhaupt öffentlich bekanntgemacht werden dürften. Nach einigem Hin und Her erhielt der »Raum und Zeit«-Herausgeber die Liste schließlich doch noch, ebenso wie ein Statement des Dermatologen Professor Dr. R. Happle, dem eigentlichen Initiator des Pamphlets. Nach dem Studium dieser Unterlagen und einiger Recherchen glaubte Ehlers allerdings seinen Ohren nicht mehr zu trauen: Die erwähnte »Prüfung« des Sachverhalts erschöpfte sich lediglich im Erwähnen verschiedener Publikationen. Weder hatte zuvor eine Diskussion mit qualifizierten Ärzten stattgefunden, die homöopathische Methoden mit Erfolg praktizieren, noch wurden den Stimmberechtigten bei der Verabschiedung damals relevante Studien vorgelegt, aufgrund derer sie sich ein objektives Urteil bilden konnten. Ein am 17. Februar 1993 eingereichter Antrag der Studierenden, erneut über Inhalt und Form der Erklärung zu beraten, wurde schroff abgewürgt.

Fazit: Der Scheiterhaufen wurde nicht abgeschafft, er wurde nur durch die Ignoranz ersetzt. Denn Wissenschaftler sind auch nur Menschen. Menschen, mit ihrer eingeschränkten Wahrnehmungsfähigkeit und ihrem begrenzten Erfahrungshorizont. Menschen mit all ihren Fehlern und Schwächen. Menschen auch, die sich oft viel zu ernst nehmen.

Zweifel an der Unfehlbarkeit seiner Schützlinge zu wecken, darin sieht heute auch Professor Jack Baldwin, seines Zeichens Leiter des Oxford Centre for Molecular Sciences, eines seiner primären Ausbildungsziele. Baldwin: »Die experimentelle Praxis macht uns oft genug mit aller Deutlichkeit bewußt, wie viele unserer vorgefaßten Meinungen, unserer Annahmen und Vermutungen, unserer kühnen Hypothesen und selbstgerechten Vorurteile falsch waren. Experimente schützen uns vor Übermut, sorgen gelegentlich für eine heilsame Demut und bringen uns wieder zurück auf den Boden der Realität.«

Rufen wir uns also Professor Gerhard Vollmer und sein Plädoyer für die explizite Formulierung ungelöster Probleme in Erinnerung und hüten wir uns gleichzeitig vor Experten, die auf jede Frage eine passende Antwort wissen. Denn »Wahrheit«, so hielt einst der indische Dichter und Philosoph Rabindranath Tagore fest, »ist nur der Name, den wir unseren wechselnden Irrtümern geben«.

Anhang

Dokumente

Einige Bemerkungen zu den nachfolgenden Dokumenten:

a) Das Schweizer Militär zur UFO-Frage (Dokumente 1—6)

In den fünfziger Jahren bezeichnete sich der Schweizer Nachrichtendienstchef J. R. Lécher von der Abteilung für Flugwesen und Fliegerabwehr in diversen Briefen offiziell als »Sachbearbeiter« für UFO-Fragen (Dokument 1) und ließ der Baslerin Lou Zinsstag auch einen Fragebogen für Militärpersonal zukommen (Dokument 3), bat dieses Papier aber vertraulich zu behandeln (Dokument 2).

Noch in den achtziger und frühen neunziger Jahren aber bestritt der heutige Pressechef der Luftwaffe, Oberst Hans-Rudolf Häberli, jegliche Verbindung Léchers zum UFO-Phänomen (Dokument 4). Außerdem seien während seiner Amtszeit weder von Pilotenseite noch vom Radarpersonal Meldungen über UFOs eingegangen (Dokumente 4 und 5).

1994 änderte das Schweizer Militärdepartement auf Druck der Öffentlichkeit seine Informationspolitik zum UFO-Thema: Plötzlich war doch ein Dossier vorhanden, das unter anderem ein Nachrichtenbulletin Léchers zum UFO-Thema enthielt und auch von Pilotensichtungen und ungeklärten Radarfällen zu berichten wußte, wie man am 26. April 1994 im Rahmen einer Fernsehsendung erklärte. Mittlerweile werden auch offizielle Anfragen in diesem Sinne beantwortet (Dokument 6).

b) Der EG-Ausschuß für Energie, Forschung und Technologie zum UFO-Thema (Dokument 7)

1993 unterrichtete der italienische Abgeordnete Tullio Regge seine Kollegen vom Europäischen Parlament in einem internen Dokument über den aktuellen Stand der UFO-Lage (Dokument 7). Leider fielen einige Punkte in seinem Bericht eindeutig zu kritisch aus, während andere Aspekte kaum gestreift wurden.

Abteilung für Flugwesen
und Fliegerabwehr

Service de l'aviation
et de la défense contre avions

Servizio dell'aviazione
e della difesa antiaerea

Telephon:

Interne Nr.:
61 n° interne: 3826
nr. interno:

Fräulein
Lou Zinstag, UFO Sekretariat
Nadelberg 31

B a s e l

Ihre Zeichen V. réf. - V. rif.	Ihre Nachricht vom V. communic. du - V. communic. del	Unsere Zeichen Notre réf. - N. rif. ND/Léhe	Bern, Viktoriastr. 85 29. Aug. 1956

Betrifft: Zusammenkunft 7.10.1956 in Basel

　　Ihre Zuschrift vom August 1956 verdanken wir Ihnen.
In Ihrem Informationsblatt Nr. 7 laden Sie alle jene, die
sich für die Angelegenheit der UFO interessieren, auf Sonntag, den 7. Oktober 1956, 15.00 Uhr, zu einer Zusammenkunft
und Aussprache ein.

　　Als Sachbearbeiter dieser Fragen – allerdings mehr vom
militärischen Standpunkt aus gesehen – wird der Unterzeich-
nete mit Vergnügen an dieser Zusammenkunft teilnehmen.

　　　　　　　Mit vorzüglicher Hochachtung
　　　　　　　　Abteilung für
　　　　　　Flugwesen und Fliegerabwehr
　　　　　　　Nachrichtendienst:

　　　　　　　　　J.R. Lécher

Beilage:

Da Sie die Anmeldung zu bestätigen wünschen, legen wir
ein an uns adressierter Briefumschlag bei.

Abteilung für Flugwesen und Fliegerabwehr
Service de l'aviation et de la défense contre avions
Servizio dell'aviazione e della difesa antiaerea

BERN, den 8. Oktober 1956
Viktorlastr. 85

Fräulein
Lou Zinsstag
Nadelberg 31

B a s e l

Dieses Geschäft betrifft
Cette affaire concerne Ø 3826

Reg. No.

In der Antwort bitte angeben
Indiquer dans la réponse s.v.p.

ND/Léhe

Sehr geehrtes Fräulein Zinsstag,

    Für die an mich gerichtete Einladung sowie für die gestrige interessante Zusammenkunft möchte ich Ihnen hiermit nochmals meinen besten Dank aussprechen. Ich ersuche Sie freundlichst, auch Herrn Dr. ▬▬ und Herrn Dr. ▬▬ für ihre anregende Unterhaltung zu danken.

    Wie ich Ihnen versprochen habe, sende ich Ihnen beiliegend einen unserer Fragebogen für Sichtmeldungen von UFO's. Ich bitte Sie aber, diesen Fragebogen in keiner Weise der Oeffentlichkeit, (Presse oder anderen Mitteln) bekanntgeben zu wollen.

                    Mit freundlichen Grüssen
                     Abteilung für
             Flugwesen und Fliegerabwehr
               Nachrichtendienst:

Beilage:
1 Fragebogen

                     J.R. Lécher

Fragebogen für Beobachtungen von UFO's

A. Beobachter: Name .... Vorname .... Stellung/Beruf ....,

Alter .... Militärische Einteilung ....

Adresse ....

Telephon a) Privat .... b) Büro ....

Zeugen 1. .... Adresse ....

2. .... Adresse ....

3. .... Adresse ....

Bemerkungen ....

....

....

B. Umstände: Wetterlage .... Bewölkung ....

Sicht .... Wind .... Sonne ....

Gewitterneigung .... Mond/Sterne ....

Wie kam die Sichtung zustande ....

Beobachtungsstandort ....

Bemerkungen ....

....

C. Beobachtung: Datum .... Tageszeit .... Dauer ....

Standort d. UFO .... Richtung .... Elevation ....

Flugweg ....

Grösse (im Vergleich zur Mondscheibe) .... Anzahl ....

Distanz .... Geschwindigkeit .... Höhe ....

Form ....

Farbe ....

Beweglichkeit und Bewegungsart ....

....

Geräusch ....

Antriebserscheinungen (z.B. Rauch) ....

Art und Weise des Verschwindens ....

Bemerkungen ....

....

....

....

Eidgenössisches Militärdepartement
Département militaire fédéral
Dipartimento militare federale

 Kommando der Flieger- und Fliegerabwehrtruppen
Commandement des troupes d'aviation et de défense contre avions
Comando delle truppe d'aviazione e di difesa contraerea

3003 Bern, den 13. 8. 87

Rückfragen an
Rappel au ⌀ 67 38 84

Reg.No.

Zeichen/Référence

                                        Herrn
                                        Luc Buergin
                                        Gundeldingerstrasse 177

                                        4053 B a s e l

Unterlagen über UFO's

Sehr geehrter Herr Buergin

Bezugnehmend auf Ihr, an das EMD gerichtetes Schreiben in vorstehender
Sache teilen wir Ihnen folgendes mit:

- In der Schweizer Armee oder bei den Flieger-und Fliegerabwehrtruppen
  wird keine besondere Forschung im UFO - Bereich betrieben.

- In den vergangenen 25 Jahren d.h. seit meiner Amtszeit sind von Militärpiloten keine konkreten Meldungen oder Berichte über die Sichtung
  von UFO's eingegangen. Dies, obwohl für alle Piloten ein Meldesystem
  existiert, das besondere Vorkommnisse oder Feststellungen während des
  Fluges erfasst. Damit können situationsbedingt auch keine Sammlungen
  erstellt oder Archive geführt werden.

- Bis zum Vorliegen glaubhafter Feststellungen oder konkreter Beweise
  kann bezüglich der Existenz von UFO's durch das Kommando der Flieger-
  und Fliegerabwehrtruppen keine offizielle Meinung vertreten werden.

- Ueber UFO's behalten wir im Informationsdienst lediglich die von Zeit
  zu Zeit erscheinenden Zeitungsartikel auf. Ein derartiges Exemplar
  legen wir Ihnen bei.

- Der Name von Herrn R. Lécher wurde vor Jahren ohne sein Wissen und
  völlig unberechtigt in einer Publikation im Zusammenhang mit UFO's
  veröffentlicht. Schon zu seiner Amtszeit hat er sich stets energisch
  von dieser Sache disdanziert. Auch nach seinem Uebertritt in den Ruhe-
  stand hat er es auch konsequent abgelehnt, in dieser, für ihn unlieb-
  samen Geschichte noch behelligt zu werden. Wir sind deshalb nicht
  befugt, Ihnen die heutige Adresse von Herrn Lécher zu vermitteln.

Abschliessend müssen wir auf die Tatsache hinweisen, dass die Flugsicherung und Luftraumüberwachung in Friedenszeit nicht beim Militär,
sondern bei den zivilen Flugsicherungsbehörden liegt. Damit müssten
Sie sich allenfalls an diese Instanzen wenden. Wir bedauern, Ihnen
in dieser Sache nicht weiterhelfen zu können und verbleiben

                              mit freundlichen Grüssen
                              Kommando der Flieger-
                              und Fliegerabwehrtruppen
                              Chef Informationsdienst

z K an: EMD-Info D

    9.82 3000 18006/7
                              Oberst H. R. Häberli

237

Eidgenössisches Militärdepartement
Département militaire fédéral
Dipartimento militare federale

Kommando der Flieger- und Fliegerabwehrtruppen
Commandement des troupes d'aviation et de défense contre avions
Comando delle truppe d'aviazione e di difesa contraerea

3003 Bern,	8. Dezember 1989

Rückfragen an
Rappel au

Reg.No.

Zeichen/Référence   Hi/kl

Herrn
H.P. Schaffer
Boîte 430

1882 <u>Gryon</u>

Unbekannte Flugobjekte (UFO's)

Sehr geehrter Herr Schaffer

Durch die Korrespondenz-Zustellung des Schweizerischen Bundesarchivs
erhielten wir Kenntnis von Ihrem Begehren um Akteneinsicht oder nach
Auskünften über angebliche Begegnungsmeldungen von Schweizer Militärpiloten mit ausserirdischen bzw unidentifzierten Flugobjekten (UFO's).

In Ihrem Schreiben stützen Sie sich auf "Informationen aus verschiedenen Kanälen" über solche Pilotenmeldungen. Vorab teilen wir Ihnen
hiezu mit, dass uns das zeitweise Zirkulieren solcher Gerüchte bekannt
ist, dass aber in der gesamten Bundesverwaltung keine Dossiers mit
derartigen Pilotenmeldungen existieren.

Der Militärflugdienst kennt seit Jahrzehnten das Meldeverfahren über
"Vorkommnisse im Flugdienst". Dabei ist jeder Militärpilot verpflichtet alle, während eines Fluges gemachten anormalen Feststellungen
technischer, operationeller, medizinischer oder umweltmässiger Art
unverzüglich nach der Landung mit dem vorerwähnten Formular zu melden.
Während über 25 Jahren war ich persönlich an der Auswertung der Vorkommnisse im Flugdienst beteiligt und in dieser Zeit ging keine
einzige Meldung ein, die auf das Auftreten eines UFO's hätte schlies-
sen lassen; von einer Verfolgung der UOF's durch Militärflugzeuge kann
schon gar nicht gesprochen werden. Auch aus dem ganzen militärischen
Luftüberwachungs- und Radarbereich erfolgte nie eine derartige Meldung. Daraus ergibt sich zwangsläufig, dass keine Dossiers über militärische UFO-Sichtungen exisiteren können. Wenn allenfalls ein Militärpilot einmal in einem privaten Kreis über ein besonderes meteorologisches oder atmosphärisches Phänomen gesprochen haben sollte, (wie
auch von Zeit zu Zeit von Linienpiloten zu lesen ist) so könnte dies
nicht mit einer sogenannten UFO-Meldung in Zusammenhang gebracht
werden.

Das einzige was ich im ganzen UFO-Bereich verfügbar habe, sind einige
Zeitungsmeldungen zu diesem Thema. Auch habe ich mich durchschnittlich
einmal pro Jahr bei privaten Interessenten und Medien (inkl Fernsehen)
dazu zu äussern. Mangels anderer und konkreter Erkenntnisse erfolgt
die Beantwortung aber immer vorstehenden Sinn. Dass vor Jahresfrist
ein gewisser EMD-Sprecher namens Hug am Fernsehen die Existenz von
UFO's im schweizerischen Luftraum bejaht hätte, ist mir völlig fremd;

238

einerseits ist mir schon der Name dieses angeblichen Sprechers unbekannt und anderseits traf es in den vergangenen Jahren immer mich persönlich, um gegenüber Presse, Radio und Fernsehen derartige Erläuterungen abzugeben. Meine diebezügliche und deutliche Aussage im erwähnten Fernsehfilm von 1988 stammte übrigens aus einer, vor etwa zehn Jahren aufgenommenen Fernsehreportage zum gleichen Thema.

Abschliessend bedaure ich, Ihnen von militärischer Seite in Ihren Bemühungen nicht weiterhelfen zu können. Aufgrund der herrschenden Sachlage wird dies wohl auch für den Departementsvorstehenr, Herrn Bundesrat Villiger der Fall sein. Ich kann Ihnen aber versichern, dass wir im Kommando der Flieger- und Fliegerabwehrtruppen den UFO-Belangen auch weiterhin unsere Aufmerksamkeit schenken und ansich daran interessiert wären, auch einmal konkrete und verifizierbare Anhaltspunkte darüber zu erhalten.

Mit freundlichen Grüssen

Kommando Flieger- und
Fliegerabwehrtruppen
Chef Information

Oberst H.R. Häberli

z K an

- Dir Schweizerisches Bundesarchiv
- C Info EMD
- C Militärbibliothek EMD
- Kdt FF Trp (über C AKP)
- CFE
- Waf C FF Trp

Kommando der Flieger- und Fliegerabwehrtruppen
Commandement des troupes d'aviation et de défense contre avions
Comando delle truppe d'aviazione e di difesa contraerea
Swiss Air Force and Anti-Aircraft Command

CH-3003 Bern, 16.05.94
Tel: 031/324 38 44
Reg. No.

Herrn
Roland Keller
St. Alban-Vorstadt 16
4001 Basel

UFO-Angelegenheit

Sehr geehrter Herr Keller

Bezugnehmend auf Ihr Schreiben vom 7. Mai 1994 teile ich Ihnen mit, dass
die von Ihnen aufgeworfenen Fragen von meinem Vorgesetzten, Herr
Divisionär H.R. Fehrlin, anlässlich der Fernsehsendung "Schweiz aktuell"
vom 26. April 1994 eingehend erörtert wurden. Dabei kam meine Position in
dieser Angelegenheit bereits in der Programmansage und dann auch im
Sendebeitrag klar zum Ausdruck.

Bezüglich des Buches "Götterspuren" habe ich mich in Wahrung meiner
persönlichen rechtlichen Interessen zur gegenwärtigen Zeit nicht zu
äussern.

Auch bin ich nicht befugt, Angaben über den vor über zehn Jahren
altershalber aus dem Bundesdienst ausgeschiedenen und inzwischen
verstorbenen Herrn J.R. Lécher zu machen.

Mit freundlichen Grüssen

Kommando der Flieger-
und Fliegerabwehrtruppen
Chef Information

H.R, Häberli

z K: Divisionär H.R. Fehrlin

240

EUROPÄISCHES PARLAMENT

Sitzungsdokumente

AUSGABE IN DEUTSCHER SPRACHE

2. Dezember 1993   A3-0389/93

BERICHT

des Ausschusses für Energie, Forschung und Technologie

über den Vorschlag zur Schaffung eines Europäischen Beobachtungszentrums für "UFOS" (B3-1990/90)

Berichterstatter: Herr Tullio REGGE

DOC-DE\RR\241196   PE 202.202/endg.
                                                                      Or. IT

In seiner Sitzung vom 25.01.1991 gab der Präsident des Europäischen Parlaments bekannt, daß er den Entschließungsantrag von Herrn Di Rupo zur Schaffung eines Europäischen Beobachtungszentrums für "UFOS" (B3-1990/90) gemäß Artikel 45 der Geschäftsordnung an den Ausschuß für Energie, Forschung und Technologie als federführenden Ausschuß überwiesen hat.

Der Ausschuß für Energie, Forschung und Technologie beschloß in seiner Sitzung vom 29.01.1991, einen Bericht auszuarbeiten und benannte Herrn Tullio Regge als Berichterstatter.

Er prüfte den Berichtsentwurf in seinen Sitzungen vom 20. Januar 1992, 25. März 1992, 23. April 1992, 25. Juni 1992, 15. Februar 1993, 28. September 1993 und vom 29. November-1. Dezember 1993.

In der letztgenannten Sitzung nahm er den Entschließungsantrag einstimmig an.

Bei der Abstimmung waren anwesend: die Abgeordneten Desama, Vorsitzender; Adam und De Gaulle, stellvertretende Vorsitzende; Regge, Berichterstatter; Bettini, Breyer, Hervé, Lannoye, Laroni, Linkohr, Robles Piquer, Samland (in Vertretung d. Abg. Schinzel), und Seligman.

Der Bericht wurde am 2. Dezember 1993 eingereicht.

Die Frist für die Einreichung von Änderungsanträgen wird im Entwurf der Tagesordnung für die Tagung angegeben, auf der der Bericht geprüft wird.

242

A.

ENTSCHLIESSUNGSANTRAG

zum Vorschlag für die Schaffung eines Europäischen Beobachtungszentrums
für "UFOS"

Das Europäische Parlament,

- in Kenntnis der Entschließung von Herrn Di Rupo zur Schaffung eines Europäischen Beobachtungszentrums für "UFOS" (B3-1990/90),

- unter Hinweis auf Artikel 45 seiner Geschäftsordnung,

- in Kenntnis des Berichts des Ausschusses für Energie, Forschung und Technologie (A3-0389/93),

A. in Erwägung der Tatsache, daß seit mehr als einem halben Jahrhundert in der
   Öffentlichkeit Verwirrung über die ständige Beobachtung von unbekannten Flugobjekten herrscht,

B. unter Hinweis darauf, daß es für die große Mehrheit dieser Beobachtungen eine
   rationale Erklärung gibt, auf die die Öffentlichkeit nur selten aufmerksam
   gemacht wird, und in Anbetracht der Notwendigkeit zuverlässigerer und wahrheitsgemäßerer Informationen,

C. in Erwägung der Tatsache, daß sich der unkontrollierte parawissenschaftliche
   Glaube an solche Phänomene in breiten Schichten der Öffentlichkeit, und vor
   allem unter gebildeten Personen, immer stärker ausbreitet,

D. unter Hinweis auf das über zehnjährige Bestehen des SEPRA in Frankreich
   (Service d'Expertise des Phenomènes des Rentrées Atmosphériques), einer
   Abteilung des CNES (Centre National d'Etudes Spatiales de Toulouse), das in
   enger Zusammenarbeit mit der französischen Gendarmerie und Luftwaffe seit
   Jahrzehnten eine systematische Forschungs- und Kontrolltätigkeit im Bereich
   der Wahrnehmung von "UFOS" ("Unidentified Flying Objects") ausübt,

1. schlägt vor, den SEPRA innerhalb der EG als ständigen Ansprechpartner für
   UFO-Fragen zu betrachten und ihm einen Status zu verleihen, der es ihm ermöglicht, im gesamten Gemeinschaftsgebiet Untersuchungen durchzuführen. Die
   Mittel für etwaige zusätzliche Belastungen aufgrund der erweiterten Rolle des
   SEPRA können durch Vereinbarungen zwischen der französischen Regierung und
   den anderen EG-Mitgliedstaaten oder, falls erforderlich und mit Zustimmung
   der betroffenen Regierungen, direkt zwischen dem SEPRA und anderen Forschungsinstituten bzw. -organisationen in der EG aufgebracht werden;

2. beauftragt seinen Präsidenten, diese Entschließung der Kommission, dem Rat,
   der Vertretung Frankreichs bei den Europäischen Gemeinschaften sowie dem
   Centre National d'Etudes Spatiales de Toulouse zu übermitteln.

B.

BEGRÜNDUNG

Die Beobachtung von UFOS (unbekannte Flugobjekte) ist kein neues Phänomen, sondern hat zahlreiche historische Vorläufer.

Allerdings setzte das soziale Phänomen, das die Forderungen nach einer Begutachtung laut werden ließ, vor etwa einem halben Jahrhundert in den Vereinigten Staaten ein, als der Privatpilot Kenneth Arnold in der Nähe des Mount Rainier die ersten UFO-Beobachtungen machte (24. Juni 1947), und erreichte mit der Veröffentlichung des Berichts Condon, besser bekannt als "Blue Book" (Oktober 1966), ein Höchstmaß an weltweitem Interesse.

Diese Beobachtungen wurden gewöhnlich der Anwesenheit von Außerirdischen oder Besuchern von anderen Planeten zugeschrieben und erst in zweiter Linie der Entwicklung neuer Technologien durch die Großmächte. Nachfolgend soll auf die einzelnen Aspekte des UFO-Phänomens kurz eingegangen werden.

1. Militärische Geheimnisse

Diese These ist kaum haltbar; sie ist lediglich in einigen ganz besonderen Fällen und nur für kurze Zeit von Belang. Was in den fünfziger Jahren als fortschrittliche Technologie galt, die strikter Geheimhaltung unterlag, ist es heute, nach einem halben Jahrhundert, sicherlich nicht mehr. Militärische Geheimnisse können unmöglich auf unbestimmte Zeit solche bleiben. Auch die Atombombe ist kein Geheimnis mehr und der im Radar nicht wahrnehmbare amerikanische Stealth-Bomber ist es nur noch teilweise. Auch die belgische Luftwaffe schließt aus, daß der Stealth-Bomber bei der Welle von Beobachtungen in Belgien irgendeine Rolle gespielt habe.

2. Fremde Zivilisationen

Dies ist die gängigste These, die mit der extraterrestrischen These (ET) gleichzusetzen ist.

Eine vermutete außerirdische Zivilisation könnte von Planeten des Sonnensystems kommen oder anderen Gerüchten zufolge auch von Sternen, die der Sonne näher sind.

Bei der Erforschung des Planeten Venus mit Hilfe von Sonden in den letzten Jahrzehnten ergab sich eine stark zerklüftete Oberfläche, die von einer fast ausschließlich aus Kohlendioxyd bestehenden Atmosphäre bedeckt ist, die die Umgebungstemperatur auf über 450° C hält. Der Planet Merkur hat kaum eine Atmosphäre und ist wegen seiner Nähe zur Sonne extrem heiß. Der Mars ist fast völlig kartographiert, ohne daß man jedoch Spuren jener technologischen Zivilisationen gefunden hätte, die sich H.G. Wells ausgedacht hat. Keiner der Planeten des Sonnensystems scheint eine technologische Zivilisation zu beherbergen, die in der Lage wäre, die Erde durch eine UFO-Flotte unter Kontrolle zu halten. Es ist allerdings nicht ausgeschlossen, daß die Außerirdischen im Asteroidengürtel eine Basis errichtet haben, doch läßt sich diese Theorie durch nichts belegen.

Unser Wissen über die benachbarten Sterne ist sehr gering. Die enormen logistischen Schwierigkeiten einer interstellaren Verbindung dürften jedoch offenkundig sein. Die Entfernung zum Alpha Centauri (4,3 Lichtjahre) beträgt mehr als 40.000 Milliarden km. Eine Sonde, die 30 km/s zurücklegen würde, das äußerste unserer technischen Möglichkeiten, würde für die Strecke mehr als 42.000 Jahre brauchen. Das Orionprojekt sah den Bau eines riesigen, durch Wasserstoffbombenexplosionen angetriebenen Raumschiffes vor, dessen Höchstgeschwindigkeit dennoch nicht 3.000 km/s überschritten hätte. Für die Reise bis zum Alpha Centauri hätte sie immer noch ein halbes Jahrtausend gebraucht. Das Orionprojekt oder andere Antriebsarten unter Verwendung von Antimaterie sind also für UFO-Beobachtungen nicht besonders geeignet.

Funksignale, die einen Hinweis auf das Vorhandensein außerirdischer intelligenter Wesen geben würden, sind bisher nicht aufgefangen worden.

Nacht für Nacht beobachten Tausende von professionellen und Amateurastronomen sowie militärische Aufklärungsdienste den Himmel und fotografieren ihn. Fast alle Bilder sind bislang mehr oder weniger stark von 9.000 Satellitenteilen, die sich in der Erdumlaufbahn befinden, beeinträchtigt, aber auf keinem wurde ein fremdes Raumschiff festgehalten, das zweifelsfrei zu erkennen gewesen wäre.

3. Die Supertechnologien

Den verschiedenen Einwänden halten die Verfechter der Hypothese der Existenz außerirdischer Zivilisationen entgegen, daß es sich um Besucher handelt, die über eine so fortschrittliche Technologie verfügen, daß die unsere im Vergleich dazu vorsintflutlich wirkt. Eine Antwort auf diese Argumente ist insofern unmöglich, als diese die Debatte in einen Bereich verlagern, in dem jedes wissenschaftliche Argument gegen die aufgestellte These absichtlich für nicht stichhaltig erklärt wird. Der Ausschuß für Energie, Forschung und Technologie muß vermeiden, in Debatten dieser Art hineingezogen zu werden, in denen wissenschaftlichen Experten die Kompetenz abgesprochen wird, von denen aber gleichzeitig und ziemlich inkonsequent Unterstützung und Bestätigung für vorgefaßte Thesen erwartet wird. Außerdem liegt die Beweislast bei demjenigen, der behauptet, daß es außerirdische Wesen gibt, und nicht bei demjenigen, der auch weiterhin daran zweifelt. Weniger vernünftig erscheinen verschiedene detailliertere Behauptungen, wonach die Außerirdischen ein Antriebssystem entwickelt haben sollen, das auf der MHD (Magnethydrodynamik) beruht, ähnlich der, die versuchsweise von den Japanern als Antrieb im Meer erprobt wird.

4. Die Rolle der Massenmedien

Ständig werden Bücher über UFOS veröffentlicht, die deren Auftreten durch Tausende von Beobachtungen für gesichert halten. Durch die Massenmedien werden wir in regelmäßigen Abständen mit Meldungen über solche Beobachtungen überflutet. Hierzu ist folgendes zu sagen:

Ein erheblicher Prozentsatz der Bevölkerung auch in den Industrieländern glaubt an die These von den Außerirdischen (Extraterrestrischen). Die Verfechter der ET-These bilden ein weites Meinungsspektrum, die von den "Kontaktgläubigen", d.h. jenen, die nähere Begegnungen der dritten Art für ein feststehendes Faktum halten und als Routineangelegenheit betrachten, bis hin zu seriösen UFO-Forschern, die sich für das Phänomen interessieren, jedoch ohne vorgefaßte Meinungen an die Frage herangehen. Die Verfechter der ET-These bringen die UFOS in Verbindung mit paranormalen Phänomenen und bilden praktisch eine mystische Gemeinschaft, die sich jeder Form einer wissenschaftlichen Kontrolle, die vorgefertigte Thesen nicht abzusegnen bereit ist, entzieht.

So ist es also keineswegs verwunderlich, wenn sich eine hohe Zahl von angeblichen Beobachtungen als Betrug oder als Ausgeburt der Phantasie entsprechend be ˈter Journalisten erweist.

So fand beispielsweise die Meldung ein gewisses Echo, wonach am 9. Oktober 1989 im Park von Woronesch, einer russischen Stadt, eine fliegende Untertasse in Form

einer Banane gelandet sei und ihr Außerirdische von drei Meter Größe entstiegen
seien. Laut einem gewissen Professor Silanow seien die Russen mit den Außerirdischen in telepathischen Kontakt getreten und hätten sie auch im ultravioletten
und infraroten Spektrum fotografiert. Der Vorfall erscheint grotestk und völlig
ungläubwürdig und wurde sicherlich von Sience-Fiction-Erzählungen und -Comics
inspiriert, jedoch leider von zahllosen Zeitungslesern ernstgenommen. Bedauer-
licherweise ist dies nur einer der unzähligen Fälle, über die von den Massenmedien ausführlich berichtet wurde und die zur Verwirrung und Verunsicherung der
Bevölkerung beitrugen.

In Spanien bewegt seit 1970 immer noch der Fall des Planeten Ummo die Öffentlichkeit. Ein 1975 von Rafael Farriols und Antonio Ribera in Spanisch ver-
öffentlichtes Buch mit dem Titel "Un caso perfecto" liefert Beweise für die
Landung eines UFOS in San José de Valderas in der Nähe von Madrid, darunter eine
Fotografie, die sich bei einer eingehenderen Untersuchung als grobe Fälschung
herausstellte. Die Ummo-Affäre gehört zu den schlimmsten Albernheiten, die sich
um das UFO-Phänomen ranken, muß aber dennoch wegen der Hartnäckigkeit des Ge-
rüchts und des Aufwands an Mitteln, um es am Leben zu erhalten, bedenklich
stimmen.

Es wäre ein schwerwiegender Fehler, die Auswirkungen solcher Gerüchte, Lügen-
geschichten und verdrehter Informationen auf ein Publikum zu unterschätzen, das
nur allzugerne bereit ist, sie zu glauben. Nach einem jüngst erschienenen Artikel
von J. F. Augereau in "Le Monde" (<u>Les chemins détournées de la science</u>,
17.02.1993), der sich auf eine Umfrage des CNRS stützt, ist ein erheblicher
Prozentsatz und teilweise die Mehrheit der gebildeten Franzosen von der Stich-
haltigkeit verschiedener parawissenschaftlicher Theorien überzeugt, in denen sich
im Sience-Fiction-Bereich beliebte Themen mit zurechtgezimmerten und verdrehten
Interpretationen der Tatsachen vermischen oder dadurch ihre Wirkung erzielen.
An erster Stelle stehen dabei die UFOS. Es liegt nahe, daß sich die Ergebnisse
der CNRS-Umfrage auf die gesamte EG und und letztlich auch auf die gesamte
industrialisierte Welt übertragen lassen.

Die soziale und schließlich politische Botschaft, die sich aus diesen Beur-
teilungen ergibt, dürfte mehr als klar sein.

Es ist nicht Aufgabe des Parlaments, sich zu UFOS zu äußern. Es muß dagegen
rechtzeitig eingreifen, um zu garantieren, daß die Öffentlichkeit korrekt informiert wird. Wird nicht rechtzeitig gehandelt, dann könnte das nächste Jahrhundert keineswegs ein wissenschaftliches Jahrhundert werden, sondern statt
dessen den Beginn eines neuen Mittelalters im Stile Hollywoods einläuten. Die
eigentliche Gefahr stellen nicht die Außerirdischen, sondern schlecht informierte
Menschen mit einer zu blühenden Phantasie und Politiker dar, die sich nicht im
klaren über die Probleme sind, die durch eine unkontrollierbare und in mystischen
und parawissenschaftlichen Ideologien gefangene öffentliche Meinung ergeben. Der
Verdacht erscheint zulässig, daß hinter anhaltenden Wellen von Beobachtungen wie
im Fall Ummo und bei den Ereignissen in Belgien Organisationen stehen, die die
Absicht verfolgen, die Gläubigkeit der Massen für politische Zwecke zu
manipulieren.

5. Vielfältige Erklärungen

Der SEPRA (Service d'Expertise des Phenomenes des Rentrées Atmosphériques) ist eine Abteilung des CNES (Centre Nationale d'Etudes Spatiales) in Toulouse in Frankreich. Er wird vom französischen Staat finanziert, beschäftigt sich seit Jahren mit der Beobachtung von UFOS und führt auf Ersuchen der Polizei und anderer staatlicher Stellen nach streng wissenschaftlichen Verfahren Untersuchungen durch. Nach Angaben des SEPRA sind 1% der Beobachtungen auf einen Scherz zurückzuführen. In 20% der Fälle kommt man schnell zu einem rationalen Schluß, in 40% sind die Angaben unvollständig, aber mit einer Erklärung aufgrund gut bekannter Phänomene lösbar. Bei den übrigen 40% der Fälle bleiben starke Unsicherheiten. Es ist nicht ausgeschlossen, daß in der Zukunft unerwartete, und im Rahmen der bekannten physikalischen Gesetze völlig erklärbare atmosphärische Phänomene entdeckt werden, deren seltenes Auftreten jedoch bisher eine systematische Untersuchung verhindert hat.

Durch die Wirkung der Strahlenbrechung kann der Planet Venus bei Sonnenuntergang einem fliegenden UFO gleichen. Andere Beobachtungen waren auf Ballonsonden oder eine anomale Reflektion des Sonnenlichts auf Eiswolken in großer Höhe zurückzuführen. Im November 1986 wurde in Frankreich sogar durch den Mond eine Beobachtungswelle ausgelöst.

Eines der Bücher, die der Berichterstatter erhalten hat, enthält eine schwärmerische theologische Interpretation der UFOS, und als Beweis werden gut 38.000 Beobachtungen angeführt. Die Zahl könnte zutreffen, wenn man unkritisch alle in den Massenmedien gemeldeten, wenn auch noch so verrückten Beobachtungen gelten ließe, müßte aber erheblich reduziert werden, wenn man sich auf wenige ungelöste Fälle beschränkt. Tatsächlich untersuchte die SEPRA während seiner etwa fünfzehnjährigen Tätigkeit ca. 2.300 Fälle. Hierzu ist zu bemerken, daß sich die Tätigkeit des SEPRA lediglich auf das französische Territorium erstreckt.

Im Vergleich dazu löste eine Reihe von Wahrnehmungen, die ab Ende 1989 in Belgien gemacht wurden, ein erhebliches Echo aus. Die SOBEPS, die belgische Gesellschaft, die sich mit dem Phänomen beschäftigt, analysierte bislang ca. 1.500 Fälle. Verschiedene Merkmale der Erscheinung lassen größtmögliche Zurückhaltung bei dem Versuch geboten erscheinen, diese Ereignisse als Beweis für die ET-These anzuführen.

Es gibt keine allgemeingültige Erklärung für die UFOS; eine zufriedenstellende Lösung für bestimmte Beobachtungen kann es nur geben, wenn wir uns klarmachen, daß diese Erscheinungen höchst unterschiedliche Gründe haben können, die gar nichts miteinander zu tun haben, zumindest soweit es sich um den Planeten Venus und die Ballonsonden handelt.

Eine zweite Schlußfolgerung ist die, daß die wenigen verbliebenen unerklärlichen Beobachtungen (c. 4%) im wahrsten Sinne des Wortes für UFOS (unbekannte Flugobjekte) gehalten werden müssen. Nur weil vorläufig oder vielleicht auch zufällig eine Erklärung noch fehlt, können wir die Erscheinung nicht als sicheren Beweis und auch nicht als Indiz für die Existenz von Außerirdischen ansehen, die über erheblich höhere technische Fähigkeiten als wir verfügen. Es bleibt jedoch Aufgabe der Wissenschaft, die Erforschung dieser Vorgänge fortzusetzen, um zu einer befriedigenden Erklärung zu gelangen.

6. Zusammenhang zwischen Film und Fernsehen und den Beobachtungen

Verdächtig ist schließlich auch, daß in der Vergangenheit einige Male ein zeitliches Zusammentreffen einer ganzen Flut von UFO-Erscheinungen mit erfolgreichen Filmen oder Sendungen beobachtet werden konnte.

Der Drehbuchautor und Regisseur Orson Welles wurde berühmt mit seiner Radiosendung im Jahr 1938, in der er, inspiriert durch den berühmten Roman von H.G. Wells "Krieg der Welten", über die Landung von UFOS mit Außerirdischen in einer ländlichen Gegend in New Jersey unweit von Princeton berichtete. Die Sendung verursachte Massenpanik und -hysterie. Der Film von Spielberg "Unheimliche Begegnung der dritten Art" steht - nicht nur zeitlich - im Zusammenhang mit anderen Wahrnehmungen. Die kürzlich in Belgien aufgetauchten Bilder von UFOS, die auch von vielen Zeugen beschrieben wurden, weisen in der Tat eine gewisse Ähnlichkeit mit jenen auf, die der Phantasie Spielbergs entsprangen. Die Anhänger die ET-Theorie behaupten, daß der Regisseur selbst von den Beschreibungen von Begegnunen der dritten Art beeinflußt worden sei.

In jedem Fall wäre es der Mühe wert, eine historisch-soziologische Untersuchung durchzuführen, um zu ermitteln, inwieweit die Phantasie der Bevölkerung durch die Massenmedien beeinflußt wird.

7. Ähnlichkeit mit Phänomenen der Volksfrömmigkeit

Schließlich steht auch die große Zahl der Madonnenerscheinungen, zu denen es selbst außerhalb traditionell katholischer Gegenden gekommen sein soll, in starker Analogie zu den UFO-Erscheinungen und ist als deren mystische und religiöse Version zu sehen. Bemerkenswerterweise wird aber lediglich eine verschwindende Anzahl dieser Erscheinungen, im Grunde nur die inzwischen klassischen von Lourdes und Fatima und andere weitaus ältere, von der Amtskirche anerkannt. Es wurden bereits Fälle von gemeinsamen Erscheinungen der Madonna und von UFOS bekannt.

8. Die jüngste Flut von Erscheinungen in Belgien

Eine kürzlich erschienene Veröffentlichung einer belgischen Gesellschaft (SOBEPS), deren Mitglieder sich dem Studium von UFOS widmen, berichtet von zahlreichen Aussagen über Erscheinungen von UFOS in dreieckiger Form, die sich in erster Linie auf die Region Lüttich, Eupen und Verviers konzentrierten und gleichzeitig über Radarkontakte der belgischen Luftstreitkräfte mit Objekten, die sich mit außerordentlich hoher Geschwindigkeit und Beschleunigungen von 40 g[1] bewegten.

Der Beitrag von General Brouwer zum Buch der SOBEPS enthält jedoch außer Lobeshymnen auf die Arbeit der Mitglieder der Gesellschaft vor allem auch Erläuterungen zu den Gründen, warum von den Radaranlagen und den militärischen Aufklärungsflugzeugen keine UFOS aufgespürt wurden. Im wesentlichen wären die von den UFOS ausgestrahlten Lichtsignale wegen der im allgemeinen sehr starken künstlichen Beleuchtung in Belgien von oben nicht zu erkennen. Schließlich seien die Radargeräte mit automatischen Kontrollsystemen bestückt, die Signale von Quellen mit zu geringer Geschwindigkeit ausfiltern, die meistens undefinierbar sind und nur zu Verwirrung und Störungen führen. Da die Mehrzahl der belgischen UFOS offenbar in äußerst geringer Höhe und mit geringer Geschwindigkeit fliegt, ist es zu keinen Beobachtungen gekommen, auf die sich eine ernsthafte Dis' sion stützen könnte; ebensowenig wie die von der Erde aus gemachten Beobachtungen mit

---

[1] g: Zeichen für die Erdbeschleunigung.

den Radarkontakten bei hoher Geschwindigkeit in Verbindung gebracht werden können.

Von vorneherein ist die Wahrscheinlichkeit von Kontakten zu Außerirdischen sicherlich weit geringer als die Erklärung durch andere Gründe, einschließlich des organisierten Treibens von durch Spielberg inspirierten Spaßvögeln, oder aber - viel wahrscheinlicher - des bewußten Versuchs der Verwirrung der Öffentlichkeit durch Organisationen, die über beträchtliche Mittel verfügen, beispielsweise ein mit einer leistungsfähigen Elektronik ausgestattetes Luftschiff, die in der Lage ist, Radarwellen mit einer Frequenzverschiebung, die einem Doppler-Effekt[1] gleichkommt, zu reflektieren. Bemerkenswert ist, daß alle Wahrnehmungen innerhalb Belgiens gemacht wurden, mit (meines Wissens) einer einzigen Ausnahme (5. September 1991) in Frankreich, jedoch sehr nahe der belgischen Grenze. Nach dem Ende des Golfkrieges wurden keinerlei Vorfälle mehr bekannt. Der Berichterstatter ist sehr wenig von den Außerirdischen überzeugt, die sich übereifrig für politische Grenzen interessieren.

9. Unbekannte atmosphärische Phänomene

Schließlich gibt es andere Beobachtungen über leuchtende "Stop-and-Go"-Objekte, die in der Lage sind, sich mit großer Geschwindigkeit und äußerst starker Beschleunigung zu bewegen. Diese Objekte könnten mit noch unbekannten atmosphärischen Erscheinungen in Verbindung gebracht werden. Der Berichterstatter hat eine Vielzahl von Augenzeugen getroffen und interviewt, darunter auch Physikerkollegen, die Kugelblitze beobachtet haben, deren Ursprung und Mechanismus im übrigen im dunkeln liegen.

Niemand behauptet, daß diese Erscheinungen von Außerirdischen verursacht würden oder ein Beweis für das Vorhandensein paranormaler Phänomene seien; sie hängen vielmehr unverkennbar mit dem normalen Blitzschlag bei Gewittern zusammen.

Es wäre arrogant, a priori auszuschließen, daß es andere bislang unvermutete atmosphärische Phänomene gibt, für die es aber in Zukunft eine zufriedenstellende und höchst interessante Erklärung geben kann und die der Grund für UFO-Erscheinungen sein könnten.

Unter den bekanntesten und meistdiskutierten Ereignissen dieser Art erregte auch das UFO von Turin (30. November 1976) internationales Aufsehen. Dabei erschien ein leuchtendes Objekt wie aufgehängt über der Stadt, das von zahlreichen Beobachtern am Boden und von Piloten der Zivilluftfahrt wahrgenommen wurde.

10. Zeugenbefragung

Zwecks konkreter Klärung hat der Berichterstatter alle Piloten von Verkehrsflugzeugen, mit denen er die Möglichkeit zu einem Gespräch hatte, gefragt, ob sie jemals UFOS gesehen hätten. In der Tat ist ein Gerücht im Umlauf, wonach solche Erscheinungen für diese Piloten praktisch zur Routine gehören und die große Mehrheit fest von der Existenz von Außerirdischen überzeugt sei. Dieses Gerücht entbehrt jeglicher Grundlage.

---

[1] Physikalisches Phänomen, das darin besteht, daß sich die Frequenz einer Wellenquelle (Licht- oder Schallquelle) für einen in Bewegung befindlichen Beobachter bzw. für einen ruhenden Beobachter bei Bewegung der Quelle verändert (beispielsweise das Pfeifen eines sich entfernenden Zuges, das man von einer Bahnstation aus wahrnimmt).

Als einziger von Hunderten Befragten hat ein Flugbegleiter der Alitalia mir eine Begegnung mit einem UFO während eines Flugs auf der Strecke Rom-Venedig beschrieben. Aufgrund eines heftigen Wolkenbruchs konnte das Flugzeug damals nicht auf dem Flughafen Tessera landen, sondern mußte den Flughafen Ronchi anfliegen. Bei der Anflugphase wurde das Flugzeug von drei leuchtend grünen Kugeln begleitet, deren geschätzte Entfernung etwa 100 Meter betrug. Diese Kugeln hinterließen auch Spuren auf dem Bodenradar und wurden von den Passagieren gesehen.

In diesem Fall, der anderen anderswo registrierten gleicht, gibt es keinen Grund, die Glaubwürdigkeit des Zeugen anzuzweifeln. Allerdings legt der gleichzeitige Wolkenbruch die Vermutung nahe, daß es sich hier um ein seltenes meteorologisches Phänomen der Art wie in Abschnitt 9 beschrieben, gehandelt hat, und ferner ist hinzuzufügen, daß der SEPRA auf weitere derartige Beobachtungen aufmerksam gemacht worden ist.

Schließlich wurde in der Nähe von Mailand von zwei Bekannten des Berichterstatters, passionierten Sternenbeobachtern, bei der nächtlichen Betrachtung eines Meteoritenschwarms eine Wahrnehmung gemacht. Plötzlich wurde der Himmel von einem sehr großen Körper verdunkelt, aus dessen Rückwand grünliche Flammen kamen, die sich langsam bewegten. Diese Beobachtung erregte seinerzeit ein gewisses Aufsehen in der Gegend.   Die vom Berichterstatter interviewten Zeugen haben die Möglichkeit eines Scherzes mittels eines Ballons und einfacher Theatertricks keineswegs ausgeschlossen.

11. Luftstreitkräfte in der EG

Der Berichterstatter hat im übrigen alle Luftstreitkräfte der Mitgliedstaaten der EG angeschrieben und nur vom Generalstab der italienischen Luftwaffe eine erschöpfende Antwort erhalten, nebst einem nicht der militärischen Geheimhaltung unterliegenden Verzeichnis aller im letzten Jahrzehnt registrierten Erscheinungen. 1982 wurde mit 32 Beobachtungen der Höchstwert erreicht. Im allgemeinen scheinen sich die UFO-Beobachtungen entlang der italienischen Küsten zu verdichten. Die Broschüre enthält keine Erklärungen über die Art der UFOS und berichtet jedenfalls nicht von Beobachtungen durch militärisches Personal; es handelt sich wohl eher um eine Auflistung verschiedener von der italienischen Luftwaffe gesammelter Zeugenaussagen.

Die französische Luftwaffe hat in einem höflichen Schreiben den Berichterstatter gebeten, sich mit dem SEPRA in Verbindung zu setzen, mit dem sie seit langem aktiv zusammenarbeitet.

Die übrigen Luftstreitkräfte haben entweder nicht geantwortet oder die Aufforderung mit der Begründung abgelehnt, daß diese Daten unter das militärische Geheimnis fielen (Spanien) und auf jeden Fall nicht besonders relevant seien, oder aber, daß das Amt, an das ich mich gewandt hatte, in dieser Sache nicht zuständig sei (Bundesrepublik Deutschland), ohne jedoch anzugeben, welche Dienststelle hierfür zuständig wäre. Unlängst haben die spanischen Luftstreitkräfte die militärische Geheimhaltung aufgehoben und eine Liste von Beobachtungen veröffentlicht, von denen eine eine gewisse Ähnlichkeit mit dem zuvor erwähnten Fall Alitalia besitzt. Die Luftstreitkräfte aller Länder haben jahrelang die Geheimhaltung von UFO-Beobachtungen wegen der' - wie sich in der Folge zeigte, völlig unbegründeten - Befürchtung, diese Erscheinungen hingen mit Geheimwaffen der UdSSR zusammen, aufrechterhalten. Letztere hat ihrerseits aus denselben Gründen die in ihrem Besitz befindlichen Daten geheimgehalten.

12. Schlußfolgerungen

Was nun die Frage betrifft, ob ein Beobachtungszentrum zur Koordinierung der UFO-Erscheinungen angezeigt ist, so sei noch einmal hervorgehoben, daß der SEPRA seit Jahren gerade in diesem Bereich tätig ist. Die SOBEPS ist eine private Organisation, die besondere Vereinbarungen mit der belgischen Luftfahrt getroffen hat.

Es könnte jedoch nützlich sein, ein zentrales Büro einzurichten, das die Informationen über UFOS in der gesamten EG sammelt und koordiniert. In erster Linie könnte es der Flut unkontrollierter Gerüchte entgegentreten, welche die Öffentlichkeit verunsichern, und Anlaufstelle für die zahlreichen Beobachtungen dieser Art werden, wie in dem jüngsten Fall des spektakulären Absturzes eines Meteoriten über der Adria oder eines russischen Cosmos in Frankreich. Schließlich könnte ein solches Zentrum über das Vorhandensein und die Art seltener Phänomene wichtige Erkenntnisse beisteuern und sich auf bereits vorhandene Organisationen stützen. Da der SEPRA bemerkenswerte Erfahrungen auf diesem Gebiet gesammelt hat, wäre die logische und nicht kostspielige Konsequenz, ihm eine europäische Rolle und einen europäischen Status zu verleihen, der es ihm ermöglichen würde, Untersuchungen und Informationsaktionen in der gesamten EG durchzuführen.

Entschließungsantrag (B3-1990/90)
eingereicht gemäß Artikel 63 der Geschäftsordnung
von Herrn DI RUPO
zur Schaffung eines Europäischen Beobachtungszentrums für "UFOS"

Das Europäische Parlament,

A. in der Erwägung, daß Bürger seit mehreren Jahren behaupten, unerklärliche
   Phänomene am Himmel über mehreren europäischen Staaten beobachtet zu haben,

B. in der Erwägung, daß in den letzten Monaten glaubwürdige Personen, Wissenschaftler und Militärangehörige ebenfalls Zeugen unerklärlicher Phänomene
   wurden, die mit "UFOS" (unbekannten fliegenden Objekten) in Verbindung gebracht werden,

C. in Erwägung der großen Zahl von Zeugenaussagen aus mehreren Ländern der Europäischen Gemeinschaft, die sich auf die Nacht vom 5. auf den 6. November 1990
   beziehen,

D. in der Erwägung, daß ein Teil der Bevölkerung über die Häufigkeit dieser
   Phänomene beunruhigt ist,

1. fordert die Kommission auf, innerhalb kurzer Zeit ein "Europäisches Zentrum
   für die Beobachtung von "UFOS" einzurichten;

2. schlägt vor, daß dieses Europäische Zentrum für die Beobachtung von "UFOS"
   alle einzelnen von den europäischen Bürgern und den (militärischen und
   wissenschaftlichen) Instituten gemeldeten Beobachtungen sammelt und wissenschaftliche Beobachtungskampagnen veranstaltet;

3. schlägt vor, daß dieses Zentrum von der Kommission sowie von einem ständigen
   Ausschuß aus Sachverständigen der zwölf Mitgliedstaaten verwaltet wird;

Eine Bitte des Autors:

Haben Sie selbst schon einmal ein UFO gesehen? Oder beschäftigen auch Sie sich mit all den ungelösten Rätseln und Geheimnissen dieser Welt? Dann schreiben Sie mir:

Luc Bürgin
c/o Herbig Verlag
Thomas-Wimmer-Ring 11
D-80539 München

Literaturverzeichnis und Quellennachweis

I   Informationsbarrieren:
Unterdrückte Entwicklungen und Erfindungen

»Beleidigter Stolz«, in: »Der Spiegel«, Nr. 5/1994

Benzin, Nicolas: »Wo bitte liegt die Maschine von Antikythera?«, in: »Independent Science«, Nr. 7/1993

Binnig, Gerd: »Aus dem Nichts«, München 1989

Blarer, Ruth von: »Eine Lampe vertreibt Depressionen«, in: »Medical Tribune«, Nr. 20/1985

Borg, Alexander: »Eine neue Epoche beginnt«, in: »Magnetik«, Nr. 1/1994

-: »Eine kurze Geschichte der RQM AG«, in: »Magnetik«, Nr. 1/1994

Brizio, Anna Maria: »Die Handschriften von Madrid«, in: »Unesco Kurier«, Nr. 10/1974

Chapuis, Alfred, und Droz, Edmond: »Les automates des Jaquet-Droz«, Neuenburg 1951

Drachmann, A. G.: »Große griechische Erfinder«, Zürich 1967

Faessler, F. (u. a.): »Pierre Jaquet-Droz et son temps«, La Chaux-de-Fonds 1971

Feldhaus, Franz Maria: »Feldhaus' Buch der Erfindungen«, Berlin 1908

Fiebag, Johannes und Peter, und Sachmann, Hans-Werner: »Gesandte des Alls«, Essen 1993

Forrest, Bob: »Unearthed: Ancient Indian Wristwatch Wind-Up?«, in: »Fortean Times«, Nr. 65

Hoch, Werner: »Es fing nicht erst mit Noah an«, München 1991

Hollwich, Fritz: »Bedeutung des Lichtspektrums des künstlichen Lichtes auf den menschlichen Organismus« (unveröffentlichtes Manuskript)

Kasper, Siegfried: »Neue Erfahrungen mit der Lichttherapie«, in: »Schweizer Archiv für Neurologie und Psychiatrie«, Nr. 6/ 1993

Kasper, Siegfried, und Rosenthal, Norman: »Jahreszeiten der Depression«, in: »Selecta«, Nr. 8/1988

Landels, John Gray: »Die Technik in der antiken Welt«, München 1979

Lehner, Jean-Marie: Brief an Klaus Lehmann vom 22. 11. 1993

Leonhardt, G., und Wirz-Justice, A.: »Lichttherapie«, in: »Neurologie Psychiatrie«, September 1993

Luczak, Claudia: »Forschung auf biophysikalischen Grenzgebieten«, in: »Basler Zeitung« vom 29. 12. 1993

Nakott, Jürgen: »Embryo-Transfer vor 2500 Jahren«, in: »Bild der Wissenschaft«, Nr. 4/1990

Neuburger, Albert: »Die Technik des Altertums«, Leipzig 1919

Ott, John: »Risikofaktor Kunstlicht«, München 1989

Sandermann, Wilhelm: »Das erste Eisen fiel vom Himmel«, München 1978

Schneider, Adolf und Inge: »Interviews im Zeichen der Zeit«, Thun 1990

Schneider, Anton: »Künstliches Licht als Störfaktor«, in: »Der Naturarzt«, Nr. 5/1990

»Selbsthilfegruppe für Nobelpreisträger?«, in: »NZZ-Folio«, Nr. 10/1993

Stiffler, Mario: Brief an den Autor vom 12. 4. 1994

Szameitat, Sabine: »Künstliches Licht kann Wunder wirken«, in: »Stuttgarter Nachrichten« vom 24. 10. 1992

Thorington, Luke (u. a.): »True-Lite«, in: »Transaction – Journal of IES«, Oktober 1971

»Trendwende in Energiegewinnung«, in: »Der Zürcher Oberländer« vom 14. 2. 1994

Vogt, Hans-Heinrich: »Die ersten Fernkopierer«, in: »Naturwissenschaftliche Rundschau«, Nr. 9/1993

Wallace, William: »Pottery Puzzle«, in: »Fate«, Mai 1989

Witt, Armin: »Das Galilei-Syndrom: Unterdrückte Entdeckungen und Erfindungen«, München 1991

II Scherbenstreit:
Unterdrückte Fakten und Funde
in der Altertumsforschung

»Archäologe: Schon vor 36 000 Jahren Siedler in Amerika«, in: »Spurensuche«, Nr. 1/1991

Blumrich, Josef: »Da tat sich der Himmel auf«, Düsseldorf 1973

Bürgin, Luc: »Burrows' Cave – Sensationelle Entdeckung in Amerika?«, in: »Ancient Skies«, Nr. 5/1993

Burrows, Russell, und Rydholm, Fred: »The Mystery Cave of Many Faces«, Marquette 1992

»Captain Al Conway's Long Search for an Underwater Pyramid«, in: »Institute Newsletter«, Nr. 9–10/1992

Cortesi, Paolo: »Who Discovered Bacteria?«, in: »Info Journal«, Nr. 70/1994

Cremo, Michael A., und Thompson, Richard L.: »Forbidden Archeology«, San Diego 1993

Däniken, Erich von: »Golfbälle der Götter«, in: »Ancient Skies«, Nr. 1/1988

–: »Auf den Spuren der Allmächtigen«, München 1993

–: »Raumfahrt im Altertum«, München 1993

Danko, Milos: »Noch mehr ›Golfbälle der Götter‹«, in: »Ancient Skies«, Nr. 6/1988

Dendl, Jörg: »Die ›Himmelfahrt‹ des Romulus«, in: »Ancient Skies«, Nr. 2/1993

»Entdeckung 8000 Jahre alter Menschenknochen«, in: »Der Standard« vom 13. 11. 1993

Friedrich, Horst: »Velikovsky, Spanuth und die Seevölker-Diskussion«, Wörthsee 1990

Füglistaller, Rose-Marie: »Sumatra: Von Megalithen und Wesen aus anderen Welten«, in: »Luzerner Tagblatt« vom 5. 1. 1991

–: »Auf Sumba in Indonesien: Ahnenkult und Megalithkultur«, in: »Luzerner Tagblatt« vom 1. 6. 1991

Gheorghita, Florin: »Das Objekt von Aiud«, in: »Ancient Skies«, Nr. 3/1992

–: Briefe an den Autor vom 6. 11. 1993, 23. 11. 1993 und 20. 12. 1993

Gill, Dan: »Subterranean Waterworks of Biblical Jerusalem: Adaptation of a Karst System«, in: »Science«, Nr. 254/1991

Graichen, Gisela, und Hillrichs, Hans Helmut: »C-14 – Die Gebeine des Papstes«, München 1993

Grazia, Alfred de: »Immanuel Velikovsky«, München 1979

»Gruppensex im Regenwald«, in: »Der Spiegel«, Nr. 4/1994

Hayden, Dorothy: Brief an den Autor vom 24. 6. 1993

Hefner, Jonny R.: »Das Geheimnis des Nemrud Dag«, in: »Gral«, Nr. 4/1992

Hertel, Peter: »Das Geheimnis der alten Seefahrer«, Gotha 1990

Hertslet, William Lewis, und Hofmann, Winifried: »Der Treppenwitz der Weltgeschichte«, Berlin 1984

Historisches Archiv der Stadt Köln (Hrsg.): »Albertus Magnus – Ausstellung zum 700. Todestag«, Köln 1980

Hunt, Jean: Briefe an den Autor vom 23. 6. 1993 und 16. 7. 1993

»Im Garten des Mondgottes«, in: »Der Spiegel«, Nr. 9/1994

Iten, Oswald: »Die Tasaday – Ein philippinischer Steinzeitschwindel«, in: »Neue Zürcher Zeitung« vom 12./13. 4. 1986

Joseph, Frank: »The Lost Pyramids of Rock Lake«, St. Paul 1992

Kouwenhoven, Arlette: »Mammut mit Menschenfuß«, in: »Die Zeit« vom 11. 6. 1993

Kriesch, Elli G.: »Der Gletschermann und seine Welt«, München 1993

Lay, Rupert: »Die Ketzer«, München und Wien (ohne Jahresangabe)

Leary, Daniel: Brief an den Autor vom 23. 6. 1993

Lüthi, Max: »Märchen«, Stuttgart 1990

Marx, Roelf: Briefe an den Autor vom 28. 1. 1994 und 31. 3. 1994

May, Wayne: »Russell Burrows Speaks Out on the Mystery Cave«, in: »The Ancient American«, Nr. 4/1994

Mumprecht, Vroni (Hrsg.): »Das Leben des Apollonios von Tyana«, München 1983

Peine, Sibylle: »Steinzeitliche Höhlenzeichnungen – Werk eines Meisterfälschers«, in: »Basler Zeitung« vom 14. 8. 1992

Prause, Gerhard: »Tratschkes Lexikon für Besserwisser«, München 1986

-: »Spuren der Geschichte«, München 1991

Reinalter, Helmut: »Interdisziplinarität in Theorie und Praxis«, in: »Wissenschaft, Forschung, Praxis«, Nr. 4/1993

Sahin, Sencer: »Forschungen in Kommagene«, in: »Epigraphica Anatolica«, Nr. 18/1991

Sarre, François de: »Krypto-Tier von einer prähistorischen Grotte«, in: »Magazin für Grenzwissenschaften«, Nr. 6/1993

Sasse, Torsten: »Der Schacht des Cheops«, in: »Gral«, Nr. 5/1993

Sauval, Henri: »Histoire et recherches des antiquités de la ville de Paris«, Paris 1724

Scherz, James, und Burrows, Russell: »Rock Art Pieces from Burrows' Cave«, Marquette 1992

Schwab, Gustav, und Seewald, Richard: »Die schönsten Sagen des klassischen Altertums«, Freiburg 1961

»Troja ist wohl doch älter«, in: »Trierischer Volksfreund« vom 8. 10. 1992

Vogt, Hans-Heinrich: »Wasserversorgung im alten Jerusalem«, in: »Naturwissenschaftliche Rundschau«, Nr. 11/1992

Volz, Hans: »Martin Luthers Thesenanschlag und dessen Vorgeschichte«, Weimar 1959

Walther, Chr.: »Einiges über die Bündner Venedigersagen«, in: »Terra Grischuna«, Dezember 1981

Weißer, Ursula: »Das ›Buch über das Geheimnis der Schöpfung‹ von Pseudo-Apollonios von Tyana«, Berlin 1980

Whittall, Jim: Brief an den Autor vom 23. 6. 1993

Zick, Michael: »Spekulationen um die Mumie«, in: »Bild der Wissenschaft«, Nr. 11/1993

Zimmermann, Albert: »Albert der Große«, Berlin 1981

Zirngibl, Manfred: Brief an den Autor vom 4. 12. 1993

III Kontakt:
Unterdrückte Erscheinungen am Himmel

Alexander, Thomas: »In 108 Minuten zum Weltruhm«, in: »Berliner Zeitung« vom 12. 4. 1991

»Another Flashing Lunar Mountain?«, in: »Strolling Astronomer«, Nr. 10/1956

»Another Lunar Color Phenomenon«, in: »Sky and Telescope«, Nr. 27/1964

Appel, Michael: »Sie waren nie fort«, Mainz 1982

Armstrong, Neil (u. a.): »Wir waren die ersten«, Frankfurt und Berlin 1970

Bach, Felix A.: »Who Moves These Selenite Structures?«, in: »The Gate«, Nr. 1/1987

Bastian, Ulrich: Brief an den Autor vom 28. 1. 1994

Brian, William: »Moongate: Supressed Findings of the U.S. Space Program«, Portland 1982

Bürgin, Luc: »UFOs – Die Parallelen«, in: »SIGN«, Nr. 7/1990

-: »Götterspuren – Der neue UFO-Report«, München 1993

Burmeister, Klaus, und Steinmüller, Karlheinz: »Streifzüge ins Übermorgen«, Weinheim und Basel 1992

Cameron, Winifred Sawtell: »Lunar Transient Phenomena«, in: »Sky and Telescope«, März 1991

Clark, Ramsey: »Wüstensturm«, Göttingen 1993

Classen, J.: »Veränderungen auf dem Mond«, Veröffentlichungen der Sternwarte Pulsnitz, Nr. 5, Sachsen 1969

-: »Gase auf der Mondoberfläche?«, Veröffentlichungen der Sternwarte Pulsnitz, Nr. 8, Sachsen 1970

Clavadetscher, Otto P., und Meyer, Werner: »Das Burgenbuch von Graubünden«, Zürich 1984

Collins, Perry: »Unseen, Unspoken, Unknown«, in: »Pursuit«, Nr. 1/1989

»Der Mensch auf dem Mond«, Basel 1969

Devismes, Claude: »Violent Disappearence of a Car in Germany«, in: »Flying Saucer Review«, Nr. 2/1988

»Die neue Schmähkampagne ist ein Bumerang«, in: »Weltraumbote«, Nr. 62–63/1961

»Disappearing Motorcyclists«, in: »Flying Saucer Review«, Nr. 6/1969

Doerfel, Ulrich: »Die Landung im Mondstaub«, Zürich 1969

Dunnigan, James, und Nofi, Albert: »Dirty Little Secrets«, New York 1990

Eberhart, George M.: »UFOs and the Extraterrestrial Contact Movement«, London 1986

»Ein Preis für – geheim!«, in: »Die Zeit« vom 4. 2. 1994

Emmenegger, Robert: »UFOs – Past, Present and Future«, New York 1974

»Entrüstet zurückgewiesen ...«, in: »Weltwoche« vom 22. 3. 1972

Faust, Hans-Georg: »Im Banne der bösen 13?«, in: »Bunte Illustrierte« (ohne Datum)

Feldstein, Dan: »He's Ready for a Close Encounter«, in: »The Houston Post« vom 1. 12. 1993

Fiebag, Johannes: »Die Anderen. Begegnungen mit einer außerirdischen Intelligenz«, München 1993

»Flog Gagarin gar nicht ins All?«, in: »Berliner Kurier am Abend« vom 8. 4. 1991

Foerstel, Herbert: »Secret Science«, London 1993

Gaebert, H. W.: »Die Russen verloren noch weitere Kosmonauten«, in: »Das Neue Zeitalter«, Nr. 26/1967

Galkin, I. N., und Schwarew, W. W.: »Reise zum Mittelpunkt des Mondes«, Leipzig 1983

Geise, Gernot L.: »Widersprüche um unseren Mond«, München 1993

»Geysers of Water Reported on Moon«, in: »Washington Post« vom 15. 10. 1971

Giddings, N. J.: »Lightning-Like Phenomena on the Moon«, in: »Science«, Nr. 104/1946

Good, Timothy: »Above Top Secret«, London 1987

–: (Hrsg.): »Alien Update«, London 1993

Goodavage, Joseph: »What Strange – and Frightening – Discoveries Did Our Astronauts Make on the Moon?«, in: »Saga«, März 1974

Gresh, Bryan: »Soviet UFO Secrets«, in: »Mufon UFO Journal«, Nr. 306/1993

Gribble, Bob: »Looking Back«, in: »Mufon UFO Journal«, Nr. 266/1990

Guiley, Rosemary Ellen: »Der Mond-Almanach«, München 1993

Hartmann, Wolf-Peter: Brief an den Autor vom 27. 1. 1994

Haupt, Thomas: Brief an den Autor vom 27. 9. 1993

-: »Hatten wir am 1. und 2. Mai 1992 Besuch aus dem All?« (unveröffentlichtes Manuskript)

Herbst, Hans-Peter: Brief an den »Spiegel« vom 20. 10. 1992

Hesemann, Michael: »Botschaft aus dem Kosmos«, Neuwied 1993

-: »US-Geheimdienstler in Kontakt mit Außerirdischen«, in: »Magazin 2000«, Nr. 2/1994

Hirth, Gerhard A.: Brief an den Autor vom 2. 2. 1994

Hobana, Ion, und Weverbergh, Julien: »UFO's in Oost en West, Deel I«, Deventer 1971

Hoffmann, Hellmuth: »Der kosmische Kult«, in: »Esotera«, Nr. 9/1974

»Japanese Saw Pink Patch on the Moon«, in: »New Scientist«, Nr. 22/1964

Johansen, Anatol: »Ungeklärte Blitze um Apollo-12«, in: »Basler Nachrichten« vom 3. 12. 1969

»Kalender der mißglückten Ereignisse«, in: »Braunschweiger Zeitung« vom 31. 7. 1962

Kaysing, Bill, und Reid, Randy: »We Never Went to the Moon«, Fountain Valley 1976

Keyhoe, Donald: »Der Weltraum rückt uns näher«, Berlin 1954

Kretschmann, Susanne: Brief an den Autor vom 7. 12. 1993

»Landung mit Kapsel war Fehlinformation«, in: »Trierischer Volksfreund« vom 8. 4. 1992

Lengler, Josef Maria: »Geschichte in den Kalk geritzt«, in: »Terra Grischuna«, Nr. 3/1993

-: Brief an den Autor vom 7. 1. 1994

Leonard, George H.: »Somebody Else Is on the Moon«, New York 1976

Logue, Daniel A.: »A Bluish Bright Spot Near or on the Moon«, in: »Strolling Astronomer«, Nr. 8/1955

Ludwiger, Illobrand von (Hrsg.): »Offizielle Untersuchungsberichte der Russen und der Amerikaner über unidentifizierbare Himmelserscheinungen«, MUFON-CES-Bericht Nr. 8, Feldkirchen-Westerham 1981

-: »Der Stand der UFO-Forschung«, Frankfurt 1992

-: (Hrsg.): »Interdisciplinary UFO Research«, MUFON-CES-Bericht Nr. 11, Feldkirchen-Westerham 1993

-: Brief an den Autor vom 9. 6. 1993

»Lunar Flash Revisited«, in: »Sky and Telescope«, Juni 1990

»Lunar Light Sightings Termed Something Real«, in: »Orlando Sentinel« vom 19. 6. 1966

Maley, P. D.: »Space Debris and a Flash on the Moon«, in: »Icarus«, Nr. 90/1991

»Mond-Phänomene aufgeklärt«, in: »Der Spiegel«, Nr. 33/1980

Moore, Patrick: »Der Mond«, Freiburg i. Br. 1982

»Nach dem Enthüllungs-Buch über Gagarin: Schriftsteller fürchtet um sein Leben«, in: »Berliner Kurier am Morgen« vom 10. 4. 1991

Odenwald, Michael: »Wir sind wohl doch nicht so alleine im weiten Universum«, in: »Frankfurter Rundschau« vom 3. 7. 1993

Peiniger, Hans-Werner: »UFO-Beobachtungen«, in: »Journal für UFO-Forschung«, Nr. 4/1993

-: »UFO-Beobachtungen«, in: »Journal für UFO-Forschung«, Nr. 6/1993

»Planeten ähnlich der Erde entdeckt«, in: »Basler Zeitung« vom 23. 4. 1994

»Planeten-Brut aus dem Urnebel«, in: »Der Spiegel«, Nr. 22/1993

Ramirez, Jorge Alfonso: »UFO Intercepts Aircraft Over Paraguay«, in: »Mufon UFO Journal«, Nr. 310/1994

Rast, Richard H.: »The ›Moon‹ Flash of 1985 May 23 and Orbital Debris«, in: »Icarus«, Nr. 90/1991

»Rendezvous glückte – aber dann Probleme!«, in: »Blick« vom 18. 3. 1966

Ross, Daniel: »UFOs and the Complete Evidence from Space«, Walnut Creek 1987

Ruggieri, Guido: »Der Mond«, Stuttgart und Zürich 1970

»Schlingernde Kreisel«, in: »Der Spiegel«, Nr. 39/1993

Schmidt, Men J.: »Mit ›Light‹-Technologie den Mond erkunden«, in: »Basler Zeitung« vom 6. 4. 1994

–: »Clementine sucht Eis am Mondpol«, in: »Basler Zeitung« vom 27. 4. 1994

Schnabel, Ulrich: »Vom Himmel hoch …«, in: »Die Zeit« vom 24. 12. 1993

Schuh, Bernd: »Gespenstisch fixe Wellen«, in: »Die Zeit« vom 5. 11. 1993

»Sind wir allein im Kosmos?«, München 1970

SOBEPS (Hrsg.): »Vague d'OVNI sur la Belgique 2«, Brüssel 1994

Starzynski, Helmut: »Moonblink photographiert«, in: »Sterne und Weltraum«, Nr. 12/1987

Steckling, Fred: »Alien Bases on the Moon«, Vista 1981

»Sternwarte Passau photographierte rätselhafte Lichtfontäne im Aristarch-Gebiet«, in: »Sterne und Weltraum«, Nr. 8–9/1972

»Strahlentests an Menschen«, in: »Magazin 2000«, Nr. 2/1994

Thompson, Keith: »Engel und andere Außerirdische«, München 1993

Varvoglis, Harry, und Seiradakis, John: »Lunar Flash Defended«, in: »Sky and Telescope«, Oktober 1990

Vreeland, Frederick: »Lights on the Moon«, in: »Popular Astronomy«, Nr. 57/1949

Walter, Werner: »Ein ›UFO‹ im eigentlichen Sinne über der Ostsee aufgezeichnet«, in: »Cenap-Report«, Nr. 11/1993

Wilford, John Noble: »We Reach the Moon«, New York 1969

Wilkins, H. Percy: »Our Moon«, London 1954

Wunder, Edgar: Brief an den Autor vom 24. 1. 1994

Zamoroka, Vladimir: »Classification: ›Secret‹«, in: »Aura-Z«, Nr. 1/1993

IV Paradigmenriß:
Unterdrückte Schwächen im Wissenschaftsgefüge

»Beleidigter Stolz«, in: »Der Spiegel«, Nr. 5/1994

Binder, Hans (Hrsg.): »Macht und Ohnmacht des Aberglaubens«, Pähl 1992

Cerf, Christopher, und Navasky, Victor: »The Experts Speak«, New York 1984

Chargaff, Erwin: »Unbegreifliches Geheimnis«, Stuttgart 1980

–: »Warnungstafeln«, Stuttgart 1982

Eberlein, Gerald (Hrsg.): »Schulwissenschaft, Parawissenschaft, Pseudowissenschaft«, Stuttgart 1991

–: Brief an den Autor vom 3. 5. 1993

Ehlers, Hans-Joachim: »Die Marburger Erklärung oder der Schuß nach hinten«, in: »Raum und Zeit«, Nr. 67/1994

Frühwald, Wolfgang: »Das Forscherwissen und die Öffentlichkeit«, in: »Naturwissenschaftliche Rundschau«, Nr. 9/1993

»Gegen Wissenschaftsjargon«, in: »Tages-Anzeiger« vom 11. 12. 1993

Gerwin, Robert (Hrsg.): »Die Medien zwischen Wissenschaft und Öffentlichkeit«, Stuttgart 1992

Good, Irving John: »The Scientist Speculates«, New York 1965

Haenicke, Christa: »Fremdwörter kaschieren Unsicherheit«, in: »Tages-Anzeiger« vom 16. 12. 1993

Hilts, Philip: »Pure Science? Not Always!«, in: »International Herald Tribune« vom 13./14. 11. 1993

»Im Krankenhaus getestet: Beten hilft!«, in: »Schweizerisches Bulletin für Parapsychologie«, Nr. 2/1987

Kerber, Harald, und Schmieder, Arnold: »Soziologie«, Reinbek 1991

Kretzenbacher, Heinz: »Vom Ich-, Metapher- und Erzähl-Tabu«, in: »Unizürich«, Nr. 2/1993

Kuhn, Thomas: »Was sind wissenschaftliche Revolutionen?«, München 1981

Lucadou, Walter von: »Psyche und Chaos«, Freiburg 1989

Ludwiger, Illobrand von: »Unerwünschte Entdeckungen im Luftraum«, MUFON-CES-Bericht Nr. 10, Feldkirchen-Westerham 1989

-: Brief an die GWUP vom 24. 3. 1993

Peters, Hans Peter: »Journalismus in der Risikogesellschaft«, in: »Unizürich«, Nr. 2/1993

Randow, Gero von: »Verdatterte Skeptiker«, in: »Die Zeit« vom 21. 5. 1993

Rogo, D. Scott: »Beten hilft«, in: »Esotera«, Nr. 11/1986

»Schlangen im Garten Eden«, in: »Roche Magazin«, Nr. 45/1993

Schnabel, Ulrich: »Forschung und Fälschung«, in: »Die Zeit« vom 12. 3. 1993

Sigma, Rho: »Forschung in Fesseln«, Wiesbaden 1972

Strech, Marlies: »Auch meine Mutter soll das Buch lesen können«, in: »Tages-Anzeiger« vom 11. 12. 1993

Vollmer, Gerhard: »Gelöste, ungelöste und unlösbare Probleme«, Göttingen 1992

Wiesendanger, Harald: »Skeptische Wissenschaftler«, in: »Esotera«, Nr.9/1992

Register

269

Bildnachweis

Burrows, Russell, und Scherz, James: 8, 9, 10, 11, 12, 13, 14, 15.
Jupiter-Verlag (Adolf und Inge Schneider): 1, 2.
Menningmann, Detlev: 24.
MUFON-CES-Archiv: 18, 19, 20, 21, 22, 23.
NASA: 28, 29, 30, 31, 32, 33, 34.
Rätisches Museum Chur: 16, 17.
Raum-Quanten-Motoren AG: 3, 4.
Rötheli, Monika: 27.
SOBEPS: 25, 26.
Wallace, William/FATE: 5.
Zirngibl, Manfred: 6, 7.